AF269822

Juan Pedro de la Torre

Eso no estaba en mi libro de historia del automovilismo

LIBROS
EN EL
BOLSILLO

INTRODUCCIÓN

Que nadie se llame a engaños: este no es un libro de historia del automovilismo. Si alguien espera encontrar en estas páginas un tratado ordenado y pormenorizado de la historia del automóvil, siento decepcionarlo, pero no va a ser aquí. Eso sí, aquí se habla, y mucho, de mil y una historias que han sucedido desde que en el ya lejano siglo XIX un puñado de pioneros comenzó a investigar sobre diferentes sistemas de propulsión autónoma que permitían prescindir de los animales de tiro. *Esto no estaba en mi libro de historia del automovilismo* pretende ser una aproximación a la historia de la automoción desde un enfoque diferente, con un sentido lúdico, e intentando sacar a la luz la parte, quizás, menos conocida del automovilismo y la automoción.

Aquí no hablamos del 600, ni de Ayrton Senna. No se ha nombrado ni una vez a Carlos Sainz (padre), y que me perdone una y mil veces, porque su historia se merece páginas y páginas. Nunca hay espacio suficiente para hablar de él, ni de la vida de otros grandes campeones, pero no será en este libro. Evidentemente, hay pasajes de la historia del automovilismo deportivo en los que nos hemos adentrado, pero siempre desde un enfoque diferente, buscando el lado más desconocido de las carreras, porque para hablar de su historia, de su pasado y su presente ya hay otros medios. Tampoco hablamos de tecnología. Bueno, solo un poco, lo justo para poner en situación porque, lo primero, el que suscribe no es ingeniero sino un modesto periodista al que el tiempo le ha enseñado que no hay que pretender ser un erudito cuando no se tiene una base de conocimiento sobre determinadas materias. Aunque ya de pequeño apuntaba maneras: sabía distinguir perfectamente un Simca 1000 de un 600. Sí, ya sé que puede parecer que no es un gran logro, pero para un miope perdido como yo tiene su mérito. Me hice mayor, y como cualquiera que ha superado el examen del permiso de conducción, conozco el principio del motor de ciclo cuatro tiempos. Y un poco más, lo suficiente para no confundir el tocino con la velocidad, pero no como para enmendar la plana al Arias Paz…

Ha sido reconfortante bucear en momentos desconocidos —o al menos, en los que yo apenas había reparado— de la historia del automovilismo para descubrir personajes apasionantes cuando no peculiares, y conocer detalles inesperados de algunos de los protagonistas de la historia del automóvil. Ha sido un recorrido amplio, de mucho más de un siglo, porque la historia del automóvil da para mucho. A lo largo de estas páginas veremos cómo ha evolucionado la automoción desde aquellos primitivos carros de vapor, que debían ser realmente terroríficos, y cómo el mundo de las carreras automovilísticas ha estado movido por una pasión, a veces insana, que raya la locura. Porque no me digan que no es estar poco cuerdo subirse en un aparato con un motor a reacción y acelerar a fondo sobre el seco lecho de un lago salado, por ejemplo. El que hace esto, está para que lo aten… o para consagrarlo como el nuevo héroe de la edad contemporánea. No sabría qué decir.

Claro, hay nombres con los que, inevitablemente, el lector se va a topar: Ford, Renault, Michelin, Citroën, Ferrari, Pininfarina… Y otros que pueden resultar inesperados, y resulta sorprendente hasta qué punto llegaron a involucrarse en el mundo de la automoción. No daré pistas, es mejor leer.

Así pues, dejo de dar la matraca con esta introducción. Como decía al principio, que nadie se llame a engaños. Y espero, querido lector, que disfrutes con este libro, tanto como ha disfrutado este que suscribe indagando en esa parte que no estaba en mi libro de la historia del automóvil.

Y como de bien nacido es ser agradecido, permíteme que antes de despedirme sea generoso con aquellos que han propiciado que pudiera realizar este trabajo. En primer lugar con Rafael Cerro, viejo y buen amigo de la profesión, que me puso en contacto con Editorial Almuzara, donde me encontré con Ángeles López, mi editora, que desde el primer momento me recibió con una cordialidad extraordinaria y me apoyó con determinación. Gracias a los dos porque sin ellos este libro no existiría.

Y gracias también a mi familia, a la que he hurtado muchas horas para poder llenar estas páginas. Creo que el esfuerzo ha merecido la pena.

Juan Pedro de la Torre
Junio de 2021

LA FASCINACIÓN POR LA VELOCIDAD

Es bastante probable que el bueno del señor James Watt nunca llegara a imaginarse una aplicación tan peregrina para su máquina de vapor como un vehículo autopropulsado. Cuando en 1763 se plantó ante una máquina de Newcomen, la primitiva y mejorable máquina de vapor inventada por Thomas Newcomen mucho tiempo antes, Watt trabajó sobre ella concibiéndola como una herramienta industrial, una forma de conseguir energía que ayudara a mejorar el rendimiento de la maquinaria en la incipiente era de la Revolución Industrial, a la que Watt contribuyó de forma notable cuando patentó su máquina de vapor en 1769.

Aún tuvo tiempo el bueno del señor Watt de ser testigo de la aplicación de su máquina en un medio de locomoción, dando pie a las primeras locomotoras, aunque la tuberculosis ya había dado cuenta de él cuando *The Times* publicó la crónica de la inauguración de la línea Stockton-Darlington, donde la locomotora de George Stephenson impresionó a todos por su potencia y velocidad: «Se pone en marcha y hombres a caballo intentan seguir los vagones, pero pronto quedan distanciados, allí donde la pendiente era más fuerte el convoy alcanzó las

25 millas por hora (40 km/h)», escribía con entusiasmo el cronista del periódico londinense.

Nunca un ser humano había sido capaz de moverse tan rápido, y sin esfuerzo. El vehículo autopropulsado permitía desplazarse de un modo más cómodo y más rápido que cualquier modo de locomoción existente. No es que hubiera mucho donde elegir. A saber: a pie, a lomos de un animal o en un coche tirado por caballos. Es cierto que ya en los albores del siglo XIX hubo auténticos valientes que intentaron aplicar, con escaso éxito, el principio de la máquina de vapor a las diligencias. Richard Trevithick, auténtico padre de la locomotora, lo intentó en 1803 con un engendro que fue capaz de alcanzar las 9 mph (14,4 km/h), antes de perder el control del vehículo y destrozarlo en su viaje de prueba inaugural.

Hay que reconocer en aquellos pioneros de la automoción la reconocida cualidad del valor, al subirse en semejantes aparatos que eran lo más parecido a un enorme puchero ambulante a punto de estallar…

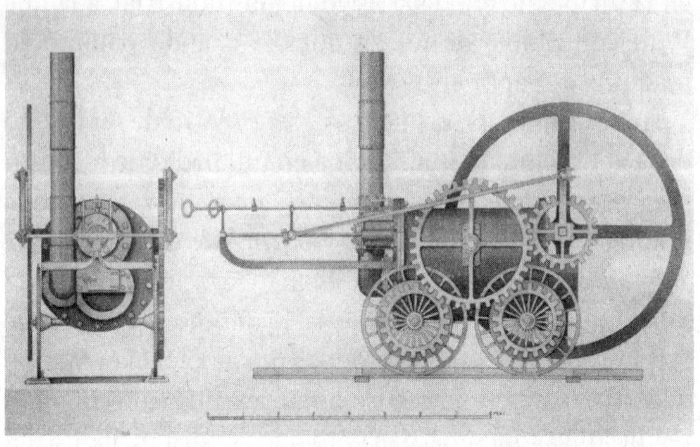

Una de las primeras máquinas de vapor.

Los carros a vapor no disfrutaron del mismo éxito que el ferrocarril, en buena medida por las penalizaciones tributarias que se les aplicaban. La Turnpike Act imponía peajes para la utilización de estos vehículos en las carreteras y ciudades del Reino Unido. Además, como la implantación del ferrocarril fue muy notable y se desarrolló con gran éxito, muchos fabricantes de carros de vapor desistieron. Por si no fuera suficiente, se empezó a legislar en materia de circulación, con una serie de primitivas normas que pretendían controlar el uso de estos nuevos vehículos. La Ley de Locomotoras de 1861 imponía límites de velocidad en las carreteras —por no decir, sencillamente, caminos— de la época. Las locomotoras no podían exceder las 5 mph (8 km/h) en pueblos y ciudades, y las 10 mph (16 km/h) en el resto del territorio, condicionando enormemente las posibilidades de este medio de locomoción, que se veía imposibilitado de competir contra el ferrocarril, que ya avanzaba a buen ritmo sobre los raíles de la cada vez más amplia red viaria de Gran Bretaña.

Por si no resultaba ya suficientemente restrictivo el marco jurídico en el que debía operar, la Ley de la Bandera Roja de 1864 (Red Flag Act) introdujo una nueva regulación: se limitaba a 4 mph (6,4 km/h) la velocidad máxima en las carreteras, y a solo 2 mph (3,2 km/h) en ciudades y pueblos donde, además, el vehículo debía verse acompañado de un hombre que lo precediera portando una bandera roja —o un farol con luz roja durante la oscuridad, lo cual debía conferirle un aspecto verdaderamente siniestro—, como aviso para el resto de los viandantes. No se lo ponían nada fácil. Desplazarse andando resultaba igual de rápido, así que los carros de vapor no pasaban de ser una mera excentricidad sin el más mínimo sentido práctico.

Un aviso en un puente que limita el paso de locomotoras.

Sin embargo, no en todos los lugares del mundo se tenía el mismo concepto de los carros de vapor. En Francia, una norma ministerial de 1861 autorizaba su circulación por las carreteras sin mayores limitaciones. Esto permitió a los inventores franceses investigar y desarrollar sus vehículos con mayor amplitud, aunque los carros seguían siendo raros de ver. No obstante, fueron célebres los carruajes a vapor de los hermanos Bollée, originarios de la ciudad de Le Mans, lo que explica muchas cosas sobre la honda tradición por el mundo del motor en esta localidad, célebre por su carrera de las 24 Horas. Lo del tren estaba bien, era práctico y permitía desplazar grandes cantidades de carga o numerosos pasajeros en un solo viaje, pero eran vehículos de gran tamaño, pesados y con un recorrido definido por la vía férrea del que no podía apartarse, salvo que descarrilara, claro, por lo general con terribles consecuencias. El ser humano necesitaba seguir siendo independiente para ir dónde y cuándo quisiera, como hacía a lomos de un caballo, pero para ello era necesario un vehículo más ligero, compacto y dinámico que el ferrocarril, un vehículo tan práctico que cualquier persona fuera capaz de usarlo.

Se dice de los alemanes que son gente ordenada y pragmática, pero ninguno como Nikolaus August Otto, ingeniero alemán al que se le considera inventor del motor de cuatro tiempos, algo que se mire como se mire hay que definirlo como el punto de partida de la automoción moderna. Pero si somos fieles a la cronología, el primero que patentó un motor de ciclo de cuatro tiempos fue el ingeniero francés Alphonse Eugene Beau de Rochas, en 1861, pero como Otto fue el primero en construir un motor basado en ese principio se le terminó denominando como ciclo Otto. También es, fonéticamente, más simple decir ciclo Otto que ciclo Beau de Rochas… Esta será también una constante en la historia de la automoción, cuando el inventor original queda ensombrecido por aquel que acabó perfeccionando el invento del primero, porque recordemos que ni Watt inventó la máquina de vapor, ni Stephenson la locomotora, sino que perfeccionaron las máquinas de Newcomen y de Trevithick, respectivamente. Y lo mismo pasó con Otto y Beau de Rochas.

El ingeniero francés planteó la primera descripción teórica completa del motor de ciclo de cuatro tiempos, y lo definió en una patente registrada el 16 de enero de 1861. Sin embargo, su falta de recursos le impidió pagar la renovación anual del registro, que pasó a ser de dominio público. Su existencia fue tan mísera y apurada que malvivía en una chabola y se desplazaba a diario andando hasta su puesto de trabajo porque su precaria economía no le permitía ni siquiera el gasto de un billete en un ómnibus de caballos. La triste realidad de la genialidad de Beau de Rochas es que sus investigaciones fueron completamente acertadas, allanando el camino a los que llegaron después, que pudieron trabajar sobre una base veraz. El ingenio de Beau de Rochas fue tan grande que incluso llegó a exponer de forma teórica el concepto del ciclo de dos tiempos por compresión de los gases y otros principios de los motores endotérmicos. Casi medio siglo después de su muerte, una solemne reunión de la *Société des Ingénieurs de l'Automobile* reconocía su fi gura, otorgándole el merecido reconocimiento que no pudo disfrutar en vida. ¡A buenas horas!

Lo cierto es que Otto tuvo una mayor visión comercial y supo vender su idea a gente con recursos que pudiera fi nanciar sus investigaciones. No en vano, este ingeniero empezó su carrera profesional como comerciante, aunque en un viaje a Italia descubrió el motor a gas desarrollado por el belga Jean-Joseph Étienne Lenoir, que en 1860 ya construía y vendía motores a gasolina. En 1863, Lenoir acopló uno de sus motores a un carruaje ligero, y consiguió recorrer nueve kilómetros por los alrededores de París. No fue tan espectacular como la locomotora de Stephenson: el motor giraba apenas a 100 rpm y empleó más de dos horas en cubrir el recorrido. Bueno, tampoco es tan mal registro: en una mal día de tráfi co es la media que podemos conseguir en el *périphérique* de París…

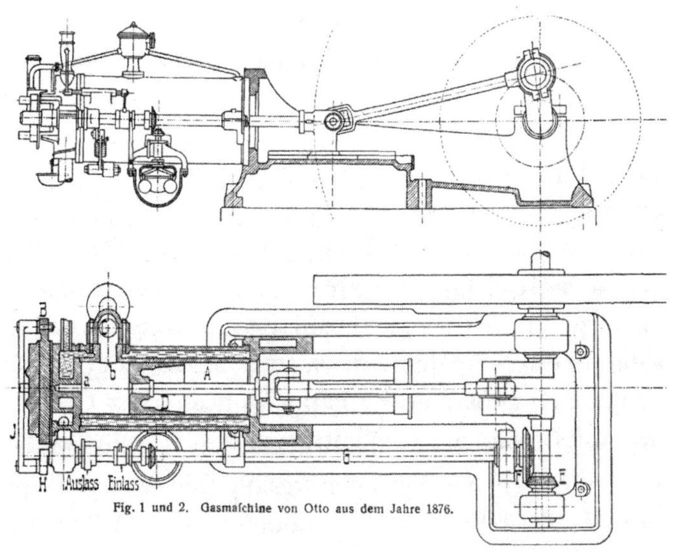

Esquema del motor de explosión Otto.

Otto se interesó por el motor de Lenoir, volcándose a partir de ese momento en la investigación en ese terreno, y en la aplicación de los principios del motor de combustión interna en la tracción mecánica siguiendo la propuesta teórica de Beau de Rochas. En 1861 construyó su primer motor a gas, y tras asociarse con el industrial alemán Eugen Langen, juntos desarrollaron un motor mejorado que logró la medalla de oro en la Exposición de París de 1867. Tres años después, Otto patentó su motor y alcanzó un notable éxito con la venta de propulsores destinados tanto a la industria como al uso motriz. Esta patente, registrada en la oficina alemana con el número 532, supuso al mismo tiempo cierto estancamiento en el desarrollo de la automoción. Todos los fabricantes de la época comprendieron que el ciclo Otto era la base técnica de referencia para fabricar motores, pero al ser una patente registrada eso implicaba la obligación de pagar una licencia a Otto por cada motor fabricado. Para eludir ese cargo, los fabricantes debieron emplear mucho tiempo y dinero en buscar alternativas.

Se estima que en los siguientes quince años Otto vendió entre 30.000 y 50.000 motores, todo un éxito. Sin embargo, en 1886 la patente de Otto fue revocada cuando salió a la luz la patente de Beau de Rochas, registrada veinticinco años antes… Para entonces, Herr Otto ya era multimillonario, mientras que sus contemporáneos se habían visto abocados prácticamente a la ruina intentando esquivar las licencias de la famosa patente.

El Motorcar de Karl Benz.

Karl Benz, un fabricante que se había establecido en Mannheim (Alemania) en 1872, fue uno de ellos. Comenzó a experimentar con el motor de ciclo dos tiempos con el objetivo de evitar la patente Otto, pero las dificultades fueron muy grandes. Estuvo al borde de la bancarrota en más de un ocasión, pero Benz fue perseverante y no se rindió, y una vez que la patente Otto fue cancelada pudo aplicar sus investigaciones y desarrollar su propio vehículo con motor de ciclo cuatro tiempos. De hecho, en 1885 ya había completado la construcción de su Benz Motorcar, un triciclo ligero equipado con un motor monocilíndrico de cuatro tiempos y 954 cc de cubicaje, que proporcionaba una potencia de 0,8 CV. Tenía tracción a las ruedas posteriores a través de un sistema de cadenas y correas de piel procedentes de unos cinturones.

Benz lo estuvo probando en secreto, con nocturnidad y alevosía. El vehículo alcanzaba los 16 km/h de velocidad, lo cual resultaba bastante llamativo. Una mañana de verano de 1886, Benz se decidió a usarlo en público, sorprendiendo a las calmadas gentes de Mannheim con su traqueteo a lo largo de la Ringstrasse. La prensa local se hizo eco de su aparición: «Un velocípedo impulsado por gas, construido por Rheinische Gasmotorenfabrik Benz et Cie, del que ya hablamos en estas páginas el pasado 4 de junio, fue probado a primera hora de la mañana en la Ringstrasse, con un resultado satisfactorio».

Sin saberlo, vecinos y curiosos de Mannheim habían sido testigos del nacimiento de la era del automóvil.

UN VEHÍCULO PARA TODOS

El mayor desafío para los nuevos fabricantes de entonces fue lograr convertir el automóvil en algo suficientemente atractivo, que generara confianza y no temor, como las rugientes calderas andantes de los primitivos carruajes a vapor. Y, sobre todo, que fueran vehículos sencillos de manejar y accesibles para quien se pudiera permitir el auténtico lujo de tener uno de ellos. Porque una cosa era hacer funcionar una máquina, y otra bien distinta que se pudiera hacer negocio con ella. Desde el punto de vista comercial, ese era el mayor reto.

Benz siguió mejorando su Motorcar. En 1888 mostró una versión evolucionada en Múnich y anunció su comercialización. Su precio, 2.000 marcos, era una auténtica fortuna, pero se le puede considerar como el primer coche de producción. Benz y todos los fabricantes de la época eran conscientes de la importancia de la puesta en escena de sus vehículos para llamar la atención de posibles compradores que, a decir verdad, eran un número más bien reducido. Los golpes de efecto eran habituales y espectaculares, con improvisadas exhibiciones en las que se hacía alarde de su velocidad y agilidad de movimientos. En una ocasión, Bertha Benz, la esposa del fabricante alemán, acompañada por dos de sus hijos, Richard y Eugen, protagonizó un viaje entre las localidades de Mannheim y Pforzheim, distantes más de 106 kilómetros —toda una temeridad, a decir de las espantadas damas de la recatada sociedad de Mannheim—, para demostrar las posibilidades de uso del vehículo. Porque no se trataba de un mero recorrido en una soleada mañana; la señora Benz tuvo que atravesar bosques y superar escarpadas colinas, en un terreno que hoy, siglo y medio después, aparentemente no llama la atención, pero entonces era abrupto e inaccesible, especialmente para una delicada dama con dos niños.

Gottlieb Daimler fue otro ingeniero que bebió en fuentes ajenas antes de construir sus propios modelos. También visitó a Lenoir y conoció su motor de gas, y después trabajó con Otto, hasta que por fin patentó su propio motor en 1883, lo desarrolló y acabó acoplándolo en un bastidor de madera en 1885, sobre solo dos ruedas. Sin darse cuenta, había inventado la motocicleta, un rudo aparato en el que el conductor se situaba en una especie de silla de montar. No tardó en darse cuenta de la precaria estabilidad de su máquina, así que decidió acoplar su motor a un carro ligero de cuatro ruedas, cuyo desarrollo culminó en el otoño de 1886. Para entonces, todo el mundo hablaba del Motorcar de Benz, pero el motor de Daimler también demostró su eficacia y consiguió prosperar.

Al otro lado del Canal de la Mancha, los fabricantes británicos contemplaban con resignación el entusiasmo de alemanes y franceses, que lideraron con determinación los primeros días de la automoción. Limitados por su Red Flag Act, los británicos eran unos auténticos proscritos en esta nueva industria. Con frecuencia, los escasos usuarios de los vehículos a motor sufrían la incomprensión, el temor o la burla. Los animales de tiro se espantaban a su paso, provocando no pocas escenas, a veces cómicas y otras algo más dramáticas. Las madres apartaban a sus hijos de los márgenes de los caminos con espanto, y los perros les ladraban de forma amenazadora. Estas variadas estampas fueron reflejadas con una enorme carga satírica por las publicaciones de la época, en especial por la revista *Punch*, que publicaba con frecuencia dibujos jocosos en los que ridiculizaba al automóvil y a su propietario. Esa costumbre duró décadas.

En Francia, por el contrario, se entusiasmaron con la nueva máquina. Émile Roger, agente comercial de Benz en París, compró un Benz de cuatro ruedas en 1887, y se lo dejó durante una temporada a la empresa Panhard et Levassor, que era distribuidora de los motores Daimler. A su vez, Panhard suministraba motores al fabricante francés Armand Peugeot, que en 1890 construyó su primer coche completo, y también a los hermanos Louis y Marcel Renault, otros de los precursores de la industria del automóvil a finales del siglo XIX. Por lo que se ve, los pioneros de la automoción vivían en un mundo abierto y sin complejos, en el que tenían una relación abierta, hablando en términos de motorización. En su vida privada no entramos.

Llevó años definir el concepto del diseño del automóvil. Aunque la mayoría optó por los cuadriciclos, en la última década del siglo XIX seguía habiendo fabricantes que optaban por otras configuraciones. Bollée creó en 1897 un triciclo con dos ruedas delanteras y una trasera, con el pasajero sentado delante y el conductor detrás. Y en vez de ruedas de carruaje usaba neumáticos, que habían comenzado a desarrollar el irlandés Dunlop y los hermanos Michelin una década antes, aunque originariamente concebidos para las bicicletas. Otros constructores colocaban al pasajero sentado frente al conductor. La modernidad no implicaba perder los buenos modales, ¿dónde se ha visto viajar dando la espalda a tu acompañante? ¡Menuda falta de educación!

Jules Albert De Dion, célebre por sus triciclos.

René Panhard contribuyó significativamente a una evolución cualitativa del automóvil al introducir lo que se denominó el sistema Panhard: un motor vertical situado en la parte delantera del vehículo, oculto bajo una cubierta —un *bonnet* (gorra) lo llamaron entonces—, con la potencia aplicada sobre las ruedas traseras a través de un primitivo sistema de transmisión. Quizás no fuera un mecanismo muy sofisticado, pero cumplía. Su socio, Émile Levassor, dijo de él: «Es muy brusco, pero funciona».

Los franceses se entregaron como pocos a la experimentación. Se acometieron todo tipo de pruebas y tentativas, para fascinación de muchos y terror de no poca gente. El conde Albert de Dion y su socio Georges Bouton fueron los únicos que en 1887 lograron completar la carrera entre Neuilly y París con un cuadriciclo a vapor construido por ellos mismos. Los sorprendidos paisanos salieron por centenares a comprobar qué era aquel engendro mecánico, sin duda obra del demonio, que atronaba los polvorientos caminos. ¡Un carro sin tiro de caballos! ¡Válgame el cielo! En la laica y republicana Francia se hacían cruces al paso del vehículo.

Sí, daba miedo verlos, pero era imposible retraerse a la poderosa atracción de los automóviles, cuyas ventas fueron notables. En 1894, Benz vendió 67 unidades de sus nada baratos vehículos. El Viktoria de Benz era un señor carro, grande, pesado, pero fiable, aunque no parecía cómodo de manejar en las angostas y concurridas calles de las ciudades, a pesar del nuevo sistema de dirección patentado por Benz, consistente en un pequeño volante con un pomo que facilitaba el manejo del vehículo. En abril de 1894, Benz presentó el Velo, más pequeño, ligero y menos caro que el Viktoria. Se puede considerar al Velo como el primer coche de producción en masa. Fue un éxito: al año siguiente Benz construyó 135 vehículos de todo tipo, 62 de los cuales correspondieron al modelo Velo.

En unos pocos años, Benz había vendido cientos de automóviles, pero el líder de la industria era, sin lugar a dudas, De Dion-Bouton, que hasta abril de 1901 solo en Francia había vendido 1.500 vehículos y motorizado a muchos más fabricantes. No hay que olvidar que los primeros coches de Renault y Peugeot llevaban motor De Dion, aunque no tardarían en equipar su propia tecnología.

El exitoso modelo 62 de Karl Benz.

El automóvil era sinónimo de progreso. Nadie podía sustraerse a él, ni la almidonada sociedad británica y su estirado estilo victoriano. Finalmente, en 1896 la Red Flag Act fue abolida. La eliminación de la bandera roja no daba manga ancha para hacer lo que le viniera en gana a todo hijo de vecino, ni mucho menos. En su lugar se dictó una nueva ley, la Locomotive on Highways Act, que fijaba el límite máximo de velocidad en carretera abierta para vehículos de hasta 1,5 toneladas en 12 mph (19,2 km/h).

Este cambio normativo fue recibido con regocijo por los aficionados de las islas, que lo celebraron con lo que denominaron como The Emancipation Run («La Marcha de la Emancipación»), celebrada el 14 de noviembre de 1896, realizando un recorrido de 53 millas (85 kilómetros) entre Londres y Brighton, en el que participaron 35 vehículos. No fue un acto precisamente muy espontáneo. Viéndolo con la perspectiva del tiempo, aquello fue una monumental campaña publicitaria en la que se implicaron los principales fabricantes del momento. Acudió el mismísimo Gottlieb Daimler con uno de sus vehículos, los hermanos Bollée con sus triciclos, diversos Panhard y Benz traídos expresamente del continente para la ocasión, e incluso dos Duryea y un triciclo Pennington desde Estados Unidos. El mercado británico era un sabroso pastel al que todos querían hincarle el diente. Los registros de la época señalan que Léon Bollée fue el primero en llegar a Brighton, cubriendo el recorrido a una media de 15 mph. Todavía hoy, cada mes de noviembre, The Emancipation Run sigue celebrándose.

Hay muchas cuestiones que considerar para entender el final de la Red Flag Act. Una era, lógicamente, no dar la espalda al progreso. Otra, abrir un nuevo canal productivo que podía generar mucha riqueza, como era la incipiente industria de la automoción. Pero no cabe duda de que la cuestión económica era la que mayor peso tenía. Dado que las limitaciones impuestas al uso del automóvil eran tan grandes, hubo muy pocos fabricantes británicos que se dedicaron a esta actividad, por lo que la mayoría de los vehículos que circulaban en Reino Unido eran importados desde Francia o Alemania, con un elevado coste para aquellos que pudieran permitirse semejante lujo. Al producirse la liberalización de la circulación, los fabricantes europeos se lanzaron sobre el mercado británico, y Daimler fue el primero dedicado a producir exclusivamente vehículos de gasolina en Gran Bretaña.

La expansión global del automóvil resultaba imparable y no se limitaba exclusivamente a Europa. Ya en 1894, Duryea Motor Wagon Company, empresa fundada por los hermanos Frank y Charles Duryea, había comenzado a fabricar y vender únicamente vehículos con motor de gasolina en Estados Unidos. Los norteamericanos encontraron en el automóvil la herramienta eficaz para desplazarse por su vasto país. A finales del siglo XIX Estados Unidos seguía siendo una nación en construcción que necesitaba de un medio de transporte eficaz, y el automóvil se ajustaba a sus necesidades como anillo al dedo.

Al servicio de la automoción se pusieron los mayores talentos norteamericanos, como el prestigioso inventor Thomas Alva Edison, que llegó a desarrollar su propio coche eléctrico a partir de un modelo Baker al que instaló un motor eléctrico impulsado por una batería alcalina de níquel. Precisamente en la Compañía Edison encarriló su ingenio hacia la automoción Henry Ford, padre de la industria automovilística norteamericana. Tras haber sido granjero, aprendiz de maquinista, mecánico de máquinas de vapor y haber trabajado en un aserradero, Ford trabajó como ingeniero para Edison desde 1891, labrándose una larga amistad entre ambos hasta el punto de que terminaron siendo vecinos en Detroit.

En sus ratos libres, Ford fue capaz de desarrollar su propio cuadriciclo a gasolina, que completó en 1896. Unos años después se asoció con otros inventores para crear la Detroit Automobile Company, que acabó siendo una ruina porque el carácter perfeccionista de Ford impedía que terminara de definir el prototipo, lo que provocó que no llegaran a vender ningún vehículo. Se quitó de en medio y en 1901 creó Henry Ford Company. Los demás fabricantes le llevaban años de ventaja, pero Ford no tardó en ponerse al día y terminó liderando la industria mundial.

MÁS QUE COCHES

El avance de la automoción no era una cuestión exclusiva de los motores. Había otra serie de componentes y condicionantes que entraban en juego para que el automóvil gozara de semejante éxito. Tan importante como el invento de la rueda fue el del neumático. Los coches de caballo y los carruajes de la época rodaban sobre sólidas ruedas de madera, duramente traqueteadas contra un firme variable: del adoquinado de las zonas más selectas y elegantes de las ciudades al barrizal de los arrabales; de los polvorientos caminos a las primitivas carreteras de descarnado pavimento. Hubo un notable paso adelante cuando el inglés Thomas Hancock empleó el sistema de vulcanizado de goma desarrollado en 1841 en Estados Unidos por Charles Good-Year. En 1846, Hancock creó neumáticos de goma maciza en sustitución de las ruedas de madera, que permitían amortiguar mejor los impactos de la rueda contra la calzada y mejoraban su rodadura.

El primer neumático con cámara de Dunlop.

Años después, en 1888, el escocés John Boyd Dunlop inventó el primer neumático inflable, un tubo de caucho hinchado con aire y protegido con una tela. El invento se aplicó inicialmente a las bicicletas, y supuso una mejora en la calidad de vida de los ciclistas, que padecían el maltrato de las ruedas de goma maciza, muy válidas para los carros, sin duda, pero tremendamente severas con los de las dos ruedas, que las llamaban «machacadoras de huesos», porque rebotaban sobre las imperfecciones del suelo repercutiendo directamente en los maltratados esqueletos de los ciclistas. Cuando apareció el neumático inflable les cambió la vida. «La salchicha», como familiarmente lo llamaron, era otra cosa.

Pero tenía una pega: no era desmontable. Para evitar que se desplazara sobre las llantas de madera o se saliera del aro, el neumático se pegaba con un adhesivo. Si se producía un pinchazo, una desagradable novedad porque, claro, las ruedas macizas no se pinchaban, había que proceder a desmontarlo, tarea nada sencilla. Para empezar, el manual de reparaciones constaba de sesenta páginas…

Todo cambió gracias a los hermanos André y Édouard Michelin. Estos habían heredado el negocio familiar, Barbier et Daubrée, dedicado al caucho y la industria agrícola, que tras la muerte de su abuelo materno, Aristide Barbier, había quedado al borde de la quiebra por la mala gestión de su nuevo gerente. André era ingeniero, estudió arquitectura y era un apasionado de las estructuras metálicas, tan de moda en el último tercio del siglo XIX. Su hermano menor Édouard estudiaba Bellas Artes con el objetivo de convertirse en pintor. Acudía a diario a una academia en Montmartre, donde era discípulo de un maestro academicista, William Bouguereau, completamente alejado de las vanguardias. Lo cierto es que de buenas a primeras, en 1886 reclaman a André para que dirija Barbier et Daubrée, y totalmente desbordado por el trabajo persuade a Édouard para que este se incorpore como gerente en 1889, pasando a denominar a la empresa a partir de ese momento como Michelin y Compañía. Y así, renunciaron a su acomodada vida parisina para trasladarse a Clermont-Ferrand, sede de la factoría, una pequeña ciudad provinciana y agrícola. La vida está llena de renuncias.

Los hermanos Michelin quisieron darle un nuevo enfoque a su empresa de caucho. Hasta ese momento el producto estrella de la compañía eran las pelotas de goma para niños, cuyo éxito arrancó prácticamente con la fundación de la compañía por parte de su abuelo. La esposa de su socio Édouard Daubrée, Elisabeth Pugh Parker, era sobrina del químico Charles Mackintosh, que en 1832 había inventado la técnica de la impermeabilización de los tejidos. A la señora Daubrée se le ocurrió que se le podría aplicar ese principio a una pelota. El resultado fue un éxito. Los hermanos Michelin, gracias a una acertada visión comercial, consiguieron multiplicar los pedidos entre colegios e instituciones educativas. En 1889 presentan otro producto de gran acierto: la zapata de caucho. Fue su primera aproximación al mundo de la rueda. Hasta ese momento las zapatas de freno se realizaban en hierro o fundición, y cuando entraban en funcionamiento emitían un estruendoso y desagradable sonido. Michelin patentó un modelo realizado en caucho y lona claramente más silencioso, por lo que fue acogido con entusiasmo por los usuarios.

Un día apareció en la fábrica de Clermont-Ferrand un ciclista en una carreta, donde cargaba una bicicleta que había pinchado una «salchicha» de Dunlop. Al emprendedor ciclista no se le ocurrió nada mejor que acudir a la fábrica de caucho de Michelin, para ver si podían ayudarle a solucionar el problema. Los operarios nunca habían visto uno de esos neumáticos, pero con buena voluntad intentaron ayudar al ciclista. A duras penas logran despegarlo, localizan y reparan el pinchazo, e intentan pegarlo de nuevo en la llanta con un engrudo. La operación dura tres horas, y recomiendan al intrépido velocipedista que deje el vehículo toda la noche en la fábrica para conseguir que el pegamento fragüe.

Al día siguiente, la curiosidad pudo con Édouard, que decide probar la bicicleta, un vehículo que resultaba novedoso para él, y sale a dar un pequeño paseo con ella. A los pocos metros confirma que la reparación no ha funcionado, y regresa a la fábrica a pie. Y así fue como empezó la verdadera historia del neumático.

Édouard se vuelca en el diseño de un neumático desmontable, en colaboración con uno de sus ingenieros, Laroche. Quieren que llanta y neumático sean independientes y no necesiten estar pegados, como sucedía con la «salchicha» de Dunlop, y que una cámara de aire pinchada pueda ser sustituida en un cuarto de hora sin la necesidad de que intervenga un especialista. Tardarán dos años en conseguirlo, y a lo largo de 1891 presentan la patente de tres modelos de neumático desmontable.

Su prueba de fuego fue la carrera ciclista París-Brest-París de septiembre de ese mismo año, en la que el célebre competidor Charles Terront se impone con autoridad empleando un neumático Michelin desmontable, lo que supuso una inestimable publicidad. A pesar de la considerable ventaja frente a los otros neumáticos, sustituir un Michelin desmontable pinchado implicaba aflojar 17 tuercas, lo cual suponía armarse de una paciencia infinita si se trataba de una competición. El bueno de Terront estuvo a punto de perder los nervios en más de una ocasión durante la carrera. Por eso Édouard perfecciona el diseño y consigue mejorarlo, presentando la segunda versión de su modelo a final de año en el Salón del Velocípedo de Londres, donde un operario de Michelin, a petición del público, desmonta y vuelve a montar el neumático en la bicicleta de Terront, que se exhibía como reclamo publicitario. Emplea un minuto y cincuenta segundos. Nadie da crédito. Tanto visitantes como competidores solicitan repetidamente una demostración. Finalmente, se invita a los presentes a que ellos mismos realicen la operación, cronometrando el tiempo empleado. Consiguen completarla entre dos y cuatro minutos, dependiendo de la habilidad de cada uno. El neumático Michelin desmontable triunfa definitivamente.

Sin embargo, el neumático es un artículo de lujo. En 1892 un par de neumáticos de bicicleta vale 162 francos franceses, que es una auténtica fortuna si tenemos en cuenta que el salario medio de un obrero cualificado en Francia es de seis francos al día.

Los hermanos Michelin adoptan inesperados roles. El ingeniero, André, ha dirigido personalmente toda la actividad promocional de la fábrica, se ha preocupado de persuadir a Terront para que usara su neumático, ha montado su espacio en la feria londinense y revela una capacidad comercial y comunicadora excepcional. Édouard, el artista, muestra una percepción técnica sensacional, seguramente fruto de su aprendizaje en el estudio de pintura de *monsieur* Bouguereau y su dedicación a la contemplación del entorno como paso previo a plasmarlo en un lienzo, y se volcará en la dirección técnica.

La audacia de André le llevará a realizar ingeniosas campañas publicitarias. El 5 de junio de 1892 Michelin organiza una carrera ciclista de París a Clermont-Ferrand para promover las ventajas de su neumático desmontable. Y para demostrar que con su neumático un pinchazo no es más que un inconveniente pasajero y de fácil reparación, esparcen clavos por el recorrido para provocar pinchazos.

«Lo de las bicicletas está muy bien, pero el futuro no llegará pedaleando, sino en automóvil», debieron pensar los hermanos Michelin. Cuando en 1894 *Le Petit Journal* organiza la que es la primera carrera automovilística oficial de la historia, André Michelin se apunta como pasajero en el carro motorizado de Léon Serpollet. Es un curioso observador que no quiere perderse el espectáculo. Atiende entusiasmado a los detalles de la competición, que depara inesperados inconvenientes a los participantes: un tramo de la carretera está en obras y las ruedas macizas de los vehículos se enfangan, obligando a los competidores a apearse y remolcar con cuerdas los vehículos, una laboriosa tarea en la que André también toma parte.

El equipo ganador alcanzará Rouen a una velocidad media de 21 km/h. No es un dato muy impresionante: Terront en su bicicleta marcó una media de 17 km/h en la París-Brest-París. André Michelin regresa a Clermont-Ferrand convencido de que el futuro está en la locomoción motorizada, y será mejor aún si se equipa con el neumático adecuado.

Uno de los primeros anuncios publicitarios
de Michelin con Bibendum.

Los éxitos ciclistas de Michelin dispararon el negocio.
Su concepto del neumático desmontable se incorporó al
ciclismo, pero también alcanzó otros elementos suscep-
tibles de emplearlo: camillas, sillas de ruedas, cochecitos

de niños, carretillas, etc. El mundo giraba en torno a Michelin. De momento, la nueva locomoción representa un negocio reducido en comparación con la bicicleta. En 1894 apenas hay 200 vehículos circulando en Francia, pero con el creciente interés por este nuevo medio de transporte, los hermanos Michelin están convencidos de que deben apostar por esta nueva vía de negocio, pero costará que la nueva industria los acepte.

André Michelin desarrolló imaginativas y muy agresivas campañas publicitarias para atraer la atención de su producto. Casi sin quererlo, Michelin creará una figura que le acompañará desde entonces: Bibendum. En la Exposición Universal y Colonial de Lyon en 1894, el fabricante de neumáticos monta su *stand* adornando la entrada con dos enormes pilas de neumáticos de diferentes diámetros. Cuando lo ve Édouard, le dice a su hermano: «Si tuviera brazos, parecería un muñeco». Poco tiempo después, mientras André buscaba ideas para sus campañas publicitarias, el cartelista publicitario O'Galop le mostró unos bosquejos, uno de los cuales llamó su atención: la imagen de Gambrino, al que la leyenda atribuye la creación de la cerveza. El orondo personaje ocupa la escena, sentado a la mesa, alzando una jarra de cerveza en señal de brindis mientras exclama: «*Nunc est bibendum*» («Ahora hay que beber»). Era una propuesta que O'Galop presentó a una cervecería de Múnich sin éxito.

André quedó cautivado por el personaje. Y por el lema. Inmediatamente lo asoció con una intervención suya en una conferencia en la Sociedad de Ingenieros Civiles, en la que concluyó diciendo: «El neumático se traga el obstáculo». El elevado sentido artístico de André ayuda a desarrollar rápidamente el concepto y relaciona al personaje con la pila de neumáticos.

O'Galop hace diferentes bocetos. Sustituye a Gambrino por una pila de neumáticos antropomórfica. La jarra de cerveza se transforma en un copa llena de clavos y vidrios rotos. «*Nunc est bibendum*» se mantiene como lema, apostillado por una frase: «El neumático tragador de obstáculos».

En abril de 1898, Michelin inicia su campaña publicitaria con la distribución de carteles, con notable éxito. En los primeros carteles, el personaje de Michelin brinda a la salud de otros dos que lo flanquean, endebles y desinflados, que representan a John Boyd Dunlop y al director de la firma Continental. Un disparo directo a la línea de flotación de la competencia. En el futuro esta representación se mantendrá, con estos personajes identificados como Neumático X y Neumático Y, para que todo el mundo comprendiera a quién iban destinados sus dardos.

El personaje se hace muy popular. En junio, cobra forma independiente al presentarlo como un personaje troquelado en cartón durante el Salón del Automóvil de París. Algunos, con evidente mala fe, lo llaman «el borracho de la carretera», pero en general el orondo personaje es acogido con agrado. En julio, André Michelin acude a la carrera París-Ámsterdam-París, a los mandos de un Panhard-Levassor. Al verlo, el corredor Léon Théry exclama: «¡Ahí viene Bibendum!». A Michelin le agradó tanto el comentario que decidió aportar el nombre para su personaje.

De cara al Salón del Ciclo de París, previsto para diciembre, André Michelin encarga a uno de sus colaboradores que busque un animador para el *stand* de la firma. La idea es disfrazarlo de Bibendum y que vocee las bondades del producto. André pide que sea una persona de voz potente y físico robusto, acorde con el personaje. Lo buscan en los mercados de la capital, ¿dónde si no puede haber alguien con suficiente voz para vender un producto? Pero no tienen éxito. Patsy, el empleado encargado de tan peculiar proceso de selección, no decae en la búsqueda. Decide buscar en los *cabarets* de Montmartre y el Barrio Latino... Un probo empleado este Patsy... Finalmente da con unos humoristas que, disfrazados de predicadores, actúan en el Cabaret du Ciel, y contrata a uno de ellos.

Disfrazado de Bibendum, el humorista es perfecto para el papel. Actúa todos los días de la feria a las dos de la tarde, y su actuación es tan buena que atrae a multitud de espectadores y curiosos, que se agolpan para ver su animación. Son tantos los que acuden que terminan bloqueando la entrada del *stand* de Oury, un competidor de Michelin. Las protestas de este son ignoradas por Michelin, y ello desemboca en una disputa que termina desbordando lo cómico. Cuando Bibendum intenta hablar, Oury hace sonar una estruendosa bocina, pero la rotunda voz del humorista logra imponerse a Oury. Este, completamente desquiciado, instala dos fonógrafos a todo volumen y contrata a un pregonero para competir con Bibendum. El estruendo que forman es tan grande que el resto de los expositores se quejan ante el presidente del comité organizador. La mayoría están del lado de Oury. Presionado por todos, el presidente termina llamando a la policía. Un comisario y cuatro agentes conminan a Michelin a que ponga fin al espectáculo, pero André se niega con rotundidad.

El conde Albert De Dion, amigo personal de André, y reconocido fabricante de automóviles, alza su bastón por en medio, exigiendo que nadie irrumpa en el *stand* de Michelin. No está claro el porqué, pero finalmente la policía no intervino y Bibendum pudo seguir con su espectáculo. Al final, Michelin había conseguido llamar la atención. A partir de entonces lo que necesitaba eran clientes, puesto que la creciente industria del automóvil parecía conformarse con sus ruedas macizas de goma sobre llanta de madera.

Los hermanos Michelin deciden persuadir primero a los propietarios de coches de caballos, que desde el siglo XVI son de uso generalizado en Francia. En febrero de 1896 circula en París el primer carruaje con neumáticos Michelin, montados sobre llantas de radios. A final de año han conseguido equipar más de 300 carruajes. Supuso un tremendo sacrificio económico, porque los usuarios eran reticentes, pero André los terminaba convenciendo a base de vender las cubiertas a un precio muy bajo, casi perdiendo dinero.

Son conscientes de que los automóviles necesitarán un producto diferente. «Los carruajes se utilizan en las calzadas transitables de las poblaciones, en cambio el auto tiene que poder soportar suelos más hostiles, pedregosos y con piedras cortantes», asegura Édouard, que no está convencido del todo. «¡En cuanto el auto esté equipado con neumáticos, suplantará al caballo!», responde con determinación André. Trabajan en equipar un pequeño cuadriciclo Peugeot con ruedas de radios de acero, con buen resultado. También cosechan decepciones. Los hermanos Michelin participan en la París-Burdeos-París de 1895 al volante de un Peugeot con motor Daimler equipado con neumáticos. Es el único participante que los utiliza. Cubren los 1.200 kilómetros de la prueba dentro del margen marcado por la organización, cien horas, pero llegan los últimos. Sufren muchos pinchazos, pero demuestran que los neumáticos pueden soportar el peso de un automóvil.

Excelentemente restaurado este Peugeot 6HP de 1898.

Algunos se burlan, pero el orgulloso André les replica: «En diez años, todos los coches llevarán neumáticos». Se quedó corto: cinco años después todos los fabricantes franceses (Peugeot, De Dion, Delahaye, Bollée, Panhard...) equiparán neumáticos Michelin. La perseverancia de André dio sus frutos y los éxitos en las pruebas deportivas se multiplicaron. Ganan la París-Marsella-París de 1896, la París-Ámsterdam-París de 1898, la Vuelta a Francia en Automóvil de 1899, etc. Rayando el siglo XX, Michelin anuncia que deja las carreras para «suprimir gastos inútiles y fabricar el mejor neumático, al mejor precio». En la última década del siglo, su negocio se ha multiplicado. De facturar 460.000 francos en 1891, pasan a un ingreso de seis millones en 1900.

Michelin ya no necesitará llevar a cabo costosas campañas publicitarias para promocionar su producto, ni tomar parte en las competiciones para lucirse. Son los propios competidores los que se apoyan en sus productos, ofreciéndole una promoción a un coste muy bajo, prácticamente gratuita. Las carreras no tardan en multiplicarse y popularizarse.

A VER QUIÉN LLEGA ANTES…

La fascinación por la velocidad tenía un efecto sobrecogedor en el hombre, que se entregó a la búsqueda del límite de lo desconocido con el mismo impulso que alentó a los grandes navegantes y descubridores de los siglos xv y xvi. Esa inercia febril que atrapó a los pioneros del automovilismo todavía hoy sigue presente.

Antes de que finalizara el siglo xix llegaron las primeras carreras. Inicialmente lo llamaron concurso automovilístico, y el primero oficialmente registrado fue un recorrido entre París y Rouen —efectivamente, los británicos no fueron los inventores de todos los deportes del motor, como erróneamente se cree—, en 1894, promovido por *Le Petit Journal*, el semanario parisino destinado al entretenimiento, que ofreció un premio de cinco mil francos franceses al vencedor del desafío. La distancia a cubrir era de 112 kilómetros. Se inscribieron 102 participantes, pero solo se aceptaron 26 inscripciones. El registro no era reembolsable para ahuyentar a bromistas y charlatanes, admitiendo únicamente a fabricantes reconocidos.

Finalmente, el 22 de julio tomaron la salida 21 vehículos. Allí se reunió lo mejor de cada casa, dispuesto a aventurarse en un terreno desconocido. Como contábamos con anterioridad, el imprevisible recorrido les deparó mil y una sorpresas, con una carretera en obras como guinda a su aventura en la que acabaron empanzados la mayoría de los vehículos. La victoria se la anotó un De Dion-Bouton con motor de vapor, que alcanzó una media de 21 km/h.

Ya no había nada que pudiera frenarlos. Las carreras se extienden, teniendo París como eje en torno al que desarrollarse. Incluso cruzan más allá de las fronteras francesas, llegan a Ámsterdam en 1898 y a Viena en 1902, donde Marcel Renault, que en 1898 había construido su primer coche equipándolo con un motor De Dion, cubre los 1.000 kilómetros de distancia a una media de 65 km/h.

Los coches empiezan a definirse y la gasolina supera al vapor. La velocidad, el culto por la velocidad, se impone, y dejando a un lado los concursos y las carreras en línea, los pioneros de la competición se lanzan en busca de la marca más elevada.

El 29 de abril de 1899 el belga Camille Jenatzy se convierte en el primer hombre en superar la barrera de los 100 km/h en una prueba realizada en Achéres, localidad situada en las proximidades de París. Exactamente alcanzó 105,85 km/h. Lo más curioso del caso es que lo consiguió con un motor de propulsión eléctrica. Jenatzy tenía el empeño de alcanzar semejante cifra y para ello investigó entre los diferentes sistemas de propulsión, tanto el motor de gasolina, ya bastante evolucionados, como la máquina de vapor, pero encontró que la energía eléctrica era la fuente que podía suministrarle el impulso necesario para alcanza la preciada velocidad en menos tiempo y con mayor intensidad.

Camille Jenatzy, el primer hombre que superó los 100 km/h.

Una vez alcanzada la marca, el intrépido conductor, conocido por todos como Le Diable Rouge («Diablo Rojo») por el color de su barba, posó con su orgullosa esposa sentada a la grupa del vehículo, bautizado como La Jamais Contente (literalmente, «Nunca Feliz»), una especie de torpedo con ruedas, que fue engalanado tras la prueba con guirnaldas de flores, quedando retratados de esa guisa para la posteridad. Es difícil saber de dónde procedía tan particular nombre, pero lo cierto es que a la vista de los documentos gráficos de la época, quien verdaderamente parecía *jamais contente* era *madame* Jenatzy, por la cara de circunstancias que lucía.

Jenatzy se convirtió en un pionero de la velocidad, y alcanzó fama y reconocido prestigio en las temerarias competiciones de los primeros años del siglo xx. En 1903 ganó la prestigiosa Gordon Bennett Cup en Irlanda, al volante de un Mercedes. Era la competición automovilística más importante del momento. Lo triste del caso es que después de jugarse la vida asido a un volante, fue a perderla de un modo ridículo. Fue en 1913, ya retirado de las carreras. Estando de caza con unos amigos, decidió gastarles una broma y se ocultó tras unos arbustos, imitando gruñidos de animal. Uno de la cuadrilla, que debía ser de gatillo fácil, abrió fuego para cobrarse la pieza, hiriendo mortalmente a Jenatzy, que pereció desangrado camino de un centro médico, cumpliendo su profecía: «Moriré en un Mercedes». Hay veces que es mejor estarse calladito…

En aquellos días, carreras y tragedia se conjugaban unidas. Las competiciones en línea se multiplicaron. En 1903 se organizó la más ambiciosa de todas, la París-Madrid, tanto por su longitud como por el desafío de atravesar un terreno mucho más escarpado e imprevisible que las llanuras centroeuropeas. Pero fue una carrera inconclusa, marcada por su elevada siniestralidad.

En la madrugada del 24 de mayo salieron de París 315 vehículos entre automóviles, triciclos y motocicletas, que tenían que hacer frente a 1.287 kilómetros de recorrido hasta El Escorial, donde se había programado la neutralización de la carrera antes de su entrada en Madrid. La carrera se planificó en tres etapas: París-Burdeos, Burdeos-Vitoria y Vitoria-Madrid. Fue un absoluto desastre. La organización no separó los vehículos en grupos o categorías, permitiendo que se mezclaran entre sí, dando pie a numerosos adelantamientos, fueron abundantes los impactos de piedras proyectadas por los vehículos más potentes al superar a los más lentos, y las espesas nubes de polvo que se levantaban en los caminos ocultaban su trazado y las posibles trampas que este pudiera albergar. La falta de pericia y la temeridad de algunos competidores, unidas a la imprudencia y el entusiasmo desbordado de muchos espectadores —se estima que en el recorrido de salida de París llegaron a darse cita tres millones de espectadores en los márgenes de la carretera—, propiciaron muchísimos accidentes, provocando ocho muertos entre participantes y espectadores. Uno de ellos, el propio Marcel Renault, que sufrió un accidente a 100 km/h cerca de Poitiers, y falleció tres días después en un sanatorio parisino.

La Gordon Bennett Cup también vio triunfar a Jenatzy.

El caos fue tan grande que tomó partido el Gobierno francés. A la vista de la siniestralidad de la carrera, el primer ministro, Émile Combes, obligó a suspender la carrera en Burdeos, donde concluía la primera etapa tras 522 kilómetros, que solo pudieron completar 99 participantes. Incluso se convocó una reunión extraordinaria de la Asamblea Nacional para ratificar la orden gubernamental, y ni siquiera se autorizó a los participantes que habían llegado a Burdeos a arrancar sus vehículos de nuevo: fueron remolcados por caballos hasta la estación de ferrocarril y embarcados en tren de regreso a París.

Louis Renault llega a Burdeos y le
comunican la muerte de su hermano.

Cuando se paró la carrera, el líder era Fernand Gabriel, con su Dauphine Mors, que invirtió en el trayecto 5 horas y 14 minutos, alcanzando una velocidad media de 105 km/h sobre caminos de tierra, atravesando pueblos, sorteando espectadores y superando vehículos. Hoy, ese trayecto por la autopista A10, rodando a velocidad legal, nos llevaría prácticamente cinco horas de viaje. Quizás sea este el mejor ejemplo para comprender el demencial ritmo de aquella carrera. Las copas de plata de premio para los galardonados que les aguardaban en El Escorial, con una Copa del Rey valorada en cuatro mil pesetas de la época para el ganador, se quedaron sin entregar.

Fernand Gabriel, el líder de la terrible París-Madrid de 1903.

La que sí consiguió completar el recorrido íntegro fue la caravana turística organizada por el Real Automóvil Club de España y el Automobile Club de France, que en paralelo a la carrera convocaron un viaje entre aficionados y seguidores, la mayoría aristócratas, empresarios y gente con posibles —a ver quién si no podía permitirse semejante capricho—, que durante trece jornadas realizarían el recorrido entre París y Madrid, coincidiendo con los competidores en su llegada a Madrid. Partieron de la capital francesa el 13 de mayo un total de 46 vehículos, a los que se sumaría alguno más a lo largo del recorrido.

La caravana apenas tuvo incidentes de gravedad, salvo un accidente a la salida de Zarauz (Guipúzcoa). En el paso de Palencia a Burgos los apedrearon con estiércol seco, pero por lo general los pueblos castellanos engalanaron sus calles para recibir a los turistas motorizados. Estando en Valladolid llegaron las catastróficas noticias de la carrera, pero la caravana prosiguió rumbo a El Escorial cumpliendo el programa establecido porque eran gentes de orden, aunque un grupo se desvió hasta Salamanca, donde fueron objeto de un caluroso recibimiento por parte de la Sociedad Excursionista de Salamanca, y pudieron realizar un recorrido cultural por la ciudad, incluso con Miguel de Unamuno actuando como *cicerone* para la ocasión. Todos volvieron a reunirse en El Escorial, y desde allí pusieron rumbo a Madrid, para concluir su aventura, quizás el primer gran viaje turístico-cultural vinculado a la automoción.

Los adelantados hermanos Michelin ya se habían dado cuenta de esa vertiente que se abría con el automovilismo, y en 1900 lanzaron la primera edición de la *Guía Michelin*, con 35.000 ejemplares. Este sencillo libro, con sus inconfundibles tapas rojas, era ofrecida de forma gratuita a los propietarios de vehículos, y aunque todavía no asignaba estrellas, ofrecía referencias sobre los hoteles, su comida, habitaciones, baños, el servicio, etc., con la intención de señalar los que resultaran defectuosos.

La Guía Michelin comenzó a editarse en 1904.
Aquí, el ejemplar del 25 aniversario.

Como vemos, nada que ver con el ambiente de las carreras de la época, que era bastante rudo, e incluso cruel. En aquellos días, la competición más importante fue, sin duda, la Gordon Bennett Cup, puesta en marcha por el magnate norteamericano James Gordon Bennett *jr.*, propietario del *New York Herald*. Durante mucho tiempo, los periódicos fueron grandes impulsores de este tipo de competiciones porque su promoción y publicidad les reportaba importantes ventas. La gente estaba ansiosa de conocer las fascinantes historias de estos nuevos aventureros, y los diarios relataban con detalle el acontecimiento. La Gordon Bennett Cup se disputó en diversos países europeos entre 1900 y 1905. Nunca en Reino Unido, donde imperaba un límite de velocidad de 20 mph (32,18 km/h), y el Parlamento de Westminster rechazó la petición del Auto Cycle Club británico para cerrar carreteras al tráfico y permitir las competiciones.

Lógicamente, París fue el centro de la competición. Allí se dio la salida a las tres primeras ediciones: París-Lyon (1900), París-Burdeos (1901) y París-Innsbruck (1902). Pero en 1903, la carrera se disputó en Irlanda, de nuevo, gracias a la iniciativa de un medio de comunicación, el *Dublin Motor News*, cuyo editor, Richard Mecredy, sugirió que la carrera podría llevarse a cabo en el condado de Kildare. Los coches todavía no gozaban de mucho aprecio por aquellas tierras, pero Mecredy se encargó personalmente de crear un ambiente propicio para la carrera hablando de la promoción que supondría para el condado, Dublín e Irlanda, marcando las diferencias con el estirado ambiente londinense, la capital del imperio.

Desde el *Dublin Motor News* se escribieron cientos de cartas solicitando colaboración y apoyo a parlamentarios, alcaldes, secretarios de concejos, diarios locales, compañías de ferrocarriles, hosteleros... Hasta al obispo de Kildare y Leighlin, que se pronunció a favor de la carrera. Y si la muy católica Iglesia de Irlanda no veía inconveniente en su realización, ¿quiénes eran los hombres para oponerse a la voluntad del Altísimo?

Gracias al masivo apoyo recibido en Kildare, puede que la de 1903 fuera la edición más célebre de la Gordon Bennett Cup. Se hizo necesario crear pruebas eliminatorias para acceder a la competición final. Una de ellas tuvo lugar en la vecina isla de Man, territorio soberano perteneciente a Reino Unido, que vio en las competiciones motorizadas un interesante reclamo para reactivar la actividad en la isla. Su parlamento, Tynwald, estaba capacitado para promulgar sus propias leyes, y aprobó la organización de carreras, anticipándose al resto del imperio. En pocos años Ellan Vannin —isla de Man en manés, el idioma local— se convertirá en el epicentro mundial del motociclismo con la puesta en marcha del Tourist Trophy en 1907.

Lo cierto es que la Gordon Bennett Cup de Kilcare fue un gran éxito. Su organización fue modélica y se convirtió en el contrapunto de la caótica París-Madrid, disputada apenas seis semanas antes. Tuvo lugar el 2 de julio, y se disputó sobre un recorrido de 538 kilómetros sobre dos bucles. Para garantizar la seguridad, se desplegaron 7.000 policías, y los competidores salieron de forma individual, con siete minutos de diferencia entre cada uno. Además, al llegar a una población cada participante era neutralizado y debía atravesar la localidad siguiendo el ritmo que le marcara un ciclista encargado de guiarle.

Thery, ganador de la Gordon Bennett en 1904.

La victoria fue para un viejo conocido, Camille Jenatzy, a los mandos de un Mercedes, marca con la que seguiría siendo uno de los competidores más destacados de aquella época. Muy probablemente, tan emocionado debía encontrarse que fue entonces cuando debió pronunciar su premonitoria frase: «Moriré en un Mercedes», pero no sería como él esperaba.

SÍMBOLO DE UN ESTATUS

Desde sus orígenes, el coche fue un artículo tan sofisticado que no siempre estuvo al alcance de cualquiera. El automóvil fue y sigue siendo el símbolo de un estatus. Cuando la industria de la automoción comenzó a cobrar forma en el umbral del siglo xx, el automóvil representaba lo más avanzado de la tecnología humana, y por tanto esa nueva maquinaria tenía un coste elevado, inalcanzable para el común de la humanidad, que en la mayoría de los casos debió seguir conformándose, con suerte, con la tracción animal.

La marca que se conduce es el primer argumento para definir un estatus. Lógicamente, estar al volante de un modesto Trabant 600, el austero y popular coche de la República Democrática Alemana, establece unas diferencias insalvables frente a quien conduce un Mercedes 300 SL Gullwing, el famoso «alas de gaviota», y define claramente el estatus de cada conductor. Puede que un excéntrico millonario o un furibundo coleccionista disfruten poniéndose a los mandos de un Trabant por el simple hecho de que pueden permitirse hacerlo, pero un obrero de la RDA jamás podría llegar a conducir un Gullwing. Eso es estatus.

Mercedes-Benz 300 SL «alas de gaviota» (Gullwing),
un vehículo exclusivo en su época.

No se trata de reducir la cuestión a la lucha de clases, no va por ahí la cuestión del estatus. A veces, incluso siendo una persona a la que la fortuna le ha sonreído con generosidad y ha prosperado en su ámbito profesional, hasta tal punto de poder permitirse determinados caprichos, incluso entonces sigue existiendo un estatus. Hay coches que no están al alcance de cualquiera, por muy rico y afamado que seas. En el ámbito de la automoción, quizás esa elevada exigencia la represente Ferrari, una marca que en su momento se vanagloriaba de no estar al alcance de cualquiera, llevando el nivel del estatus hasta prácticamente el pedigrí. Han sido muchos los artistas de éxito, actores y cantantes, estrellas deportivas y famosos de cualquier notoria actividad los que se han visto rechazados por la marca del *Cavallino Rampante*, porque un Ferrari no lo puede conducir cualquiera. Es cuestión de estatus.

Lamborghini fue en sus orígenes fabricante
de tractores, y lo sigue siendo.

Ferruccio Lamborghini quiso traspasar esa barrera
mágica e invisible, y quiso comprarse un Ferrari, ya
que era un hombre pudiente. De su desencuentro con
Enzo Ferrari, el fundador de la mítica marca, arranca
la creación de Lamborghini, los deportivos de lujo que
rivalizan con Ferrari en diseño, prestaciones y especta-
cularidad. Porque Ferrari le negó a Lamborghini la
posibilidad de adquirir uno de sus vehículos.

Durante la II Guerra Mundial, Lamborghini había
servido en un destacamento de transportes del Ejército
italiano, un destino de lo más adecuado para él teniendo
en cuenta su desmedida afición por el motor. Tras la
guerra vio la posibilidad de desarrollar su propio negocio
adquiriendo vehículos sobrantes y material de desecho al

Ejército, que reconvirtió en maquinaria agrícola. En toda Europa, durante los duros años de la posguerra, había dos formas de prosperar vinculado a la automoción: fabricando motocicletas o desarrollando maquinaria agrícola. Y Lamborghini, con gran acierto, apostó por la segunda.

Y no le fue mal. Prosperó tanto con el negocio con los tractores que durante los años cincuenta se convirtió en millonario, siendo uno de los principales empresarios de la automoción agrícola en Europa. Y empezó a coleccionar coches deportivos: Mercedes, Maserati, Lancia… y claro está, Ferrari. Pero cuando quiso comprarse un Ferrari, no se lo quisieron vender. Cuenta la leyenda que se plantó ante el mismísimo Enzo Ferrari para saber por qué. «Tú sabrás conducir un tractor, pero nunca conducirás un Ferrari», dicen que le dijo Ferrari. Y Lamborghini, hombre orgulloso, como todos aquellos que triunfan casi desde la nada, renunció al Ferrari y prometió crear sus propios deportivos, los Lamborghini, dispuesto a hacer palidecer a los rojos y flamantes coches de Módena. Y así fue como Lamborghini creó su empresa automovilística en 1963 y comenzó la producción de sus espectaculares deportivos.

Hay un axioma en el periodismo norteamericano que, seguramente, se puede aplicar a este episodio: no dejes que la verdad arruine una buena historia. Y no cabe duda de que el desplante de Ferrari a Lamborghini es una historia espectacular, un relato que los trabajadores más veteranos de la fábrica de Lamborghini han contado durante años a todo el que preguntaba por el histórico desencuentro entre ambos. Pero es bastante probable que no fuese del todo cierta, que aunque en verdad existió un choque entre los dos, no se produjo de semejante manera.

El Ferrari 250 GTE que provocó la disputa entre Ferrari y Lamborghini.

Lamborghini admiraba el trabajo de Ferrari, sus coches eran, sencillamente, maravillosos, tanto desde el punto de vista estético como técnico. Así que el bueno de Ferruccio decidió adquirir un Ferrari 250 GT, un verdadero prodigio mecánico con su motor V12 de 3.000 cc y 240 CV de potencia. Una preciosidad, una maravilla… Pero Lamborghini se hartó de la fragilidad de su embrague, que le daba problemas constantemente, y le obligó a realizar repetidas visitas al servicio técnico de la marca, sin que allí fueran capaces de encontrar una solución.

Cansado e irritado, porque el 250 GT no era un utilitario precisamente, y aunque no era el deportivo más caro de su época tampoco resultaba barato, Lamborghini encargó a uno de sus mecánicos que revisara el embrague para encontrar una solución. Y para su sorpresa, descubrió que empleaba uno muy similar al de los tractores Lamborghini. Pero claro, los compradores del 250 GT lo pagaban a precio de Ferrari. Así que Lamborghini telefoneó a Ferrari

El Lamborghini Miura inició la era de los superdeportivos en 1968.

para decirle que sus coches «eran una basura». A lo que Ferrari le replicó: «Un fabricante de tractores no puede entender mis coches». Cuestión de estatus.

Ya puede ser más cierta una versión que la otra, pero el resultado es el mismo. El orgullo herido de Lamborghini dio paso a la constitución de la casa automovilística con más casta del panorama de la automoción.

Esta enorme rivalidad también provocó sus secuelas, generando seguidores de uno y otro fabricante entre los pudientes compradores de automóviles deportivos. Ferrari o Lamborghini, ¿cuál elegir? ¿Por cuál debía decantarse una estrella del cine, un cantante de éxito o un aclamado deportista? Para Frank Sinatra, estaba bastante claro: «Uno conduce un Ferrari cuando quiere ser alguien, y conduce un Lamborghini cuando ya es alguien». La Voz fue un apasionado de los coches, pero no buscaba en ellos tecnología ni potencia, sino lujo y confort. Por lo general no conducía él, tenía su propio chófer. Tras una larga retahíla de coches norteamericanos, como el Ford Thunderbird, un V8 de 5,1 litros y 215 CV, el Ford Continental Mark II, con su motor V8 6.0 y 285 CV, o el Buick Riviera, con motor V8 y 365 CV de potencia, Sinatra acabó adquiriendo a finales de los años sesenta, siguiendo la recomendación de su amigo Dean Martin, un Lamborghini Miura (motor V12 de 3.929 cc y 370 CV de potencia), que fue uno de los pocos coches que conducía él personalmente.

Ferrari F-40, un deportivo que conmemoraba los 40 años de la marca.

Hay una curiosa anécdota muy relacionada con el estatus y Ferrari. Cuando el fabricante italiano anunció la producción del modelo F40, en conmemoración del 40 aniversario de la constitución de Ferrari, hubo miles de peticiones para adquirir este coche. Con diseño de

Pininfarina, nada menos, tenía un motor V8 de 2.936 cc y 478 CV. Fue el primer automóvil de producción que superaba la barrera de los 320 km/h. Cuando un ya muy anciano Enzo Ferrari —tenía 89 años cuando se presentó el modelo, y fallecería un año después— lo contempló por primera vez, quedó tan impresionado que le faltaron las palabras. *«Bello, molto bello»*, fue todo lo que pudo decir para expresar lo emocionado que se sentía ante aquel automóvil.

El Ferrari F40 era un verdadero símbolo de estatus. Corrió el rumor de un lado a otro del mundo de que solo se fabricarían 40 unidades, una cifra redonda y conmemorativa que contribuía a engrandecer la leyenda de este deportivo, convirtiéndolo en mucho más que un coche inalcanzable, un verdadero mito, un auténtico símbolo de estatus. Solo habría cuarenta afortunados propietarios en todo el mundo, lo que colocaba a cada F40 y a cada uno de sus propietarios en una especie de seres elegidos, una casta de intocables —pero en el sentido inverso de la casta india, que se refiere a los más pobres y discriminados—, aunque la realidad es que Ferrari nunca se había planteado una serie tan corta, sino más bien de unos 400 coches. Sin embargo, tras cinco años de producción, de la fábrica de Maranello salieron nada menos que 1.315 unidades.

Aunque faltaba un año para la presentación del F40, se había filtrado mucha información sobre el nuevo modelo, cuyo desarrollo fue inusualmente rápido para un vehículo de sus características porque el diseño de Ferrari no arrancó de un folio en blanco, sino que tomó como base de partida seis unidades de su modelo 288 GTO Evoluzione, desarrolladas a partir del coche que competía en el Grupo B de *rally*, que quedó abandonado tras modificarse la reglamentación técnica del Campeonato del Mundo de Rallies después de la temporada 1986.

Lo cierto es que disponer de una de esas escasas unidades marcaba un estatus. Uno de los que no pudo sustraerse a la atracción del Ferrari F40 fue Diego Armando Maradona. Propietario ya de un Testarossa, el Pelusa se empecinó en adquirir uno de esos cuarenta F40 que decían que se iban a producir, y encargó a su *manager* de entonces, el divertido y charlatán Guillermo Coppola, que hiciera las gestiones para hacerse con uno. Era su época italiana, jugaba en el Nápoles, y en Italia el coche es femenino, *la macchina*, así que Maradona le dijo a Coppola cuando se embarcaba camino del Mundial de México 1986: «Guille, cómprame la F40... La quiero negra», y se fue sin más.

En vida de don Enzo, nadie osaba a pedir un Ferrari que no estuviera decorado en el color *Rosso Corsa* con el que salía de Maranello, por lo que Coppola tenía por delante un doble reto: conseguir uno de esos preciados coches y que se lo pintaran de negro.

Alguien que representa a una de las mayores estrellas deportivas del momento como era Maradona, que además se iba a consagrar definitivamente en el Mundial de México 1986, debía tratar con los responsables de la marca al más alto nivel, y Coppola quiso discutir este asunto directamente con Enzo Ferrari. Aquello era poco menos que imposible dada la avanzada edad de Ferrari y su carácter opaco, pero los buenos oficios de Giovanni Agnelli, conocido como l'Avoccato («el Abogado»), facilitaron la gestión. Agnelli, patriarca de la poderosa familia italiana que poseía un amplio emporio industrial que incluía, entre otras empresas, el Grupo FIAT, que controlaba el 50 % del accionariado de Ferrari, era además gran aficionado al fútbol, ya que su familia controlaba el Juventus de Turín desde principios del siglo xx. Gracias al fútbol, Coppola logró audiencia con don Enzo.

Il Commendatore Ferrari se resistió, pero alguien tan locuaz e inteligente como Coppola supo doblegar la voluntad del anciano, que ni siquiera encontró un argumento para disuadirle en el elevado precio del F40: 470.000 dólares. Con el contrato firmado, Coppola recordó un último detalle: el coche debía ser negro. «*La Ferrari nera non esiste, non ce*» («el Ferrari negro no existe, no hay»), respondió escuetamente Il Commendatore. Pero la habilidad de Coppola propició que finalmente el fabricante se plegara a su petición, y Pininfarina, que además de diseñar el coche se encargaba de pintarlo, se hizo cargo de que el Ferrari F40 de Maradona fuese negro.

Por si no pareciera ya suficientemente surrealista esta historia, el momento de la entrega del F40 a Maradona alcanzó momentos de delirio. Coppola repitió una y mil veces la anécdota hasta el punto de que podemos llegar a dudar de ella, pero resulta imposible que una historia semejante sea completamente inventada. Lo cierto es que cuando llegó el momento de entregarle el coche a Maradona, Coppola lo llevó hasta el aeropuerto napolitano de Capodichino, donde el astro argentino tenía previsto aterrizar en un vuelo privado desde Argentina. También acudió a recibirlo Corrado Ferlaino, presidente del Nápoles, con el que Maradona no tenía una buena relación. Mejor dicho, Maradona lo ignoraba por completo. Y ahí entró en juego la sagacidad de Coppola.

Il Commendatore Enzo Ferrari, hombre de carácter complejo.

Ferlaino se sorprendió al ver el F40. «*Bella macchina!*», dijo. Y Coppola le aclaró que era de Maradona. «Presidente, regalásela», le propuso Coppola, como un gesto de generosidad del club y suyo personal para congraciarse con el jugador. Al interesarse por el precio, Ferlaino casi se desmaya: «870.000 dólares», le dijo Coppola, inflando la cifra —en el fondo, no dejaba de ser un mero comisionista—, «más 130.000 de la pintura negra», añadió, redondeando el precio en un millón de dólares. Pero Ferlaino accedió, firmando el acuerdo con un sonoro apretón de manos.

El F40 estaba aparcado al borde de la pista, así que cuando Maradona descendió del avión se topó con él. Fue como si no hubiera nada más en el mundo, y el argentino se fue directo al coche. «Guille, ¡lo compraste!», dijo a su *manager*, pero este lo frenó antes de que se metiera en él. «Yo no, fue el presidente, para vos, Diego». Y Maradona se deshizo en abrazos y elogios a Ferlaino, y lo trató como nunca había hecho.

Inmediatamente regresó al coche y lo arrancó. El rugido de ese motor V8 fue sonoro y rotundo, amenazador como una bestia dispuesta a herirte. Maradona contemplaba el interior embelesado, daba acelerones que retumbaban en el estrecho e incómodo habitáculo como el sonido de una manada de fieras en la noche de la sabana. Y, de repente, se indignó: «Guille, ¡no tiene estéreo!». El *manager* lo tranquiliza. «Es un auto de carreras», le dice. Maradona prosiguió su inspección. «Guille, ¡no tiene tapizadas las puertas!». Y era cierto: en lugar de tiradores contaba con un cable, era de lo más espartano.

«¿Pero no ves que es un auto de carreras, Diego?», le respondió Coppola. Y según se ha hartado de contar el propio Coppola, Maradona se bajó completamente enojado del F40 y se encaró con el presidente del Nápoles: «*Ferlaino, vai fan culo*» (probablemente no necesita traducción…), y no quiso saber más del Ferrari F40.

Curiosamente, a pesar de ser un vehículo tan codiciado y de un coste tan elevado, el F40 no ha sido una buena inversión. La elevada demanda entre los afortunados que podían permitirse semejante capricho hizo que los vendedores incrementaran exageradamente su precio. En Estados Unidos, en 1990, llegaba a pagarse hasta 800.000 dólares por él —eso sin que hubiera un Coppola de por medio inflando la cifra—, pero en la actualidad su cotización podría estar ligeramente por encima del millón de dólares. Tras treinta años de inflación, la depreciación es evidente. Pero, cifras aparte, tener un F40 sigue siendo un símbolo de estatus.

EL LUJO

Otra derivada del estatus es la exclusividad, disfrutar de cosas que solo están al alcance de unos pocos. El lujo. Y los coches siempre han sido, desde su concepción a finales del siglo XIX, un artículo de lujo. Como decíamos al principio, en los inicios de la automoción pocos seres humanos eran capaces de concederse el capricho de un coche. Los más de los mortales tenían que aceptar seguir llevando las riendas de su tiro de caballos, soñando que, tal vez, un día podrían permitirse el lujo de poder disfrutar de un automóvil. Todo eran ventajas. A los animales hay que cuidarlos y controlar su salud, comen todos los días, y hay que aceptar la parte desagradable de su uso, como el mal olor y la limpieza de sus excrementos. En los automóviles todo son ventajas: solo hay que poner combustible de cuando en cuando. El ruido del motor o el humo que emana de su interior es un problema menor comparado con el hedor de las bestias.

Resulta sorprendente que haya fabricantes automovilísticos cuyos nombres permanecen vinculados indefiniblemente al lujo, por más que hayan podido ser superados en esa cuestión por otras marcas. Pero ser el pionero en algo siempre confiere un determinado estatus, y en la cuestión del lujo automovilístico nada como un Rolls-Royce.

Cuando alguien piensa en un coche de lujo, piensa en un Rolls. Curioso el destino de los socios cuyo nombre figura en segundo lugar en la marca comercial. Están condenados prácticamente al anonimato, que se lo pregunten a Frederick Henry Royce, a Georges Bouton o a los hermanos Arthur y Walter Davidson, por ejemplo. Los nombres compuestos tienen estas cosas. Por comodidad tendemos a quedarnos en la primera palabra, Rolls, De Dion o Harley, y el otro socio que arree.

Por lo general, el dinero, el estatus, marcaba el lugar preferente en la sociedad. Charles Stewart Rolls procedía de una familia noble de ascendencia galesa. Interesado por la mecánica, pudo permitirse adquirir su primer coche con solo 18 años. Viajó expresamente a París en 1896 para adquirir un Peugeot Phaeton, y se hizo socio del Automobile Clube de France. Aquella visita caló hondo en él. Sin duda influenciado por el ambiente proautomovilístico de Francia, Rolls se unió a la Asociación de Tráfico Autopropulsado para luchar por la supresión de la Red Flag Act, que fue sustituida en noviembre de 1896 por la Locomotive Act.

Más que un talento de la mecánica, el señor Rolls tenía una extraordinaria habilidad comercial, pero no obstante no cabe duda de que conocía bien el mundo del automóvil, así que cuando le presentaron a Royce, no dudó ni por un momento en asociarse con él, proporcionando respaldo financiero a los proyectos de este. Royce era un reconocido ingeniero que había aprendido el oficio en la Great Northern Railway, y posteriormente en la Electric Light and Power Company, fundando con un amigo una empresa de dinamos eléctricas y grúas. Cuando el negocio comenzó a flaquear, su interés por la mecánica le llevó a plantearse construir un coche. Primero se compró un modesto De Dion, y enseguida un Decauville, que intentó mejorar con sus conocimientos y sus ideas, pero como ninguno respondió a lo que el perfeccionista señor Royce esperaba de un automóvil, decidió construir el suyo.

Rolls-Royce Silver Ghost, un modelo que encarna el lujo.

Royce llegó a construir tres coches, uno de los cuales fue adquirido por un amigo de Rolls, Henry Edmunds, que trabajaba en la compañía de Royce, y propició el encuentro entre Rolls y Royce porque consideraba que tenían una visión común de lo que debía ser un automóvil.

Uno de los argumentos fundamentales de Rolls-Royce era la fiabilidad de su producto, algo en lo que se implicó personalmente Royce, dado su carácter perfeccionista hasta límites insospechados. Tan centrado estaba en su trabajo, al que dedicaba horas y horas sin descanso, que terminó enfermando por no dedicar la suficiente atención a su alimentación. Su mala salud le puso en peligro en varias ocasiones, y en 1912 hasta se le dio por desahuciado, pero contra el pronóstico médico sobrevivió hasta 1933. Para conseguirlo, tuvo prohibido volver a la fábrica, donde sería imposible controlar sus hábitos alimentarios, y forzó a los ingenieros a repetidas visitas a su domicilio para ponerle al corriente de cualquier novedad que pudiera realizarse en cualquiera de sus modelos, siempre temiendo que el perfeccionista señor Royce obligara a realizar modificaciones no previstas, alargando o encareciendo el desarrollo de un vehículo.

Por su parte, Rolls no tardó en desinteresarse por los coches. Tras constituir formalmente la sociedad en 1906, Rolls viajó con frecuencia a Estados Unidos para promocionar sus productos, y allí se quedó fascinado por el invento del avión, que de la mano de los hermanos Wilbur y Orville Wright comenzaba a despegar. Rolls siguió desempeñando su labor de director técnico hasta 1909, cuando renunció a su puesto para convertirse en director no ejecutivo. Además, dos años antes logró persuadir a Royce para poner en marcha un departamento dedicado al diseño de motores aeronáuticos, que terminaría convirtiéndose en una nueva rama empresarial de notable éxito, con muchos diseños a cargo del propio Royce.

Esta nueva pasión de Rolls terminará costándole carísima. Adquirió un avión Wright Flyer en 1909, y se volcó de lleno en esta nueva actividad, realizando vuelos de prueba y exhibiciones. Fue el primer piloto que hizo un doble cruce del Canal de la Mancha en junio de 1910. El 12 de julio volaba sobre Bournemouth en una de sus pruebas cuando la cola de su Flyer se desprendió, estrellándose sin remisión, y muriendo en el acto. Y así se convirtió en la primera víctima de la aviación en Reino Unido.

Lo cierto es que la calidad de los productos automovilísticos de Rolls-Royce no tardó en convertir a la marca británica en el culmen de la elegancia y la sofisticación, un detalle al que contribuye el remate del radiador, una figura femenina de apariencia alada que se incorporó al diseño de la carrocería durante la enfermedad de Royce, y cuando el buen señor —del que podemos intuir que debió tener un carácter complicado— descubrió la figura en el frontal de sus vehículos, no dudó en criticarla porque, decía, empeoraba la visión del conductor. Hombre pragmático y de palabra, Royce nunca permitió que el coche que él condujera llevara aquella figura, conocida como «el Espíritu del Éxtasis».

La idea de colocar esa figura arranca con un curioso encargo. Era un diseño del joven artista Charle Sykes, formado en el Royal Art College, de Londres. Sykes era amigo de Lord Montagu, aristócrata y pionero británico de la automoción, y editor de la revista *The Car* en 1902, que mantenía una relación amorosa con su secretaria, Eleanor Velasco Thorton. Fue un amor secreto dada la diferencia social entre Montagu y Eleanor. La idea de la estatuilla sobre el radiador fue una idea, sin duda un tanto pomposa, del noble, siguiendo una práctica puesta de moda en aquella época. Un coche no hacía gala de su lujo y su distinción si no estaba rematado por una estatuilla alegórica, y el Rolls-Royce Silver Ghost de lord Montagu, un elegante y lujoso coche que se distinguía por su motor silencioso motor de seis cilindros y su carrocería plateada (*silver ghost*, «fantasma plateado») no podía ser menos. Así que Montagu encargó el diseño a su amigo Sykes, y este, conocedor del secreto de la pareja, que solo fue revelado a su círculo más íntimo, tomó como modelo a Eleanor.

La figurita en cuestión mostraba a Eleanor con su ropa arrebatada por el viento y revoloteando, mientras se llevaba un dedo a los labios en señal de silencio, simbolizando el secreto de su amor. Un poco cursi, hay que reconocerlo. A la figura se la terminó conociendo como *The Whisper* («el Susurro»). La historia de la pareja, que tuvo una hija que fue dada en adopción, concluyó trágicamente en 1915, cuando el crucero en el que viajaban con destino a la India fue torpedeado por un submarino alemán en el Mediterráneo, pereciendo Eleanor.

Lo cierto es que la moda de poner figuritas sobre el capó de los automóviles fue en aumento, y llegó a resultar tan extravagante que en Rolls-Royce tomaron cartas en el asunto porque no querían que sobre el frontal de sus coches, justo donde aparecía su marca, se colocara cualquier cosa que resultara inapropiada o desmereciera a su propio nombre. En ausencia de Royce por enfermedad, Claude Johnson, uno de los directores de la empresa, tomó la decisión de encargar una estatuilla que sirviera como símbolo de la marca, y dado el precedente de *The Whisper*, decidió encargar el diseño de la figurita a Sykes.

Sykes tomó como base la figura de Eleanor, a pesar de que en Rolls-Royce estaban empeñados en que se inspirara en la estatua de la *Victoria de Samotracia* del Museo del Louvre. El joven artista se salió con la suya, y realizó un diseño al que denominó como *The Spirit of Speed* («el Espíritu de la Velocidad»), aunque finalmente sería bautizada como *The Spirit of Ecstacy* («el Espíritu del Éxtasis»), que representaba la figura de una mujer con los brazos extendidos hacia atrás, con un gran velo agitado sobre su espalda a modo de alas. Fue presentado a Rolls-Royce para su aprobación en febrero de 1911. ¿A qué se debía esa denominación tan particular? Sykes lo justificó así: «Es una elegante y pequeña diosa, el Espíritu del Éxtasis, que ha elegido el viaje por la carretera como su delicia suprema y se asentó en la proa de un Rolls-Royce para revelar la frescura del aire y el sonido musical de sus revoloteantes vestimentas». Toma ya.

Como la malicia es una cualidad humana, algunos hicieron buen uso de ella bautizando a la escultura como *Ellie in her Nightie* («Ellie [diminutivo de Eleanor] en Camisón»), sugiriendo que lord Montagu no era el único que gozaba de los favores de la desafortunada Eleanor.

Las estatuillas llegaron a producirse en oro, plata y bronce, revelando cada una el nivel de su propietario. En la peana de la estatuilla aparecía una inscripción con el nombre del artista, una costumbre a la que Rolls-Royce puso fin en 1951, justo después de la muerte de Sykes.

Por lo general, en el arranque del siglo, el lujo asociado al automóvil estaba vinculado a las clases más pudientes, la nobleza y un número reducido de acaudalados hombres de negocio. La flor y nata de la sociedad, como se decía entonces. Además de Rolls-Royce, otro fabricante que acaparó el interés de este exigente grupo de clientes fue Hispano-Suiza, que contó con un admirador de excepción, el rey Alfonso XIII, apasionado de la gran vida, entusiasta de los motores, que ayudó con su entusiasmo a promocionar la marca más allá de nuestras fronteras.

El Espíritu del Éxtasis, la estatuilla que adornó los Rolls desde 1911.

La marca española había sobrevivido a su complicado periodo gestacional gracias a la inyección económica de Damián Mateu. Inicialmente se fundó en 1898 en Barcelona por el capitán de artillería e ingeniero industrial Emilio de la Cuadra, que además tenía la representación de Benz en la Ciudad Condal, pero la limitada capacidad económica del ingeniero y las huelgas obreras de 1901 lo llevaron a la ruina. Ya por entonces contaba con el ingeniero suizo Marc Birkigt como director técnico, y cuando la empresa declaró suspensión de pagos, José María Castro, que era uno de los principales acreedores de la empresa, se asoció con Birkigt para crear la Hispano-Suiza de Automóviles, de ahí su nombre. Pero la aventura apenas duró dos años antes de que la empresa quebrara de nuevo.

Y la historia se volvió a repetir. En 1904 Castro se rinde, y el abogado Damián Mateu, uno de sus acreedores, siguiendo las recomendaciones de su amigo Francisco Seix y atendiendo a la argumentación técnica de Birkigt, decide reflotar la empresa. Empresario de éxito, Mateu debe su fortuna a su empresa metalúrgica, de forma que su adquisición de Hispano-Suiza no resultaba tan descabellada ni caprichosa, y podía tener una cierta relación con la industria automovilística. Sea como fuere, el consejo de Seix y la exposición de Birkigt persuadieron a Mateu, creando una nueva compañía en 1904 con el propio Mateu como presidente, Seix como vicepresidente y Birkigt como director técnico. La inyección económica de Mateu fue definitiva para la buena marcha de la empresa, que no tardó en ganarse un merecido reconocimiento, creciendo y desarrollando unos modelos que destacaban por su simplicidad y eficiencia técnica, y su gran calidad.

Hispano-Suiza Alfonso XIII, que ya contaba con 45 CV de potencia.

El apoyo de la Casa Real española ayudó a extender el buen nombre de la marca. Alfonso XIII contaba en su garaje con varias unidades de Hispano-Suiza, y siempre disfrutaba con preparaciones específicas realizadas a capricho para él sobre nuevos modelos de la marca. A mediados de 1909 fue presentado al joven rey —23 años— uno de los tres biplazas utilizados en la Coupe de Boulogne de ese año. Alfonso XIII no se lo pensó dos veces y probó el coche a conciencia, y quedó tan entusiasmado que encargó a la fábrica barcelonesa un ejemplar, sugiriendo una serie de mejoras. Su implicación fue tan grande que en 1912 el fabricante sacó al mercado un nuevo modelo basado en esas modificaciones, el 45 CR 14-45 HP, que posteriormente sería conocido como el modelo Alfonso XIII, con un motor de 4 cilindros de 3.620 cc que tenía 64 CV de potencia y superaba los

120 km/h de velocidad punta. Y costaba 14.000 pesetas. ¿A cuánto equivalía esa cantidad en 1912? Suponía una verdadera fortuna. Sirva de referencia que el salario medio de un operario de Altos Hornos de Vizcaya, uno de los obreros más cualificados de la época, no llegaba a las 5 pesetas diarias.

El rey frecuentaba las competiciones tanto automovilísticas como motociclistas. De hecho, inculcó esa afición a sus hijos, su primogénito Alfonso, príncipe de Asturias, que lo acompañaba con frecuencia a las competiciones, y también se prodigaba en las pruebas motociclistas, ya que guardaba una estrecha relación con Zacarías Mateos, el mejor piloto motociclista español de los años veinte, criado en el Palacio Real dado que sus padres eran empleados de la corte. En ocasiones, el propio rey se animaba a tomar parte en alguna de las carreras organizadas en Madrid, pero cuando el nivel de la competición se volvió más exigente, prefirió ceder su automóvil, siempre uno de los mejor preparados de la capital, a un piloto experto. En la Subida a la Cuesta de las Perdices de 1917, el ganador absoluto fue el motociclista Víctor Landa, con una Indian, a una media de 100,465 km/h. Las crónicas de la época destacaban que en coches el triunfo se lo adjudicó el coche de Alfonso XIII, un Hispano-Suiza preparado especialmente en la fábrica barcelonesa, conducido por Rafael de Vierna, conductor vasco que frecuentaba la corte y se había granjeado la amistad del monarca, y reconocido por su hazaña de cubrir la distancia entre Bilbao y Madrid en seis horas, también con un Hispano-Suiza.

Alfonso XIII (izquierda) visita la fábrica Hispano-Suiza en compañía de Damián Mateu (centro) y el ingeniero Marc Birkigt (derecha).

Lo curioso y lo trágico de la estrecha vinculación de Alfonso XIII con el automovilismo es que dos de sus hijos, el mayor, Alfonso, y el menor, Gonzalo, perecieron en accidentes automovilísticos, aparentemente sin mayor importancia. El coche en el que viajaba Gonzalo, conducido por su hermana Beatriz, chocó contra una pared al intentar esquivar a un ciclista, durante unas vacaciones en Krumpendorf (Austria), en 1934, lo que le produjo una hemorragia interna, y dado que era hemofílico, como Alfonso, el primogénito, no se pudo hacer nada para contenerla. Cuatro años más tarde Alfonso encontraría la muerte en circunstancias similares en un accidente automovilístico en Miami, al chocar contra una cabina telefónica. Fue un golpe sin mayor trascendencia, pero el impacto abdominal le produjo una hemorragia interna. El destino quiso que tuviera un desenlace similar al de su hermano.

UN DEPORTE DE CABALLEROS

Si comprarse un automóvil no estaba al alcance de cualquiera, hacerse con un deportivo menos aún, y ya competir con él era ya un privilegio de unos pocos. En el mundo de las carreras automovilísticas, incluso en sus primitivos días, se podían distinguir dos tipos de competidores: los pilotos profesionales, entregados a la competición para hacer de ella su profesión; y los *gentlemen drivers*, caballeros adinerados que veían en las carreras una nueva forma de ocio.

Puede que no todos los *gentlemen drivers* tuvieran el talento innato de los pilotos profesionales y otros competidores, que dedicaban años al desarrollo de su habilidad, con mayores o menores dificultades, con más o menos recursos, y siempre dependiendo de terceros que decidieran apoyarles en aquellos días del deporte automovilista en los que todavía no se había desarrollado el *marketing* deportivo y los patrocinadores eran escasos o no existían. A los *gentlemen drivers* no les hacían falta patrocinadores, podían permitirse gastar cuanto fuera necesario para adquirir el coche preciso, aquel con el que satisfacer su deseo de competir.

Esto no quiere decir que no estuvieran suficientemente capacitados para la competición, pero mientras para muchos el mundo de las carreras era un modo de ganarse la vida y la plataforma hacia una existencia mejor, para estos hombres de buena posición y familia bien, por lo general aristócratas y hombres de empresa, llamados a encabezar consejos de administración, las carreras eran un mero divertimento, más o menos intenso, más o menos pasajero, pero un entretenimiento en un periodo de su vida que podían compaginar con cacerías y tardes de tenis o golf en el club social.

La peculiar condición de algunos *gentlemen drivers* también provocaba que, en ocasiones, se diera con individuos de carácter caprichoso y conductas peligrosas. Eran habituales los piques entre ellos, las disputas improvisadas y sin más premio que herir el orgullo del rival. Desafíos amistosos, los llamaban, y era frecuente que terminaran con un accidente y terribles consecuencias. En la sociedad actual estos piques «poligoneros», con frecuencia cargados de alcohol y otras sustancias, rayan la delincuencia y la marginalidad, y son disueltos de forma contundente por la policía. En su momento, aquellos desafíos eran muestra del carácter de los jóvenes cachorros de la alta sociedad, y se jaleaban como hitos reseñables en los medios de la época. Era una forma de hacer valer un determinado estatus. Y a veces tenían un coste demasiado elevado.

En España, Polo Villamil era uno de los más destacados pilotos de la época, que competía con una Pegaso Z-102, un deportivo con motor V8 de 2.800 cc y 172 CV de potencia, que había adquirido dos años antes. Formaba parte de la lista de los 25 pilotos españoles con derecho a una licencia de importación de un coche deportivo extranjero, pero prefirió comprarse un Pegaso. Como referencia, una *berlinetta touring* de la marca española costaba unas 600.000 pesetas en 1954. Teniendo en cuenta la inflación y el cambio, esa cantidad equivaldría a unos 216.000 euros en la actualidad. En 1957, el Seat 600 costaba 71.400 pesetas.

Una noche de verano, Villamil se había citado para cenar con el *gentleman driver* portugués Fernando Penalva de Mascarenhas, marqués de Fronteira, que había participado en la célebre Mille Miglia, carrera en carretera para automóviles deportivos que se disputaba en Italia, en la que se daban cita numerosas estrellas del automovilismo. Penalva llegó al volante de su Ferrari 410 Superamerica. Tras la cena, surgió el desafío. Aprovechando la nocturnidad y el inexistente tráfico de Madrid en aquellas horas, acordaron hacer una carrera de ida y vuelta por la carretera de Francia —la actual autovía A-2— hasta la glorieta de Eisenhower, de donde partía la carretera del aeropuerto de Barajas.

Fue la madrugada del 6 de agosto de 1956. Ambos coches tomaron la salida en la Avenida de América y enfilaron la larga y amplia recta de la actual A-2 a gran velocidad, sin nadie en su camino. El Pegaso aventajaba al Ferrari. Y casi sin darse cuenta se toparon con la glorieta de Eisenhower, que estaba completamente a oscuras. Villamil clavó los frenos del Pegaso y tras salirse de la carretera dio un giro sobre sí mismo y acabó volcado sobre el techo, aplastando parte del habitáculo. La suerte quiso que Villamil, que no usaba cinturón de seguridad porque no era obligatorio en aquella época, ni siquiera en los automóviles de competición, saliera despedido del coche cayendo sobre los arbustos de la zona, prácticamente ileso. Penalva no tuvo la misma suerte: el Ferrari chocó violentamente contra las vallas y el desafortunado *sportman* portugués falleció.

LA DECONSTRUCCIÓN DE UNA VACA

Con frecuencia nos encontramos con afirmaciones que se fijan como dogmas en cualquier tipo de cuestión, y hay que reconocer que un exceso de dogmatismo llega a ser peligroso para el ser humano porque lo aleja de la realidad. En materia de automovilismo, un dogma que aparece fijado casi desde sus orígenes es considerar a Henry Ford como el padre de la automoción moderna, y eso que el señor Ford fue uno de sus notables pioneros. Es un dogma, pero también es bien cierto, porque desde el día en que ideó el sistema de la cadena de montaje, pocas cosas han cambiado en el proceso de producción de un automóvil.

Y hay otro mérito que reconocer a Henry Ford. Puede que fuera por su origen humilde, de un hombre que vino al mundo en una granja y se hizo a sí mismo, al más puro estilo norteamericano, alejado del elitismo de los pioneros de la automoción europea, pero lo cierto es que Ford concibió el automóvil como una herramienta, no como un artículo de lujo, como un joya que gusta exhibir, como un signo distintivo de clase. Para Ford, el automóvil no era un capricho de ricos, sino algo que cualquier ciudadano debía disfrutar. Hay que ponerse en situación, obviamente. En el arranque del siglo xx,

Estados Unidos seguía siendo un país en construcción, ávido de expandirse por sus vastos territorios, y el automóvil era el instrumento adecuado que permitía al norteamericano mantener su independencia y moverse libremente, sin limitaciones, sin estrecheces, siguiendo su propio camino. Y Ford se dio cuenta de eso mucho antes que otros fabricantes, aunque no fue el único.

Como tantos otros, Ford llegó al mundo del automóvil de un modo autodidacta, porque a finales del siglo XIX todo estaba aún por inventar. En la granja de los Ford, en Dearborn (Michigan), la vida era tranquila y convencional. Los inviernos eran largos y duros, no muy diferentes de la Irlanda que William y Mary Ford habían dejado atrás en busca de porvenir. La guerra de Secesión estaba lo suficientemente lejos de Michigan como para no tener que preocuparse por el conflicto. En ese momento incierto, en 1863, nació el primogénito de los Ford, Henry. Ayudó en la granja cuando era menester, pero sin entusiasmo. Un día, apareció por Dearborn una máquina de vapor autopropulsada destinada a labores agrícolas, y aquello fascinó al joven Ford, que se sintió inmediatamente atraído por esa tecnología. Con doce años, su padre le regaló un reloj, y su maquinaria también le despertó un extraordinario interés, así que se convenció de que su porvenir no estaría en los maizales ni en la granja.

Su madre murió cuando tenía solo trece años. Ella era la que le vinculaba a la granja, y sin su madre en casa terminaría convenciendo a su padre para que le dejara trabajar como aprendiz de maquinista. Con dieciséis años hizo el petate y se fue a Detroit, pero regresó a la granja tres años después, trabajando también en un aserradero, donde se especializó en el manejo de las máquinas de vapor. Tenía una reconocida habilidad mecánica, y le ofrecieron un empleo en la Edison Illuminating, en Detroit, con un sueldo de 45 dólares al mes. Henry y Clara Bryant, su esposa, no se lo pensaron dos veces, hicieron las maletas y cogieron el primer ferrocarril con destino a Detroit, diciendo adiós a la granja familiar. Su talento le permitió prosperar y ascendió rápidamente, hasta convertirse en ingeniero jefe en 1893. Solo tenía 30 años.

Su experiencia en Edison le reafirma en su creencia de que hay que trabajar en el desarrollo de motores de gasolina, porque la electricidad no sería viable en un automóvil, por más que el propio Thomas Alva Edison estuviera convencido de que la electricidad iba a ser el sistema de propulsión más adecuado.

Con más tiempo libre y más recursos, Ford empezó a investigar por su cuenta. Montó un modesto taller en el 58 de Bagley Avenue de Detroit. No pasaba de ser un tabuco de poco más de treinta metros cuadrados, con paredes de ladrillo rojo, sin enfoscar. La estufa le recibía nada más abrir la puerta, delatando lo frías que llegaban a ser las noches de Detroit. La maquinaria del taller salía a su paso. A la derecha, junto a la puerta, una estampadora, y en la otra esquina un torno. El espacio central lo ocupaba su cuadriciclo, su proyecto de vehículo, que lo aguardaba subido sobre unas calzas de madera. Bajo su vientre se abría un foso en el entablado del suelo que el propio Ford se había encargado de preparar para poder realizar labores bajo el vehículo con comodidad. Del encofrado del techo colgaban poleas y una grúa, y varias luminarias. Contra la pared, una mesa de dibujo iluminada por una lámpara descolgada desde una de las vigas. En el otro lienzo, un amplio ventanal proporcionaba luz natural sobre un banco de trabajo con mordazas para fijar las piezas sobre las que había que trabajar, y a su lado un tablero con herramientas listas para su uso. Todo el espacio que quedaba libre en las paredes estaba repleto de estanterías de madera donde se apilaban ordenadamente todo tipo de productos, enseres y utilería.

En 1896 completó su cuadriciclo, un sencillo automóvil con un motor de dos cilindros, que ideó para desplazarse cómodamente por el campo, sin poder ocultar el sentido práctico de su origen agrícola. Recorrió más de mil millas con su coche, hasta que alguien le ofreció 200 dólares por él. Ford sabía ganarse a la gente por su personalidad y su talento. Junto con otros ingenieros de Edison funda en 1899 la Detroit Automobile Company, pero su celo en el perfeccionamiento de su trabajo le llevaba a no darlo nunca por concluido, con lo que la compañía no conseguía tener listo un modelo para la venta, y sin ventas, adiós compañía. Al final, le forzaron a dejar la empresa cuando contrataron a otro ingeniero, Henry M. Leland, quien sí conseguiría culminar el desarrollo de los coches, en vez de eternizarse en su perfeccionamiento, como hacía Ford, y este, incómodo por el desplante de sus socios, decidió abandonar la compañía y fundar su propio negocio. Así nació en 1903 la Ford Motor Company.

Henry Ford, el padre de la industria de la automoción moderna.

Ford comprendió enseguida que había que poner al alcance de todo el mundo bienes de consumo que mejoraran la calidad de vida de los ciudadanos, y el automóvil formaba parte de esa nueva sociedad de consumo. Ford dijo, casi como quien reza un salmo:

> Construiré un automóvil para grandes multitudes. Será lo suficientemente grande para una familia y lo suficientemente pequeño para poder correr sin preocuparse. Tendrá los mejores materiales. Pero será tan barato que todo hombre con un buen salario tendrá uno, y disfrutará con su familia la bendición de horas de placer en los grandes espacios abiertos del Señor.

Sus coches eran sencillos y se vendían a precios razonables. No buscaba la sofisticación y el lujo de Rolls-Royce o Hispano Suiza, porque, seamos prácticos, ¿cuántas personas se podían permitir el lujo de pagar lo que se pagaba entonces por aquellos automóviles? Algunas miles en todo el mundo. Ford fue capaz de poner sus vehículos al alcance de millones de personas. Su modelo más célebre de entonces, el Ford T, un modesto coche de dos plazas, con motor de 4 cilindros de 2.900 cc y 17 CV de potencia, capaz de rodar a 70 km/h, comenzó su comercialización en 1908 y cesó su producción en 1927, después de haber vendido más de 15 millones de unidades.

El modelo T costaba 825 dólares en 1908, y su precio nunca se incrementó, con lo que cada año que pasaba resultaba más barato, hasta el punto de que en 1927, cuando llegó a su final, solo costaba la tercera parte que en el momento de su lanzamiento. Año tras año, Ford batía sus records de ventas, y cuando se produjo el gran cambio en la compañía en 1914, estaba alcanzando una producción anual de 250.000 unidades de ese modelo. No tenía el *glamour* de algunos coches europeos, pero gracias al modelo T, prácticamente no había norteamericano que no hubiera aprendido a conducir.

El Ford T, el primer modelo de venta masiva entre los usuairos.

El mérito de Ford también residía en su capacidad para llevar adelante tan elevada producción. Para fabricar automóviles en aquellos días prácticamente se construían de uno a uno, de principio a fin, por un equipo de operarios, y el rendimiento laboral era relativo.

Pero un día de 1913, estando de visita en un matadero de Chicago, a Ford le asalta una idea. Contempla la llegada de las reses, que una vez sacrificadas entraban en una cadena móvil donde los maestros matarifes las descuartizan siguiendo un despiece establecido: aguja, lomo, falda, solomillo, costillar, rabillo de cadera... Pieza a pieza, los carniceros, cada uno especializado en un determinado corte, deconstruían cada vaca, dando a cada parte un destino diverso. Ford atiende a la escena ensimismado, entusiasmado por la eficiencia del trabajo y la capacidad de producción del equipo. ¿Por qué no implantar un proceso similar en la fabricación de automóviles para ganar en eficiencia y productividad? Y así concibió la cadena de producción.

Ford lo tenía claro. Habría que trabajar de la misma manera que en un matadero, pero invirtiendo el sentido. Primero llegaban las diferentes piezas del automóvil, que distribuidas por cadenas de ensamblaje móviles se iban desplazando por diversos equipos de montaje hasta terminar dando lugar a un coche. Ford se dio cuenta que así conseguía reducir notablemente los costes de producción y además se incrementaba la productividad, lo que le permitió fabricar muchos más automóviles que la competencia, en menos tiempo y con un elevado índice de beneficio.

Además, tomó una decisión revolucionaria en su día, como fue duplicar el salario de los operarios —el ingreso medio de la época era de 2,34 dólares/día—, a los que pagaba cinco dólares al día, lo que provocó que muchos de los mejores trabajadores de la automoción de Detroit decidieran dejar las fábricas en las que estaban —la ciudad ya era entonces un hervidero de la industria del automóvil— para trabajar en Ford.

Operarios en la cadena de montaje de Ford.

No contento con eso, implantó la jornada de ocho horas y la semana laboral de cinco días. Ford entendía que ese incremento obedecía a una forma de compartir el beneficio de la empresa con el empleado. En Wall Street estaban poco menos que escandalizados por sus medidas: salario mínimo y cuarenta horas de trabajo a la semana, ¡y dos días libres! «¡Este Ford es un socialista!», debieron pensar en el templo del capitalismo. Pero es que Ford entendía ese incremento en la capacidad adquisitiva de los trabajadores como un engranaje necesario para que la economía capitalista funcionara. Si no se pagaban buenos salarios a los empleados, entonces, ¿quién iba a comprar sus coches o cualquiera de los productos de una todavía embrionaria pero emergente sociedad de consumo? Con esta sagacidad propia del sentido común, Ford popularizó el automóvil como nunca nadie había conseguido hasta ese momento, y abrió los ojos a numerosos fabricantes.

La sociedad no necesitaba vehículos de ensueño, inalcanzables, casi mágicos, que solo podían permitirse unos pocos. También era imperativo construir coches que estuvieran al alcance de todo el mundo, porque el automóvil iba a convertirse en un fenómeno de masas.

Pero que nadie se piense que Ford iba por ahí ondeando una bandera roja y leyendo *El capital*. Ni mucho menos. Ford fue un hombre de talante conservador, y sus medidas radicales en materia laboral estaban condicionadas a una serie de cumplimientos. Por ejemplo, el salario de cinco dólares por jornada solo se ofrecía a los varones mayores de 22 años que llevasen más de seis meses en la compañía y que llevasen una vida aprobada por el Departamento de Sociología de Ford. Esta sección de la empresa contaba con 150 investigadores que indagaban para saber si el empleado cumplía con el código implantado por Ford: beber moderadamente y nada de juego. Y estos criterios también se aplicaban a los directivos de la empresa, que también estaban bajo la vigilancia de Departamento… Si se consideraba que el empleado tenía una vida disoluta, no accedía al salario de los cinco dólares, y en ocasiones llegaba a perder el empleo.

Tampoco era muy amigo de sindicatos y organizaciones de trabajadores en su empresa, que una cosa era propiciar mejoras salariales para tus empleados y otra muy distinta que alguien le fuera con exigencias. Menudo era el señor Ford. También organizó el denominado Departamento de Servicio, una especie de policía interna encargada de aplacar a sindicalistas y agitadores internos. Puso al frente del equipo a un antiguo boxeador de la Marina, Harry Bennett, que con sus métodos de matón no dudaba en intimidar a cualquiera que pretendiera sindicar a los empleados. En una ocasión el enfrentamiento entre la gente de Bennett y los sindicalistas acabó en una sangrienta refriega, con bastantes heridos, y fue un acontecimiento que ocupó los titulares de los principales medios de comunicación norteamericanos.

FORD, EL ANTISEMITA

Según fue haciéndose mayor, Ford fue adoptando posturas más conservadoras, pero durante la I Guerra Mundial se convirtió, aparentemente, en un inquieto activista por la paz, llegando a fletar un barco con destino a Europa para, junto con otros cientos de pacifistas, abogar por la interrupción del conflicto y evitar la entrada de Estados Unidos en la contienda. Realizaron una gira por Suiza y Holanda, propugnando la paz. Su posición fue discutida y discutible, porque por un lado cargaba contra los grandes bancos que financiaban a la industria armamentística estadounidense, pero al mismo tiempo, cuando resultó inevitable que su país se implicara en el conflicto a partir de 1917, Ford consiguió importantes ganancias entrando en el negocio de la aviación militar.

Su posición política fue a peor en la siguiente década. Su secretario personal, Ernest Liebold, compró en 1918 el semanario *The Dearborn Independent* para que Ford pudiera expresar sus opiniones personales, pero lo que hizo es dar rienda suelta a un desmedido carácter antisemita. El periódico publicó en 1920 *Los protocolos de los sabios de Sion*, un libelo antisemita que vio la luz a principios del siglo xx y que sirvió de caldo de cultivo para muchas teorías contra los judíos, aunque las más rigurosas investigaciones de la época lo desacreditaban con profundas argumentaciones. Sin embargo, Ford creyó en él a pies juntillas, como si fuera su libro de cabecera, y se deshizo en críticas contra los judíos hasta tal punto que *The Dearborn Independent* fue emplazamiento frecuente para toda clase de artículos y textos antisemitas. Y Ford nunca dejó de mostrarse conforme con las publicaciones. De hecho, el periódico recopiló una serie de artículos del propio Ford publicados entre el 22 de mayo y el 2 de junio de 1920, que se presentaron bajo el título de *La internacional judía. El problema mundial.* No le faltaron seguidores. *The Dearborn Independent* llegó a tener más de 700.000 lectores en el periodo de 1920-1927, cuando el diario era editado por Liebold.

El éxito de *The Dearborn Independent* también tenía su truco: Ford obligaba a los concesionarios de su marca a incluir una suscripción al periódico a cada comprador de un coche. Pero cuando la cosa se puso fea, muchos de los vendedores se encargaban de destruir los ejemplares que debían distribuir para evitar que cayeran en manos de sus posibles clientes y que estos no salieran espantados de sus tiendas.

Esa situación no tardó mucho en producirse. Más potente que Ford y sus soflamas antisemitas fue el boicot al que fue sometida su empresa por parte de judíos y liberales cristianos. Todo ello coincidió con el final de la etapa del modelo T, cuyas ventas habían caído notablemente y Ford tuvo que acometer su sustitución. Lo cierto es que viéndolas tan negras, Ford decidió cerrar *The Dearborn Independent*, e incluso dirigió una carta pública de disculpa a la Liga Antidifamación (ADL), organización judía creada en Estados Unidos para detener la ola de difamaciones con las que constantemente se referían al pueblo judío. Sin embargo, algunos investigadores afirman que Ford nunca llegó a desdecirse de sus palabras, y que la citada carta no solo no fue escrita por él, sino que su firma fue falsificada por Harry Bennett, el responsable del Departamento de Servicio de Ford, que siempre fue su mano derecha y hombre de confianza en la compañía.

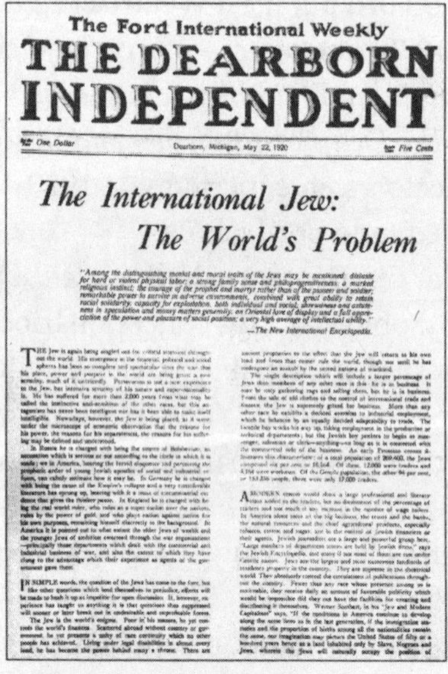

The article that signaled the beginning of Henry Ford's seven-year hate campaign against the Jews. (COLLECTIONS OF THE HENRY FORD MUSEUM, GREENFIELD VILLAGE)

The Dearborn Independient, periódico controlado por Ford.

Ford dejó patente su antisemitismo en el libro «La Internacional Judía».

En cualquier caso, el daño ya estaba hecho. La semilla germinó al otro lado del Atlántico. Los artículos de *The Deaborn Independent* tuvieron gran calado en Alemania, donde las ideas antisemitas cimentaban la ideología del Partido Nacionalsocialista de Adolf Hitler. La influencia de las ideas de Ford en el futuro *Führer* fue tan grande que este empleó muchas de sus argumentaciones en varios pasajes de *Mein Kampf*, el libro escrito durante su estancia en la cárcel tras el *Putsch*, el fallido pronunciamiento realizado en 1923 en la cervecería Bürgerbräukeller de Múnich, con el que intentaba hacerse con el gobierno de Baviera. La admiración que Hitler sentía por Ford fue tan grande que llegó a colgar un retrato suyo en su despacho.

De hecho, ya en 1924, Heinrich Himmler, que antes de ser comandante en jefe de las SS y ministro del interior del *III Reich* fue sexador de pollos —es una broma, en realidad antes de masacrar seres humanos fue perito agrónomo y gerente de una granja avícola—, describió a Ford como «uno de nuestros más valiosos, importantes e ingeniosos luchadores».

Hitler concedió a Ford en 1938 la Gran Cruz
de la Orden del Águila Alemana.

Lo tuvieron en tan alta estima que, estando ya en el poder, Hitler le concedió en 1938 la Gran Cruz de la Orden del Águila Alemana (Grosskreuz des Ordens vom Deutsche Adler), que le fue entregada por el cónsul alemán en Cleveland. Era la más alta condecoración que la Alemania nazi podía conceder a un ciudadano extranjero.

En 1931, cuando el partido nazi era ya la segunda fuerza política del *Reichstag*, Hitler concedió una entrevista al diario norteamericano *Detroit News*, asegurando que veneraba a Henry Ford y que sentía gran interés por sus ideas. «Lo haré lo mejor que pueda para poner sus teorías en práctica en Alemania», declaró Hitler, y de hecho, años después, inspirado en el exitoso concepto del Ford T, el *Führer* concibió la creación de un vehículo popular, un coche para el pueblo, el Volkswagen (*volks*, «pueblo», y *wagen*, «coche»), desarrollado por Ferdinand Porsche. Pero de eso ya hablaremos más adelante, en el capítulo «Al servicio del Estado».

Claro que, una cosa es predicar y otra dar trigo. En 1924 Ford recibió la visita de Karl Ludecke, que con frecuencia ejercía de representante directo de Hitler con el exterior. En 1922 Ludecke sirvió a Hitler como enlace con Benito Mussolini cuando este realizó su Marcha sobre Roma, e intentó, sin éxito, que Il Duce prestara apoyo económico a la causa nazi. Conociendo la ideología antisemita de Ford, Ludecke acudió a Detroit esperando encontrar en él respaldo financiero para el partido. Fue presentado al magnate por mediación de Siegfried Wagner, hijo del célebre compositor alemán y reconocido antisemita. Debió ser una velada entrañable: música clásica y diatribas contra los judíos. Lo cierto es que Ludecke intentó que Ford se rascara el bolsillo, pero este no soltó ni un dólar, y Ludecke, una vez más, regresó a Alemania sin un chavo.

Pero es lo que tiene el mundo de los negocios, que solo te acercas a quien te puede proporcionar beneficios. Ford no le hacía ascos a nada que generara dinero, viniera de donde viniera, y levantó plantas de producción por todo el mundo. Primero en Reino Unido y Canadá, después colaboró con los Agnelli en el desarrollo de las primeras líneas de producción de FIAT. También en Alemania, Francia, Australia e India. En 1929 Josef Stalin, el dictador soviético, le propone construir una factoría en Nizhny Novgorod, la NNAZ (Nizhegorodsky Avtomobilny Zavod), inyectando trece millones de dólares en material y formación para la planta. Como vemos, en cuestiones de negocios Ford no le hacía ascos a nada ni a nadie, y la compañía alcanzó un excelente entendimiento con el régimen soviético, a pesar de representar un concepto totalmente antagónico: capitalismo frente a comunismo. Y entre medias, un sentimiento común de ambos líderes: el antisemitismo.

En Nizhny Novgorod se fabricaron modelos de matriz Ford, como el NAZ-A, basado en el Ford modelo A —sucesor del mítico Ford T—, un automóvil de nivel medio, o el camión ligero NAZ-AA, desarrollado a partir del camión ligero Ford AA. Y cuando en 1933 la compañía pasó a denominarse GAZ (Gorkovsky Avtomobilny Zavod) tras el cambio de nombre de la localidad, que dejó de ser Nizhny Novgorod para ser conocida como Gorki, en homenaje a Maxim Gorki (nacido como Aleksey Maksimovich Peshkov), el escritor del realismo socialista en los primeros años de la Revolución rusa, que terminó exiliándose del régimen de Stalin, hasta que esto lo rehabilitó en 1932. La fábrica GAZ siguió produciendo modelos con matriz Ford hasta 1946.

Los últimos años en la vida de Henry Ford estuvieron marcados por repetidos episodios de problemas de salud.

En 1918 había cedido la presidencia de la compañía a su hijo Edsel, pero siempre mantuvo su autoridad sobre las decisiones que se tomaban, llegando a modificar en varias ocasiones resoluciones de la dirección y el comité ejecutivo de Ford Motor Company. Henry y su hijo, gracias a su inmensa fortuna, adquirieron la totalidad de las acciones de la compañía para que esta no escapara del control de la familia Ford.

En la II Guerra Mundial, Ford Motor Company
puso sus factorías al servicio del ejército.

En 1943 Edsel falleció de cáncer, y aquello desató una lucha interna por la presidencia. Henry Ford defendió la candidatura de Harry Bennet, el marino exboxeador y su hombre de confianza, pero la viuda de Edsel, que había heredado los derechos de voto de su esposo en la junta directiva, quería que fuera su hijo, Henry II, quien ocupara la presidencia. El viejo Ford, que ya tenía 79 años y había sufrido problemas cardiacos y vasculares, asumió la presidencia en un gesto para templar posiciones, pero estaba al borde de la senilidad. Henry II fue liberado de sus compromisos militares con la Marina en plena II Guerra Mundial —da igual el periodo histórico donde nos encontramos, las levas militares siempre se doblegan ante una poderosa cuenta corriente—, y se le nombró vicepresidente ejecutivo, mientras que a Bennett se le concedió un puesto en el consejo de la compañía como responsable de personal, relaciones laborales y relaciones públicas.

Durante dos años, Henry Ford se mantuvo en la presidencia de la compañía, que pasaba por el peor momento desde su creación, acumulando pérdidas cuantiosas (unos diez millones de dólares al mes, casi 150 millones de euros al cambio actual), y el viejo Ford ya no estaba en condiciones de revertir la situación, tomando decisiones erróneas e incluso perjudiciales para la empresa. Su familia presionó para que dejara el cargo, y finalmente, en 1945, cedió la presidencia a su nieto, Henry II.

Una de las primeras decisiones de Henry II fue despedir a Bennett, y el primero al que se lo comunicó fue a su abuelo. El nieto, de 28 años, acudió con todas las precauciones posibles porque se esperaba una iracunda reacción por parte de su abuelo, dado que Bennett había sido su mano derecha durante casi cuarenta años. Pero el viejo Ford era, por encima de todo, un pragmático. Cuando su nieto le dijo que había despedido a Bennett, reaccionó con indiferencia. «Bueno, ahora Harry volverá a las calles, donde empezó», respondió a su nieto, y siguió con sus cosas, porque ambos estaban en paz, o sencillamente porque carecía del más mínimo sentido de la benevolencia. En cualquier caso, su antiguo hombre de confianza no le reprochó nada.

Bennett, que había amasado una considerable fortuna junto a Ford, se retiró tranquilamente a una finca de 800 acres (unas 320 hectáreas) en Desert Springs, en California, y en 1951 publicó sus memorias: *We Never Called Him Henry* («Nunca lo llamamos Henry»), en las que relató los años vividos junto a Henry Ford.

Unos pocos años antes, el 7 de abril de 1947, Henry Ford falleció víctima de una hemorragia cerebral en Fair Lane, su propiedad en Dearborn, la tierra que lo vio nacer. Tenía 83 años.

DEL TIRO DE CABALLOS AL CABALLO DE VAPOR

Cuando surge el automóvil, en plena era victoriana, la gente no estaba acostumbrada a que las cosas se movieran a semejante velocidad. Abundaban los atropellos por la imprudencia de los peatones, fundamentalmente. Aunque los pobres tampoco tenían toda la culpa. Acostumbrados al ritmo de un coche de caballos, cuando salían a contemplar ese estruendo que escuchaban aproximarse, el coche se les echaba encima antes de que pudieran reaccionar. Había que tener los reflejos de Lagartijo para poder esquivar su embestida. La irrupción del automóvil representó mucho más que cualquier otro cambio social: el hombre fue capaz de ganar tiempo a la naturaleza, lo cual no dejaba de ser una auténtica aberración, algo contra natura. Subirse al lomo de un caballo y cabalgar, dejándose llevar todo lo rápido que fuera capaz el animal, era lo propio de los seres humanos. Pero ese afán por dominar el tiempo y el espacio sobre una máquina tenía algo de diabólico.

«La velocidad es el único pecado inventado en el siglo XX», escribió Aldous Huxley, filósofo y escritor, autor de célebres textos distópicos, como *Un mundo feliz*, quizás su obra más célebre. Y tenía razón Huxley, porque tentar al destino a todo gas era algo que nunca antes se había permitido el ser humano, y resultaba embriagador.

Pero al principio no era tan sencillo como puede resultarnos ahora. Hace 120 años conducir un automóvil requería de una pericia especial. Perfectamente familiarizados ya con los sistemas ADAS (Advanced Driver Assistance Systems, «sistemas avanzados de asistencia a la conducción»), que intervienen en mayor o menor medida en nuestra conducción a través de diferentes mecanismos como el control de velocidad, control de estabilidad, control de tracción, asistente de velocidad adaptativa, sistema antibloqueo de frenos, asistente de cambio de carril, detector de fatiga al volante, etc., por no mencionar la conducción autónoma, todos estos sistemas permiten que la conducción sea algo mucho más relajada de lo que era en los orígenes del automovilismo, cuando ponerse al volante de un vehículo requería pericia y conocimiento. Hoy verdaderamente se puede disfrutar conduciendo, se puede circular de un modo tan relajado que casi nos olvidamos que vamos lanzados a una determinada velocidad.

En el pasado, el solo hecho de plantarse en el asiento del conductor y contemplar el complicado conjunto de manivelas, manecillas y palancas que había que manejar al mismo tiempo que se conducía asustaba al más plantado. Con lo sencillo que resultaba aquello del ¡arre! y ¡sooo!, ¿verdad?

Cuando Ford lanzó su asequible modelo T con la intención de que llegara al mayor número de personas posibles, manejar un coche resultaba de lo más complicado. Sentado a los mandos, el usuario no solo se encontraba con un volante. Por debajo de él, a la izquierda, estaba la maneta del avance del encendido; a la derecha, la maneta del acelerador, que era manual, no de pie. En el extremo derecho tenemos la palanca de la estrangulación, un tirador que actuaba sobre la mariposa del carburador para cerrar el aire y que abre o cierra el paso de la gasolina. En el suelo, tres pedales: freno, embrague y pedal para retroceder. Con el pedal de la izquierda se engrana la primera velocidad y la directa, y el del centro acciona la marcha atrás. Además, hay una palanca de mano que ejerce de desembrague y freno de mano a la vez. Y no mencionamos la variedad de palancas y tiradores diseminados al alcance del conductor: el pisón del arranque eléctrico de la batería, el interruptor de las luces delanteras, etc.

Hay que imaginarse a un empleado de Detroit que gracias al asequible coste del Ford T decide adquirir uno, dejando atrás los tediosos desplazamientos en ómnibus o en ese viejo caballo que no tiene sentido en lo que ya es una gran ciudad industrial. Los vendedores de Ford son persuasivos y le quitan importancia al complejo manejo del vehículo. Le muestran cómo debe proceder para arrancar el motor y hacerlo funcionar.

Compleja instrumentación la de este Bentlety.

Hay que reconocer que los vendedores de Ford le ponen especial atención. Pero es que la comisión es la comisión, todo sea dicho. Sitúan al emocionado comprador en el asiento del acompañante para que sea testigo directo de todas las operaciones. «Mantenga el vehículo frenado con la palanca de mano», le advierten, «retrase la maneta del avance del encendido totalmente y adelante un poco la palanca del acelerador». «Bien hecho», le dicen para animarle. «Ahora, pise el arranque». Un leve quejido, una vibración y el motor ruge suavemente. «Sin dilación, avance la maneta del encendido». No es una máquina demoniaca, no. El pequeño Ford T se bambolea, petardeando por el escape. El comprador sonríe satisfecho, pero aún queda mucho que aprender.

«Coloque el pie izquierdo en el pedal izquierdo», le dicen, «y adelante la palanca de mano a su posición vertical, liberándola del freno, al tiempo que se presiona con fuerza el pie de ese pedal y se acelera lentamente con la maneta de mano». El coche se mueve, levemente, a trompicones. «Si se levanta el pie del pedal volverá a punto muerto», le advierten, «así que una vez que haya alcanzado cierta velocidad, avance la palanca de mano hasta el fondo a la vez que suelta despacio el pedal izquierdo y se desacelera un poco para que entre la directa, y seguidamente se acelera. Y una vez en la directa, basta controlar el motor con la palanca del acelerador y la palanca de mano». ¡Y a volar!

Los vendedores le harán una sencilla demostración, un gesto coreografiado una y mil veces que harán que resulte sencillo, de lo más común. Con toda naturalidad proceden: pedal, palanca, maneta… Un movimiento bien ensayado. El comprador comprueba lo fácil que resulta, y hasta son tan amables de dar una vuelta con él, para que vea cómo se comporta el automóvil, que es dócil como un viejo percherón. El coche se mueve de un lado a otro grácilmente girando el volante sin más.

Pero también tiene que aprender a frenar. «Para eso, maneje la palanca de mano», le indican, «deberá ponerla en posición vertical para que el motor no se cale, o hacia atrás para frenar, o bien frenar con el pedal del pie. O simplemente presionar el pedal izquierdo para que entre la primera velocidad haciendo que se reduzca la marcha del vehículo de forma notable». Demasiadas opciones abruman al comprador, que llegado a este punto casi duda. ¿Alguna pregunta? El futuro conductor quiere saber cómo funciona la marcha atrás. «Una vez parado, se presiona con fuerza el pedal central, engranándose la marcha atrás, y el coche recula. Habrá que frenar si es necesario, con el freno de pie o con la palanca de mano». Fácil, ¿verdad?

Y después de insuflarle ánimos con un buen manotazo en el hombro y un apretón de manos, lo despiden a las puertas de la agencia Ford. Gestos cordiales, sonrisas amplias, buenas palabras. Así lo hicieron quince millones de veces.

No debió ser fácil ese momento, pero tarde o temprano tenía que llegar. Como cuando tu padre finalmente deja de agarrar el sillín de tu bicicleta sin que te des cuenta y tú, ajeno a todo, pedaleas seguro y confiado ignorando que vuelas solo.

En muy poco tiempo se simplificó el manejo del automóvil, reduciendo significativamente el número de controles, levas, manetas, palancas y pulsadores. Bastaba con usar el volante, los pedales y una palanca. La vida se hizo más fácil, como cuando los pilotos de combate alemanes estrenaron en 1939 el Focke-Wulf 190 —por cierto, con motor BMW 139 de 18 cilindros en doble estrella y 1.550 CV de potencia—, pasando a controlar el avión con una sola palanca, eliminando las distracciones de los numerosos controles que tenían en la consola de su carlinga. Eso sí que eran avances, y no la tecnología que vino después, porque hasta que no se simplificó el manejo del automóvil, a partir de la década de 1920, este seguía siendo un aparato complejo y ajeno al ser humano, en nada acostumbrado a la maquinaria. Había que ser un obrero especializado para manejarse con los aparatos mecánicos, pero el automóvil ayudó a ahuyentar los temores de los hombres hacia las máquinas. Y así, en los felices años veinte, el culto a la tecnología y a las máquinas hizo que los seres humanos se entregaran sin reparos al embrujo del automóvil.

EMBRIAGADOS POR LA VELOCIDAD

La expansión y el auge del automóvil coincidió con la irrupción de una de las vanguardias artísticas más llamativas del momento, el futurismo, que entre sus características destacaba por el culto a todo lo vinculado con lo moderno: las ciudades, las máquinas, la tecnología y, cómo no, el automovilismo era una representación de ello. Los futuristas gustaban del movimiento, de la velocidad, la potencia, todo lo que transmitiera fuerza y energía. Un coche era la materialización perfecta del sentimiento futurista.

Marinetti (centro) y otros de los autores del Manifiesto
Modernista, el canto a la máquina y la tecnología.

De hecho, en varios de los primeros puntos del
Manifiesto futurista, escrito por Filippo Tommasso
Marinetti en 1908 y publicado en el diario francés *Le
Figaro* el 20 de febrero de 1909, se hablaba de la veloci-
dad y del automóvil:

4. Afirmamos que el esplendor del mundo se ha enrique-
   cido con una belleza nueva: la belleza de la velocidad.
5. Queremos alabar al hombre que tiene el volante, cuya
   lanza ideal atraviesa la Tierra, lanzada ella misma por
   el circuito de su órbita.

La verdad es que quizá se trate de los únicos
argumentos dignos de elogio de todo el manifiesto,
que al final hacía más exaltación de la violencia y
la guerra que de otra cosa. «No hay belleza sino en
la lucha. Ninguna obra de arte sin carácter agresivo

puede ser considerada una obra maestra», decía. En otro punto destaca: «Queremos glorificar la guerra —única higiene del mundo—, el militarismo, el patriotismo, el gesto destructor de los anarquistas, las ideas por las cuales se muere y el desprecio por la mujer». Menudo argumentario. No es de extrañar que Marinetti terminara abrazando el fascismo, redactando el *Manifiesto fascista* y convertido en el poeta del régimen de Mussolini, a quien acompañó con fidelidad hasta la República de Saló, aunque Marinetti falleció de un infarto un año antes de que los partisanos italianos terminaran ajustándoles las cuentas a Mussolini y toda su *troupe*.

Mucho antes de este desenlace tan atroz, los frenéticos discursos de Marinetti sobre el futurismo fueron engullidos por la I Guerra Mundial, afortunadamente. Tras el conflicto tan terrible, que despojó definitivamente a la guerra del aura de romanticismo y caballerosidad que la impregnaba desde tiempos remotos, el ansia por vivir y sentirse vivo impregnó a la sociedad.

Lo cierto es que, paranoias artísticas aparte, ese canto a la máquina propugnado por el futurismo se hizo realidad, pero no por el espíritu artístico que impulsó a Marinetti, sino por un mero sentido común. La practicidad del automóvil, la sensación de libertad y las nuevas emociones que producía la velocidad fueron mejores argumentos que cualquier oda. En los felices años veinte se vivió con más intensidad si cabe, se disfrutó más de los placeres, en ocasiones de formas casi exageradas, y el ser humano quiso descubrir nuevos límites. El automóvil le brindó una vía de escape, una forma de experimentar nuevas sensaciones que hasta ese momento apenas habían disfrutado un puñado de hombres. Esa batalla del hombre contra el espacio y el tiempo. La velocidad era una sensación nueva e inequívoca, casi imposible y prohibida, como un pecado.

Aldous Huxley viajó con frecuencia en coche
con su esposa María al volante.

«Los embriagadores efectos de la velocidad son notorios ya a las veinte millas por hora. Uno empieza a sentir una sensación sin precedentes, que crece en intensidad según se incrementa la velocidad», escribió Huxley en 1931. Para entonces ya había disfrutado del «genuino y moderno placer de la velocidad», porque fue un ávido viajero motorizado. En 1925 ya era un reconocido escritor tras el éxito de *Los escándalos de Crome* y de su libro de cuentos *La envoltura humana*. Junto a su esposa Marie Nys recorrió Europa, con ella siempre a los mandos de su Citroën debido a los problemas de visión que Huxley padeció desde los 16 años, que lo dejaron prácticamente ciego. Las vivencias y peripecias de sus viajes quedaron reflejadas en *A lo largo del camino: notas y ensayos de un turista*, que publicó ese mismo año.

A Huxley le fascinaban los viajes en coche. Su primer viaje a España fue así, en 1929, desde Suresnes, cerca de París, donde el matrimonio había fijado su residencia. Viajan a Madrid para visitar el Museo del Prado. En otra ocasión viajan a Barcelona y recorren toda la costa mediterránea hasta Cádiz. Cuando en 1937 se traslada a Estados Unidos —donde finalmente acabará instalándose— en busca de una universidad para su hijo, hará un largo recorrido en coche por diferentes Estados, disfrutando de ese genuino y moderno placer de la velocidad.

Los años veinte fueron la década del optimismo, una verdadera respuesta social frente a los horrores vividos en la I Guerra Mundial. Fue una década de revolución, de respuesta al viejo orden que se quedó atrapado entre las ruinas de la Gran Guerra, una forma de responder a la fatalidad y a las penalidades que la sociedad padeció entre 1914 y 1918. Es un tiempo en el que los progresos tecnológicos permiten que el automóvil avance y se desarrolle de forma muy rápida. Eso habría que agradecérselo (¿de verdad, habría que agradecérselo?) a la guerra, donde el desarrollo de la tecnología, especialmente en materia aeronáutica, terminará beneficiando al automóvil. La situación no fue muy diferente de la actual: el GPS, o las plataformas inerciales aplicadas a los sistemas ADAS, tienen un origen militar. Así, poco a poco el coche empieza a transformarse.

Dodge fue pionero en la introducción de automóviles cerrados. Cuanto más rápidos comenzaron a ser los coches, más se manifestaron los inconvenientes de la velocidad: sombreros perdidos al vuelo, cabelleras alborotadas, los ropajes arruinados por salpicaduras y el polvo de los caminos… Y qué decir de los imprevistos meteorológicos, esa lluvia de primavera, los algarazos del verano tardío. No, a veces la velocidad resultaba algo incómoda, e insegura: un vuelco podría resultar fatal, con los ocupantes atrapados bajo el automóvil, o volando despedidos hacia quién sabe dónde. En 1922, Lancia presentó su primera carrocería monocasco de acero, que eliminaba el uso de un bastidor sobre el que fijarla, reduciendo sensiblemente el peso del vehículo y aportando una sensación de ligereza extraordinaria, pero sin perder solidez. Sin embargo, el Lambda, que así se llamaba ese modelo, no cubría completamente a los ocupantes, que seguían expuestos a los vuelcos. En 1923, Dodge encargó a la empresa Budd Company la primera carrocería totalmente cerrada, realizada en acero. Para dar fe de su capacidad de resistencia y su solidez, Dodge hizo una campaña publicitaria mostrando su coche boca abajo, apoyado sobre el techo, demostrando que este no sucumbía ante el peso del vehículo.

La década estuvo salpicada de avances: los frenos hidráulicos desarrollados por Lockheed para el nuevo constructor Duesenberg (1920); los motores con árboles de levas en cabeza (OVH) de Ballot (1921); la sobrealimentación en los motores de producción de Mercedes (1921); los nuevos neumáticos Balloon de Firestone que incorporó Chrysler (1924); las cajas de cambio sincronizadas de Cadillac y La Salle (1929), etc. En definitiva, que muchos de los fundamentos técnicos que llevamos disfrutando en los automóviles tienen casi un siglo de vida.

Pero además, otro avance notable de la década es la incorporación de la mujer al mundo automovilístico. Durante la guerra, con los hombres destinados en el frente, las factorías reclutaron mano de obra femenina para labores mecánicas que tradicionalmente habían sido cosa de los varones, como en todos los ámbitos de la vida en aquel entonces, cuando regía aquel dicho de «La mujer en casa y con la pata quebrada». Se demuestra que el mal llamado sexo débil tenía aguante de sobra para eso y mucho más, así que cuando la paz volvió a la sociedad, la mujer no dio un paso atrás y reclamó lo que por justicia merecía. Y no quiso renunciar al automóvil. Incluso se desarrollaron clubes y asociaciones en los que se enseñaba a las mujeres nociones básicas de mecánica por si en alguna ocasión les surgía algún imprevisto.

La mujer y el automóvil habían dejado de ser una excentricidad. Quién se lo iba a decir a la buena de Bertha Benz, cuya aventura entre Mannheim y Pforzheim, cuarenta años atrás, fue tildada de auténtica locura por las buenas y pacíficas gentes del Mannheim de finales del siglo XIX. Lo cierto es que *Frau* Benz, de soltera Bertha Ringer, había mostrado de qué era capaz una mujer en aquella insólita aventura que protagonizó junto a sus dos hijos pequeños, para los que aquella experiencia resultó una auténtica aventura. Circular en automóvil era ya una actividad más lúdica y placentera. No era necesario recurrir a las boticas para conseguir ligroína, el disolvente de petróleo necesario para que se pudiera emplear como combustible, como hizo en aquella celebre ocasión *Frau* Benz, ni hacer paradas casi en cada fuente del camino para asegurar suficiente suministro de agua con el que alimentar el sistema de termosifón que refrigeraba el motor de aquel primer vehículo.

Aloha Wanderwell, la primera mujer que recorrió el mundo en automóvil.

Sí, definitivamente el automóvil había llegado sin hacer distinción de sexos. Por mucho que la potencia y la velocidad puedan asociarse a lo varonil, la mujer no era una testigo muda de su crecimiento y evolución. Aunque en un principio, dejando a un lado el insólito caso de Bertha Benz, su implicación fue algo marginal. También tenía que ver con el hecho de que el automóvil fuera el símbolo de un estatus y solo estuviera al alcance de las clases más pudientes, con lo que solo las grandes damas de la burguesía y la aristocracia tenían acceso al automóvil. En verano se organizaban reuniones y eventos de carácter social de las buenas gentes de alta alcurnia, donde se invitaba a las damas conductoras a adornar sus vehículos en una especie de batalla por la originalidad, que en aquellos años rayaba la exageración. En Estados Unidos fueron frecuentes los desfiles carnavalescos de verano, en los que las «señoras bien» lucían sus mejores conjuntos al volante de sus coches, que eran generosamente adornados con flores, guirnaldas y ramos, como en la Grand Lodge Reunion de Detroit, o la Philadelphia Gymkhana and Carnival, de la citada ciudad. Este tipo de reuniones también se darían en Europa, especialmente en la estirada Inglaterra, donde todavía se respiraban aires victorianos.

Pero después de la Gran Guerra, la mujer en Europa hace del coche su propia herramienta. Acude a verbenas y reuniones, pero sin el boato de los rancios tiempos de coche de caballos. Disfruta —la que puede— del buen vivir. Otras más audaces no dudan en embutirse altas botas de caña en cuero y ropa de aviación, vistiendo amplios chaquetones de lona engrasada o de cuero, para protegerse de las inclemencias meteorológicas. Las más avezadas no olvidan sus gafas de aviador para proteger la vista, y así se aventuran rumbo a cualquier destino, en cualquier dirección.

Pionera de todo esto fue Aloha Wanderwell, certificada como la primera mujer que logró dar la vuelta al mundo en automóvil. Esta canadiense, nacida como Idris Galcia Welsh, se trasladó a Europa en 1914 cuando su padrastro, Herbert Hall, se integró en la Fuerza Expedicionaria Canadiense, arrastrando a su familia de un lado a otro del Viejo Continente durante la I Guerra Mundial. Los Hall vivieron en Reino Unido, Francia y Bélgica, donde el buen hombre encontraría la muerte en combate durante la batalla de Ypres, en 1917. Tras esto, la familia se estableció en Niza. La joven Idris se mostró siempre inquieta e interesada por las novedades de su tiempo.

Con solo 16 años respondió a un anuncio publicado en una edición local de un diario parisino, en el que se ofrecía expresamente un puesto para una mujer que hablara francés en una expedición aventurera. Wanderwell Expeditions estaba detrás de la aventura, capitaneada por Walter «Cap» Wanderwell, un trotamundos polaco cuyo verdadero nombre, Valerian Johannes Pieczynski, no resultaba nada comercial, así que se lo cambió. «Cap» Wanderwell persuadió a Ford para que patrocinara su proyecto, que consistía en formar dos equipos que competirían por ser el primero en dar la vuelta al mundo en automóvil, usando un Ford modelo T de 1917 y visitando el mayor número de países posibles. Cap fue un verdadero buscavidas. Un año antes, había sido detenido por las autoridades norteamericanas bajo la acusación de ser un espía alemán, pero terminó siendo exculpado de todos los cargos.

La aventura debía arrancar en Atlantic City, el 22 de septiembre de 1919, aunque las complicaciones de semejante proyecto demoraron su puesta en marcha. Cuando la expedición por fin se pudo poner en marcha, y antes de cruzar el Atlántico en barco para emprender su recorrido por el continente europeo, Wanderwell se vio en la necesidad de conseguir un traductor. Idris, bilingüe como buena canadiense, viajó hasta París atraída por el anuncio para encontrarse con Cap, que no dudó en contratarla a pesar de tener solo 16 años. El proyecto de Cap se tuvo que reorganizar, quedando reducido a un solo vehículo, e Idris se unió a la expedición en Niza, de donde partió el 29 de diciembre de 1922, tomando rumbo sur, hacia África.

Lo cierto es que se tomaron su tiempo y realizaron un concienzudo conocimiento de muchos de los lugares que recorrieron. Pasaron por Barcelona en marzo de 1923. Su prodigiosa aventura concluiría cuatro años después, regresando a Niza en enero de 1927, tras haber recorrido 43 países a lo largo de cuatro continentes.

Idris se convirtió en la auténtica protagonista de la expedición. Adoptó el nombre de Aloha Wanderwell, realizando labores como conductora, traductora, camarógrafa y mecánica durante todos esos años. Sus películas y libros de viajes contando su aventura la hicieron célebre en todo el mundo. Se convirtió en la compañera de Cap, con el que tuvo dos hijos, y con quien se terminó casando en abril de 1925 en Estados Unidos para evitar que Cap fuera encarcelado en California en virtud de la Mann Act, una ley que prohibía transportar mujeres más allá de los límites estatales para «propósitos inmorales». Es decir, que cuando una pareja que no estaba casada viajaba en el mismo vehículo de un Estado a otro, aquello resultaba sospechoso para los legisladores estadounidenses. Esto no quiere decir que dentro de los límites del Estado, ancha es Castilla. Al contrario, la ley se promulgó con el objetivo de perseguir la trata de mujeres y la prostitución, pero en ocasiones pagaron justos por pecadores, y nunca mejor dicho. Bajo esta normativa fueron detenidos y acusados algunos personajes célebres como el arquitecto Frank Lloyd Wright o el actor Charles Chaplin, que resultaron absueltos, o el pionero del *rock & roll* Chuck Berry, que fue sentenciado a tres años de cárcel por transportar a una muchacha de 14 años. Liberado después de un año en prisión, Berry ya no brilló igual que en los años cincuenta.

Meses después del matrimonio de Aloha y Cap, nació su primer hijo, Valri, y sin mucha dilación continuaron su aventura, emprendiendo rumbo a Centroamérica, Cuba y América del Sur, donde sufrieron multitud de penalidades por la baja calidad del combustible.

Culminada su aventura en 1927 y tras el nacimiento de su segundo hijo, Nilo, a finales de ese año, el matrimonio Wanderwell se estableció definitivamente en Miami en 1929. Se llevó de vuelta a Estados Unidos su Ford T, al que habían bautizado como Little Lizzie («Pequeña Lagartija»), que terminaron donando a Henry Ford antes de la proyección de su película, *Car and Camera Around the World* («En coche y con cámara alrededor del mundo»). Años después, en 1942, haciendo gala de su absoluta ausencia de emotividad, Ford decidió que el Little Lizzie y otros cincuenta coches más de su colección fueran desguazados como tributo de guerra, y emplea-dos como materia prima para las fundiciones.

El reconocimiento de Aloha Wanderwell como la primera mujer que dio la vuelta al mundo en automóvil llegó a ser inicialmente discutido en su momento, dado que Harriet White Fisher fue considerada como acreedora de semejante logro, tras el viaje que realizó entre julio de 1909 y agosto de 1910, recorriendo Europa, Egipto, Rusia y Japón, para regresar por barco hasta a Estados Unidos, y cruzar el país de oeste a este, desde San Francisco hasta Nueva York. Pero Harriet no conducía, se limitó a ocupar un asiento como pasajera. De hecho, viajó acompañada de su primo Harold Fisher, de un chef y una criada, además de dos mascotas, un mono y un perro. Escribió un libro relatando su aventura, *A Woman's World Tour in a Motor* («La vuelta al mundo de una mujer en un auto»), pero el hecho de no ponerse al volante del automóvil impidió que obtuviera un completo reconocimiento por la gesta, que en cualquier caso debería ser compartido con su criada, de la que desconocemos el nombre, que al igual que la señora Fisher, tampoco estuvo al volante del vehículo.

Y si no condujo el automóvil no fue porque Harriet fuera una melindres. Más bien todo lo contrario. Cuando enviudó del señor Fisher en 1903 a los cinco años de matrimonio, se puso al frente de la empresa que este dirigía, una compañía metalúrgica en Nueva Jersey, y no dudó en conocer el oficio comenzando como una aprendiz más: templó acero, cinceló sobre el yunque, moldeó con prensas y fabricó railes. No se le cayeron los anillos. Pero no sabemos por qué nunca condujo.

Por cierto, no viene al caso, pero merece la pena comentarlo. Harriet se casó en segundas nupcias con un oficial de la Armada argentina llamado Sylvan Alfredo

Andrew, en 1912, en Manhattan. La ceremonia se celebró con mucha discreción porque su futuro esposo se encontraba de duelo: unos días antes su hermano había fallecido en el hundimiento del Titanic, cuando se dirigía a Nueva York para acudir precisamente a la ceremonia. Resulta sorprendente la capacidad que tienen algunas personas para alcanzar protagonismo en hechos de singular relevancia.

RUMBO A LO DESCONOCIDO

A principios del siglo xx el mundo ya era suficientemente viejo y conocido. ¿Quedaba algo por descubrir, alguna tierra ignota que explorar? Nada, todo estaba cartografiado y detallado en los más variados tratados de geografía, pero el ser humano tenía un deseo implacable de superar los límites de lo conocido. El automóvil le brindaba un nuevo medio para salvar la barrera del espacio y el tiempo, y comenzaron a proliferar todo tipo de desafíos. ¿Quién será el primero en dar la vuelta al mundo en un vehículo a motor? ¿Quién en atravesar un continente? ¿Quién será capaz de cruzar desiertos y glaciares, y llevar los avances técnicos de la nueva era donde nunca antes se había visto un ser humano? Con un coche cualquier empresa se volvía completamente factible.

Con el mismo impulso que alentó a navegantes y exploradores en los siglos xv y xvi, los pioneros del automovilismo se lanzaron en pos de gestas que resultaban impensables solo unos pocos años antes, protagonizando las nuevas epopeyas del siglo xx. Como sucediera con las primeras competiciones automovilísticas, los periódicos se convirtieron en los grandes promotores de todo tipo de desafíos. Por lo general, el reto consistía en partir de cualquier lugar del mundo con destino a París, que en aquellos días era la capital mundial de la automoción.

En 1907 el diario parisino *Le Matin* organizó una competición exótica, retando a recorrer la distancia entre Pekín y París en el menor tiempo posible. «*Quelqu'un acceptera-t-il d'aller, cet* été, *de Pékin à Paris en voiture?*» («¿Habrá alguien dispuesto a ir, este verano, de Pekín a París en automóvil?»), preguntaba *Le Matin*, en un tono desenfadado y hasta jocoso. Pero aquello no era una broma: quien se comprometiera a competir tendría que afrontar casi 15.000 kilómetros en todo tipo de terrenos y las más variadas condiciones, de los grandes desiertos de Mongolia interior a la implacable taiga siberiana, pasando por arenas ardientes, montañas heladas y bosques fangosos. Sorprendentemente, cinco equipos respondieron al desafío, nada menos: el Itala del príncipe Scipio Borghese; un Skyper realizado en Holanda y conducido por el aventurero y motociclista acrobático Charles Godard; dos De Dion-Bouton conducidos por Georges Cormier y Victor Collignon, respectivamente; y un triciclo Contal con Auguste Pons a los mandos.

Cada cual se organizó siguiendo su propio criterio. Borghese, acaudalado aristócrata y deportista, programó la aventura con detalle. Encargó al fabricante Itala que le prepara un coche similar al que se había empleado con éxito en la Targa Florio, la primera gran competición automovilística que se realizó en Italia. Se trataba de un coche de tres plazas con motor de 4 cilindros de 7.433 cc y 40 CV de potencia, que era capaz de alcanzar a plena carga los 100 km/h. Borghese se hizo acompañar por un mecánico, Ettore Guizzardi, y por el periodista Luigi Barzini, que se encargaría de enviar las crónicas de su periplo al *Corriere della Sera* y al *Daily Telegraph*, con el fin de asegurarse una adecuada y oportuna publicidad. Además, Borghese, meticuloso al extremo, no dejó nada al azar, creó una red de suministro a lo largo del recorrido donde poder recibir asistencia en caso de necesidad. Semejante logística le garantizaba que prácticamente nada podría detener su marcha, salvo una verdadera catástrofe.

Scipio Borghese (fumando) se apresta a iniciar la Pekín-París en 1907.

En las antípodas de Borghese se encontraba Godard, un verdadero improvisador que no planificó absolutamente nada. Incluso tuvo que vender parte de los recambios adquiridos a crédito para poder costearse el viaje hasta Pekín, un traslado de varias semanas que se realizó en barco. Los demás contaban con un equipamiento y una preparación más o menos adecuados. Antes de partir los participantes firmaron una carta en la que se comprometían a viajar en caravana y auxiliarse entre ellos en caso de necesidad, pero Borghese no estuvo presente en la reunión y no firmó el compromiso. El aristócrata italiano quería hacer la carrera a su aire, sin rendir cuentas con los demás.

Le Matin daría cuenta de la aventura en sus páginas a través de la crónica directa de Cormier, que era periodista, y de su compañero Jean du Taillis, que seguiría la caravana para informar de su evolución.

En aquellos días una aventura de esas características no requería la compleja logística de las pruebas actuales, pero era necesaria una mínima organización. Todo parecía en orden cuando se aproximó la fecha de salida, el 10 de junio, pero a la hora de la verdad las autoridades chinas, que habían dado el visto bueno a la competición, se negaron a proporcionar a los aventureros la documentación necesaria para atravesar Mongolia. Borghese y Godard decidieron tomar la salida con documentación o sin ella, tal como estaba previsto. Poco les importaba provocar la ira del Gobierno chino y crear un conflicto diplomático. Cuando los demás vieron que emprendían la marcha, ¿qué podían hacer? Así que, como una banda de forajidos, los cinco equipos pusieron rumbo norte, en busca de Mongolia.

Atravesar las cordilleras del norte de China fue todo un desafío. Los pasos eran estrechos. En ocasiones los vehículos se veían atrapados en angostos corredores y barrancos. Borghese recurrió con frecuencia a porteadores locales que les ayudaron a salir del atolladero remolcando el Itala. Pero lo peor estaba por llegar. En el desierto del Gobi los aventureros lo pasaron mal, en especial Pons, que acompañado de su navegante pasó mil penalidades con su triciclo. Se quedaron sin combustible, solos y desamparados en medio de la nada, y no tardó en escasearles el agua. Las tribus nómadas los salvaron de una muerte segura, y su pequeño triciclo quedó abandonado en el camino, engullido por las arenas del desierto.

La aparición de ese grupo de occidentales y sus extrañas máquinas resultó impactante para los mongoles, poco acostumbrados a ese tipo de civilización y mucho menos a sus rugientes artefactos. Barzini telegrafiaba siempre que tenía oportunidad para enviar su crónica y dar cuenta de su situación. En la pequeña aldea de Hong-Pong se encontró con un puesto telegráfico y envió su crónica. Se dio cuenta de que su telegrama fue registrado como «n.º 1», e inicialmente pensó que se trataba del primer telegrama enviado en ese día desde el puesto. Pero su verdadero significado era que se trataba del primer telegrama enviado desde la estación de Hong-Pong, que se había puesto en marcha seis años antes. Estaba en un lugar tan aislado del mundo que nadie en seis años se había comunicado con él.

Borghese estaba convencido de que en Siberia conseguiría despegarse de los otros tres competidores. Se ayudaba de un mapa militar que detallaba el trazado de una ruta a través de la taiga, pero lo que el príncipe desconocía era que esta había sido abandonada cuatro años atrás, después de la construcción del ferrocarril transiberiano, y ya en desuso, la naturaleza había terminado por recuperar el terreno que un día la mano del hombre le arrebató. El recorrido se convirtió en un nido de trampas, en las que el Itala caía una y otra vez. En una ocasión se precipitó por el hueco abierto en un precario puente de madera, pero nadie salió herido y el automóvil pudo ser recuperado y reparado en poco tiempo.

El príncipe Borghese abriéndose camino desde
Pekín con tracción humana…

A veces, cuando encontraban unas vías de tren, instalaban un dispositivo para acoplar el coche a las vías y avanzar cuando el terreno lo permitía. Poco a poco Borghese y su equipo tomaron varios días de ventaja al resto de la caravana. El 20 de julio franquearon el hito que separaba Asia de Europa, y una semana después alcanzaban Moscú, donde les indicaron que aventajaban en 17 jornadas a sus perseguidores. Desde allí pusieron rumbo a San Petersburgo, Vilnius, Varsovia y Berlín. Ese fue su itinerario antes de alcanzar París el 10 de agosto, tras 61 días de viaje, 44 de marcha efectiva. Miles de curiosos salieron a las calles de París a recibirlos, como si fueran héroes. El agente de Itala de París preparó tres vehículos idénticos al de Borghese a modo de escolta en su recorrido por las calles de la capital francesa. El único premio que se les otorgó fue una botella de champán, estableciéndose así la tradición de celebrar el éxito en una competición automovilística con el espumoso néctar. Borghese completó la prueba a una media efectiva de 15,15 km/h.

Veinte días después llegaron Cormier y Collignon, mientras que Godard fue apartado de la conducción en Bélgica, cuando se descubrió que intentaba hacer trampas, tras un recorrido plagado de irregularidades por su parte que culminó en una tremenda discusión por motivos económicos con los representantes de *Le Matin*. Un empleado de Skyper se hizo cargo del coche y condujo a Godard hasta París, porque para el fabricante holandés era importante certificar la fiabilidad del vehículo completando el recorrido.

Cuando el mundo aún no se había recuperado de esta emocionante aventura, se anunció un nuevo desafío para 1908: Nueva York-París, por Alaska y Asia. Se recorría el mundo en dirección oeste, pretendiendo pasar de América a Asia en barco, por el helado estrecho de Bering. Esta vez el medio que impulsó el reto fue nada menos que *The New York Times*, con la inestimable colaboración de *Le Matin*, que ya tenía sobrada experiencia en esto de las carreras transcontinentales. La carrera comenzaría en febrero, en pleno invierno, lo que situaba el desafío en unas condiciones extremas a las que hombres y máquinas nunca se habían enfrentado. Una auténtica locura. Pero a pesar de ello, seis equipos procedentes de cuatro países aceptaron el desafío: tres franceses a bordo de un De Dion-Bouton, un Motoblanc y un Sizaire-Naudin; el alemán Protos; el italiano Züst; y el estadounidense Thomas Flyer. El reto era mayor y más extremo que la Pekín-París, porque se abordaba una distancia mayor, casi 17.000 kilómetros.

Salida de la Nueva York-París de 1908.

El 12 de febrero de 1908 los seis animosos equipos tomaron la salida desde Times Square, en Nueva York, centro neurálgico de la ciudad para las grandes celebraciones. Puede que este primer tramo pareciera sencillo y accesible, pero atravesar Estados Unidos en pleno invierno en 1908, cuando las carreteras no dejaban de ser caminos con un firme más o menos estable, ya fue de por sí una aventura digna de elogio. Con frecuencia aprovechaban los raíles del tren para avanzar por donde no existían caminos. El barro en Colorado atrapó a los equipos, que sufrieron muchas penalidades, pero lograron llegar a San Francisco. El equipo Thomas Flyer fue el primero en alcanzar la costa de California, tras 41 días de viaje.

Desde allí enlazaron por barco hasta Seattle, donde proseguirían su camino en dirección a Valdez, Alaska, puerto de llegada para atravesar el Estado con destino a Nome, desde donde estaba previsto embarcar para cruzar el estrecho de Bering. Pero las condiciones en Alaska fueron tan duras y precarias que tuvieron que darse la vuelta y regresar a Seattle, donde buscaron un barco que les permitiera cruzar el Pacífico. Thomas Flyer y Züst se embarcaron con destino a Yokohama, en Japón, mientras que los alemanes de Protos enlazaron directamente con Vladivostok, en la costa pacífica de Rusia. Los tres fueron los únicos que alcanzaron el continente asiático, desde donde prosiguieron su aventura. A partir de ese momento realmente comenzaron sus penalidades.

Al no haber hecho escala en Japón, Züst aventajaba en unos días a los otros dos equipos. A las dificultades del viaje se añadía la inestabilidad política en Manchuria y China, en plena crisis de la dinastía Qing, de origen manchú pero despreciada por el resto de la población china. El enfermo emperador Guangxu agotaba sus últimos meses de vida, y el país se llenó de intrigantes y conspiradores, y en medio de ese conflicto un puñado de occidentales en sus aparatos del demonio pretendiendo atravesar el país. Aquellos días de conflicto han quedado maravillosamente reflejados por el realizador Bernardo Bertolucci en su maravillosa película *El último emperador*, que relata la historia de Pu Yi, el último emperador de China.

El animoso equipo Thomas Flyer dispuesto
a tomar la salida en Nueva York.

Tras atravesar Manchuria y Mongolia, la carrera alcanzó el lago Baikal, desde donde prácticamente siguió la ruta establecida el año anterior en la Pekín-París, enlazando Irkutsk y Omsk, evocando los pasajes de *Miguel Strogoff*, hasta alcanzar Moscú. Las praderas embarradas de la taiga siberiana fueron otro terrible tormento, pero los tres competidores siguieron adelante sobreponiéndose a todo tipo de calamidades. En ocasiones los avances diarios apenas llegaban a un puñado de kilómetros, pero con una determinación encomiable siguieron con su objetivo de alcanzar París. Finalmente, el 26 de julio, 165 días después de su salida de Nueva York, Protos alcanzaba la meta de París.

El Thomas Flyer que completó la ruta Nueva York-París por Asia.

Sin embargo, el equipo alemán fue sancionado con treinta días de penalización por no realizar una escala en Japón, como hicieron sus contrincantes. Esta decisión dejaba en el aire la resolución de la carrera. Los informes cablegráficos reportaban que el Thomas Flyer avanzaba ya a buen ritmo por Europa cuando los alemanes ya estaban en París, y así, cuatro días después del Protos, el equipo estadounidense alcanzaba la capital francesa el 30 de julio, y se le proclamó ganador, con George Schuster al volante. Pasaron semanas antes de que los italianos del Züst alcanzaran la meta, ya en el mes de septiembre, cuando para la mayoría del mundo la carrera había pasado a la historia. Para ellos no hubo banda de música ni multitudes en las calles.

LAS AVENTURAS DE CITROËN

Por lo general los fabricantes eran poco amigos de las grandes epopeyas motorizadas, a menudo de incierto desenlace y con frecuencia de elevado coste. Reportaban una publicidad puntual beneficiosa si la empresa llegaba a buen puerto, pero también generaban una gran cantidad de quebraderos de cabeza. Si alguien estaba dispuesto a emprender una aventura usando uno de sus vehículos, ningún fabricante ponía reparos, pero de ahí a organizar una arriesgada travesía con toda la complicación logística que suponía…

Todo cambió con André Citroën. El empresario francés entró en el negocio del automóvil como gerente de la empresa Mors, que levantó de la quiebra gracias a su gran capacidad organizativa. En 1912 visitó la fábrica Ford de Detroit y conoció el sistema de la cadena de producción puesto en marcha por el fabricante norteamericano. Quedó tan impresionado que, tras la I Guerra Mundial, no dudó en aplicarlo para su nueva compañía. Durante la guerra es movilizado, pero es capaz de ofrecer al alto mando francés un plan de reorganización de la producción militar para incrementar la fabricación de obuses y munición, de los que el Ejército francés sufría mucha carencia. Aplicando el sistema de producción de Ford alcanza una eficacia nunca vista, y el Gobierno galo termina encargándole la reorganización del abastecimiento de la industria de armamento y el servicio postal militar. Terminada la guerra, en 1919 Citroën reconvertirá su empresa de armamento en una industria automovilística en solo cuatro meses, absorbiendo a sus antiguos patronos de Mors. Así nació la marca Citroën, que desarrolló en 1920 el primer coche europeo de producción en serie, el modelo Type A, del que llegó a producir 20.000 unidades al año, más de lo que eran capaces de realizar Renault y Peugeot juntos.

Citroën no dudará en apoyar grandes proyectos como elemento publicitario y comercial que aunarán el espíritu de la exploración y la promoción de los avances técnicos de su marca. En un plan meticulosamente planificado, Citroën pone en marcha en 1921 el proyecto del prototipo B2, un vehículo mixto dotado de cadenas elásticas de caucho (orugas) en el eje de tracción, siguiendo la patente desarrollada por el ingeniero Adolphe Kegresse, que fue el antiguo director técnico de los garajes del zar Nicolás II. Este sistema fue ideado para permitir el desplazamiento por la nieve y los terrenos de firme inestable y deslizante. Con la Revolución rusa, Kegresse, de origen francés, se refugió en Finlandia antes de poder regresar a Francia. Un amigo común le puso en contacto con Jacques Histin, socio de Citroën, para quien transformó una pequeña serie de vehículos. Histin le pidió que hiciera una demostración a Citroën, y el avispado empresario vio en este vehículo una oportunidad. Compró la patente y creó la sociedad Citroën-Kegresse-Histin.

Un elegante Rolls-Royce Silver Ghost adaptado
para la nieve con las cadenas Kegresse.

Kegresse construyó en 1920 varios vehículos para Citroën basados en los trabajos realizados en Rusia, que sirvieron de base para crear el B2, el primer vehículo oruga mixto de Citroën. Este se propuso mostrar las cualidades de su producto acometiendo toda una aventura: la primera travesía del desierto del Sáhara. André Citroën encargó a su mano derecha, George-Marie Haardt, que era el director general de la empresa, encabezar la expedición, en compañía de Louis Audoin-Dubreuil. Recorrieron 3.500 kilómetros de desierto entre Touggourt (Argelia) y Tombuctú (Mali), siguiendo la ruta clásica de las caravanas. Tomaron parte cinco vehículos B2, y partieron en diciembre de 1922, tardando veinte días en alcanzar su destino. Una vez en Tombuctú dieron media vuelta y regresaron al punto de partida, culminando en enero de 1923 su aventura, con un éxito absoluto.

El buen funcionamiento de los vehículos Citroën invita a probar fortuna a nuevos entusiastas. En noviembre de 1923 se realiza la primera Expedición Gradis, con el apoyo del Ejército galo gracias al interés de los hijos del general Estienne, que moviliza a varios ministerios para que la puedan llevar a cabo. Gaston Gradis, que había fundado la Compagnie Gènèrale Transsaharaine, colabora y patrocina la expedición, viajará con varios Citroën B2 y un avión Nieuport de alas plegables en un remolque. En solo ocho días viajarán de Figuig, en el extremo oriental de Marruecos, a Adrar (Argelia), empleando solo tres días en atravesar el Tanezrouft, el temido desierto al sur del Sáhara.

No era gratuito ese enorme interés de Citroën por la exploración. Su extraordinaria capacidad organizativa le permitió concebir un sistema de comunicaciones para el África colonial francesa basado en este tipo de vehículos, permitiendo incluso abrir una ruta eficaz con el Índico, donde se encontraba Madagascar, otra de las colonias francesas en el continente africano, aislada del resto de sus territorios. Citroën funda la Compagnie Gènèrale Transafricaine, y posteriormente la Compagnie Transafricaine Citroën, empresas dedicadas a organizar y planificar la ruta, el desplazamiento y el alojamiento de viajeros y mercancías, porque Citroën se planteaba también un uso turístico para el viaje, siempre que hubiera viajeros que pudieran pagar los 40.000 francos que costaba la aventura. El avispado empresario siempre pensaba a lo grande.

Uno de los vehículos Citroën empleados en
sus legendarias expediciones.

Así, a lo largo de 1922 se preparó concienzudamente
la organización del viaje, que partirá desde el acuartela-
miento de la Legión Extranjera Francesa en Colomb-
Béchar (Argelia), con destino a Tombuctú. Los viajeros
se alojarán en cómodos hoteles y disfrutarán de comidas
especialmente preparadas para la ocasión. La salida está
prevista para el 6 de enero de 1924, y Citroën, que va a
participar en la travesía, ha invitado a las más altas autoridades para que lo acompañen: el general Petain, el rey
belga Alberto I, el gobernador de Argelia y sus respectivas
esposas. Durante 18 meses se trabajará en los preparati-
vos. Sin embargo, el 2 de enero de 1924, de forma sorprendente, Citroën anuncia la cancelación de la expedición.
Las autoridades militares le advierten de revueltas en

el sur de Marruecos, y no garantizan su seguridad. El Gobierno francés retirará su autorización para entrar en el país. Decepcionado, Citroën liquida sus compañías y cancela los proyectos de los vehículos semioruga.

Semanas después descubre que ha sido todo un engaño, que no hay revueltas ni peligro, y que detrás de este complot está, probablemente, su rival, Renault, que anuncia la puesta en marcha para noviembre de ese año la segunda Expedición Gradis, que partirá igualmente de Colomb-Béchar (Argelia), como tenía previsto Citroën, pero en este caso equipando vehículos Renault 2x6 con ruedas en lugar de orugas, cruzando el extremo sur del África Ecuatorial Francesa, con destino a Gao, en Sudán.

Lejos de achicarse, Citroën siguió adelante con su proyecto, haciéndolo más grande y ambicioso. La expedición pasó a denominarse Croisiére Noire («Crucero Negro»), y se transformó en mucho más que una expedición de viajeros adinerados, pasando a convertirse en un proyecto científico en el que tomaron parte todo tipo de especialistas: zoólogos, etnólogos, geógrafos, cartógrafos, etc. Fue una expedición científica en toda regla, y su evolución fue filmada y fotografiada con la idea de convertirlo en un acontecimiento sociocultural. Participaron 17 personas repartidas en ocho vehículos, de nuevo con Haardt y Audoin-Dubreuil al frente. Dividieron la expedición en dos grupos, y a cada vehículo le dieron un nombre, asignándole una tarea específica a cada uno. La preparación es tan concienzuda que están listos para partir un mes antes que la Expedición Gradis, y el 28 de octubre salen desde Colomb-Béchar, como tenían previsto originariamente, llegando a emplear buena parte del recorrido que iban a realizar los Renault. No es casual. Así Citroën les marca el camino, quitándole trascendencia a buena parte del recorrido de Renault, que se realizará siguiendo las huellas de las orugas.

Croisiére Noire atravesó el Sáhara sin dificultades, y el 19 de noviembre alcanzó Níger. Camelleros y jinetes acuden a su encuentro, sorprendidos por las noticias que llegaban de las máquinas que cruzaban las ardientes arenas con la intención de atravesar todo el continente. Fuera del desierto, Mali es impenetrable, abundan las selvas espesas donde avanzar resulta penoso, pero aun así, en Navidad alcanzan Fort-Lamy, en el extremo oriental del lago Chad. A partir de ese momento se inicia el tramo más ingrato de la expedición, que al cabo de cinco meses de su inicio y 9.000 kilómetros alcanza Kampala, en Uganda. Desde allí se dividirán en cuatro grupos de dos vehículos que tomarán diferentes rutas con destino a Madagascar: por Mombasa, Dar es Salaam, Mozambique y la República Sudafricana, reuniéndose todos ellos en Madagascar el 26 de junio de 1925, tras haber cubierto en total 28.000 kilómetros de recorrido.

Las informaciones que se recibían en Europa sobre los avances de la expedición constituyeron una formidable publicidad para Citroën. El éxito del Croisiére Noire no queda como un mero recuerdo con el que adornar las vitrinas de la fábrica o colgar vistosas fotografías en despachos y salones. Citroën está convencido de las virtudes de este tipo de iniciativas por el progreso técnico y también sociopolítico que podía ofrecer, alentado por un impulso humanístico que, no podemos negarlo, tenía igualmente cierto carácter colonizador.

Impresionante itinerario de la expedición Citroën al Asia Central.

Años después encarga a Haardt y Audoin-Dubreuil que proyecten una nueva expedición en busca de nuevos territorios, y estos le presentan un proyecto aún más complejo y desconocido: Croisiére Jaune («Crucero Amarillo»), una expedición por Asia central, desde Beirut hasta Pekín, siguiendo la antigua Ruta de la Seda y atravesando el temido desierto del Gobi. Nada menos que 13.000 kilómetros de aventura, que además era vista con desconfianza por las autoridades chinas, que la consideraron una misión militar encubierta. No era el único problema que se podían encontrar. Entrarían en zonas conflictivas, como Afganistán, en plena revuelta, y la siempre complicada Cachemira, y alcanzarían territorios soviéticos, en un momento en el que las relaciones entre Moscú y París pasaban por momentos delicados.

Y si esto no era suficiente, los pasos montañosos en las estribaciones del Himalaya les obligarían a superar los 4.000 metros de altitud en algunos lugares.

Haardt llevaba desde 1928 planificando la ruta. Cuenta con el apoyo de los Gobiernos de Francia y Reino Unido, y con la asistencia de la National Geographic Society. Tomarían parte siete vehículos, sensiblemente mejorados respecto a los empleados en África, con motores de cuatro y seis cilindros, más potentes y capaces que los del Croisiére Noire.

El 14 de abril de 1931 la expedición salió de Beirut en dirección a Damasco, Bagdad y Teherán, a donde llegan el 28 de abril. La travesía de Afganistán será penosa y complicada, y llena de desagradables sorpresas, como el cierre del paso de Wakhjir, donde han almacenado cincuenta toneladas de combustible y material para la segunda parte del viaje. El 9 de junio llegaron a Kabul, la capital afgana. Dejar atrás las grandes llanuras y alcanzar la India, bajo dominio británico, supone descubrir algunas comodidades, como tramos de carretera asfaltados y destacamentos coloniales británicos que les hacían más fácil la estancia en la zona de Cachemira. Aquello marcó un breve pequeño momento de relax antes de enfrentarse al desafío del Himalaya.

El paso de Burzil, a 4.132 metros de altitud, es un reto descomunal. Los vehículos fueron diseñados con la posibilidad de poder ser desmontados y acarreados en mula, y eso hacen, desarman las máquinas y cargan las diez toneladas de material y los 23 expedicionarios en una recua de mulas, pero es tanto el peso que tiene que dividirse en tres grupos, y cada uno necesitará ocho días para completar el ascenso y el descenso. Teniendo en cuenta el tiempo que empleaban los arrieros en regresar con las mulas al punto de salida, se estimó que el grupo necesitaría 45 días para completar la travesía del paso. Finalmente, el 4 de agosto alcanzaron la ciudad de Gilgit, que se había marcado como punto de encuentro.

Las penalidades no terminaron ni siquiera cuando completaron el montaje de los vehículos para que volvieran a ser operativos. Desde China había partido otro grupo expedicionario a su encuentro para proveerles de material y suministros, pero fue secuestrado por un señor de la guerra, el mariscal King Shu-Jen, con el que Haardt negocia la liberación de sus compañeros. Se le ofrecen tres vehículos como rescate. Desde Francia, Citroën se compromete a enviarlos, pero la negociación se alargará meses. La situación provocará retrasos en el plan de la ruta, haciendo que el invierno se les eche encima en la inhóspita travesía de la meseta de Mongolia y el desierto del Gobi, a donde llegan en noviembre de 1931, sufriendo temperaturas de más de 30 grados bajo cero. Dedican buena parte del tiempo a preparar su equipo y los vehículos para ese clima tan extremo. Cuando van a cenar, la sopa se les congela en los platos, y tienen que echar agua hirviendo en los radiadores de los vehículos para que los motores cojan temperatura, y aun así su funcionamiento es irregular.

El 12 de febrero de 1932, diez meses después de su salida de Beirut, alcanzan Pekín. El invierno chino ha sido durísimo. Viajan hasta Shanghái con la intención de seguir avanzando por el sudeste asiático, con destino a Hanoi y Hong-Kong, y desde allí plantearse el regreso a Beirut por India. Pero el 3 de marzo, Haardt empieza a sentirse mal. Sus problemas bronquiales y la travesía invernal complican lo que aparentemente es un simple refriado. Le recomiendan reposo, pero siguen adelante. Llegan a Hong-Kong el 12 de marzo, y examinado por el médico del gobernador de la colonia, este diagnostica una neumonía a Haardt, que fallecerá tres días después. Citroën recibe un telegrama desgarrador y queda desconsolado. Llevaba veinte años trabajando estrechamente con Haardt, que se había convertido en un fiel amigo.

A la misión Citroën en Asia se la denominó Crucero Amarillo.

Se podía pensar que con la muerte de Haardt morían las expediciones de los vehículos Citroën. El mundo se maravilló con ambas aventuras, pero el ingenio de Haardt ya no está presente. No obstante, André Citroën sigue abierto a cualquier iniciativa. En 1933 se debate la orientación que debe darse a la película sobre el Croisiére Jaune, con una encendida disputa entre André Sauvage, su realizador, y el historiógrafo Georges Le Frévre, que no comparte su visión. A Citroën tampoco le gusta, termina adquiriendo los derechos de la película, despide a Sauvage y encarga el trabajo a Leon Poirier, responsable de la filmación en el Croisiére Noire, a pesar de no haber participado en la expedición por Asia.

En paralelo a esa situación, Charles Bedaux, que había formado parte en las anteriores expediciones de Citroën, le propone organizar una tercera ruta abriéndose camino hasta Alaska, en lo que pasó a denominarse Croisiére Blanche («Crucero Blanco»). En este caso el resultado fue un fracaso. Todo coincide con un momento crítico para la empresa, que acumula deudas y pérdidas. Pero Citroën autoriza la expedición, que parte en julio de 1934 desde Edmonton, en Canadá. Toman parte cinco vehículos, pero enseguida quedan diezmados. Las lluvias torrenciales inundan los cauces de los ríos, y tres vehículos son arrastrados por las corrientes. Los corrimientos de tierra y los lodazales frenan el avance de los otros dos, que terminan siendo abandonados. Los expedicionarios regresan a caballo y en tren hasta Edmonton, donde llegan en octubre, tres meses después de iniciar su aventura. El Croisiére Blanche queda marcado como una mancha en la historia de la compañía. A André Citroën poco le importa ya. Agotado en sus negociaciones con sindicatos y trabajadores, cansado de renegociar su deuda sin éxito con el Banque de France, la empresa es puesta en liquidación en diciembre de 1934. André está gravemente enfermo, y en enero de 1935 vende sus acciones a Michelin, abandonando el consejo de administración. En febrero es hospitalizado, le operan de un cáncer de estómago en mayo y fallece dos meses después. Citroën pasará a ser propiedad de Michelin hasta 1976.

THIERRY SABINE, EL ÚLTIMO AVENTURERO

La crisis económica derivada del *crack* financiero de 1929 castiga severamente a la industria del automóvil, que no puede librarse de las consecuencias. Con la muerte de André Citroën, las grandes iniciativas exploradoras llegan a su fin, y si a eso le sumamos el estallido de la II Guerra Mundial en 1939 y sus devastadores consecuencias, vemos que el viejo romanticismo de las grandes gestas ha quedado atrás y ya carece de interés para los usuarios. A partir de los años cincuenta la atracción de los grandes aconteci-mientos de masas, como las competiciones deportivas, en las que los aficionados tienen la oportunidad de vivir en primera persona las grandes gestas deportivas, ganan peso frente a las expediciones y otros tipos de aventuras. Quizás la travesía del océano Pacífico, desde Perú hasta Polinesia, emprendida por el noruego Thor Heyerdahl en 1947 a bordo de una embarcación precolombina Kon-Tiki o la conquista del Everest por Edmund Hillary y el *sherpa* Tezing Norgay en 1953 sean las últimas grandes epopeyas humanas. Ahora los hombres que despiertan admiración son actores, cantantes y deportistas convencionales.

Pasarán años hasta que se vuelva a asociar el automo-vilismo con la aventura. Y será de nuevo gracias a un francés, que una vez más recibió la llamada del desierto. Dicen que el desierto tiene el poder de la fascinación. Por increíble que parezca, la máxima expresión de la desolación posee una belleza y una capacidad de atracción extraordinaria, que te atrapa y doblega tu voluntad. Eso le sucedió a Thierry Sabine, y fruto de ese sentimiento nació el Rally París-Dakar, una carrera que fue más que una carrera. Fue la aventura contemporánea por excelencia.

Thierry Sabine era un entusiasta de las competiciones de motor hasta el punto de competir indistintamente en coches y motos en las más variadas disciplinas. Había tenido algunos destacados resultados en automovilismo en circuito, y hasta disputó en un par de ocasiones las 24 Horas de Le Mans. Pero aquello no resultaba suficiente para él. Desde joven se sintió atraído por las epopeyas de los grandes exploradores franceses en el desierto. Le cautivó la pugna que sostuvieron Renault y Citroën en los años veinte, detalladamente reflejada en la literatura del motor gala. Aquello despertó el interés de Sabine, que ávido de nuevas experiencias y dispuesto a dar rienda suelta a ese explorador que todos llevamos dentro decide embarcarse en el Cotê-Cotê, el Rally Abidjan-Niza, una aventura creada por Jean-Claude Bertran en 1974.

Visto con la perspectiva del paso de los años, y conociendo la compleja infraestructura del actual Rally Dakar, que en años sucesivos ha ido desplazándose por varios continentes con su compleja logística, aquello parecía una verdadera locura. En la edición de 1976, los participantes tenían marcado un periodo de tiempo para completar el recorrido, entre el 25 de diciembre de 1975 y el 11 de enero de 1976, algo más de dos semanas para cubrir los más de 7.000 kilómetros que les separaban de la costa atlántica a la costa mediterránea, atravesando el desierto de Níger y Mali. Salieron 97 vehículos entre coches, motos y sidecares, y solo treinta consiguieron llegar a meta. Aquello cautivó de tal manera a Sabine, que se apuntó a la siguiente edición, más larga y exigente: 8.500 kilómetros a cubrir entre el 29 de diciembre de 1976 y el 16 de enero de 1977.

Thierry Sabine concibió la idea del París-Dakar
tras perderse en el Ténéré.

En esta ocasión se apuntan 136 equipos, cuarenta de ellos en moto, como Sabine, que coincidió con algunos nombres míticos de los *raids*, como Cyril Neveu, Gilles Comte, Fenouil, los hermanos Sarrazin o René Metge. A lomos de una Yamaha XT500 que por toda preparación contaba con un par de alforjas para llevar sendas latas de gasolina, una riñonera, una bolsa de depósito y un saco, y con la discreta equitación de la época y un casco *jet*, Sabine encaró una aventura complicada, en la que la competición se regía por la regularidad, marcando un tiempo determinado para cubrir la distancia, penalizando por el tiempo de más que se invirtiera en realizarlo. Por ejemplo, la primera etapa, Abidjan-Niamey, se debía realizar en 58 horas, lo que implicaba dos noches al raso. A diferencia de la primera Cotê-Cotê, que al alcanzar Argelia tomó rumbo oeste por Marruecos y España hasta Niza, la edición de 1977 tenía que atravesar el desierto del Tènèrè e ir rumbo este hasta Libia, de ahí a Túnez, y luego cruzar el Mediterráneo hasta Italia para alcanzar Niza.

Sabine disfrutó con cada jornada de travesía, con cada kilómetro realizado, pero en la etapa Dirku-Madama, al atravesar el Tènèrè, se equivocó de ruta y se perdió. En su desesperación por encontrar el rumbo correcto sufrió una caída y sus precarios instrumentos de navegación, una brújula y un reloj, se rompieron en el accidente. Dos días y dos noches estuvo solo y perdido en el desierto, en medio de la más absoluta desolación. Sabine decide tomar una decisión que cualquiera consideraría imprudente: abandonar su moto y buscar ayuda. Una decisión tan sorprendente como instintiva; es la lucha por la supervivencia. Él mismo lo relató años después en su libro *París-Argel-Dakar*:

Son ya dos días y dos noches perdido en el desierto, bajo un sol que comienza a hacerme perder la razón. La total ausencia de sombra es una sensación opresora, que engendra un sentimiento parecido al de la claustrofobia. Entonces decido alejarme de mi moto. En calcetines y succionando las piedras para provocarme saliva, comprendo que mi vida vale cada vez menos. Y es entonces cuando prometo que si salgo con vida de esta experiencia barreré cuanto de superficial contenga mi existencia.

Pero más que su instinto de supervivencia fue su sentido común el que facilitó su rescate. Sabine hizo una gran cruz con piedras en el suelo para llamar la atención a los equipos aéreos de rescate, y así fue como un avión consiguió divisarlo y lo rescataron. La experiencia fue impactante. Se puede decir que el día de su rescate, aquella mañana de enero de 1977, fue la nueva fecha de nacimiento de Sabine, un alumbramiento producido en pleno desierto, que fue gentil y le perdonó la vida, regalándole nueve años más de existencia, porque, desgraciadamente, no lejos de aquel sitio donde comenzó su leyenda, Sabine encontraría la muerte el 14 de enero de 1986.

Aquellos dos días en el desierto resultaron imborrables y marcaron definitivamente su espíritu. Pero, sobre todo, sirvieron para acrecentar aún más su deseo de aventura, y no ya tanto por el hecho de vivir la aventura, sino por el interés por mostrar a los demás la magia del desierto, del descubrimiento de territorios abiertos. Sabine decidió volver al desierto y brindar a quien quisiera seguirle la oportunidad de descubrir lo que él conoció y experimentó.

Fue así como durante casi dos años madura la idea de organizar una carrera por el desierto, atravesando territorios impenetrables como el Tènèrè o el Sáhara. Y esa idea cobra forma el 26 de diciembre de 1978, cuando 87 motos y 89 coches se dan cita en la plaza del Trocadero de París, al borde del Sena y frente a la Torre Eiffel, para emprender el primer Rally París-Argel-Dakar. Sabine, con un impecable uniforme blanco, de pies a cabeza, los despide uno a uno, y todos ellos, antes de emprender su formidable aventura, han respondido a tres sencillas preguntas en un cuestionario: ¿por qué le interesa participar en el Rally París-Argel-Dakar? ¿En qué forma se ha preparado para este *rally*? ¿Es consciente de que esta prueba comporta ciertos riesgos?

Embarcando la caravana rumbo a Argelia.

En esa primera edición, 74 vehículos llegaron a Dakar. Cyril Neveu, sobre una Yamaha XT 500, lograría la victoria *scratch*, imponiéndose a los coches. De hecho, los tres primeros clasificados fueron motoristas: Neveu, Comte y Vassard. La carrera todavía está lejos de alcanzar la magnitud que ahora tiene, pero resulta ser un éxito, y la inscripción aumenta de cara a la siguiente edición, en la que se incrementa su recorrido y las jornadas de competición. En 1980 se instituye el inicio el 1 de enero, y durará hasta el 23 de ese mes, y desde entonces se organizan clasificaciones independientes de moto, coche y camión. El éxito de la carrera se confirma edición tras edición.

No solo se convierte en una excelente competición, sino que permite que muchos pilotos del motor, de coches y motos, descubran la fascinación por el desierto, y así surgen personajes como Jacky Ickx, una estrella de la Fórmula 1 y los circuitos, un mito en Le Mans, que en 1981 compite con un Citroën CX adaptado, y descubre el embrujo del desierto, y así se dan a conocer nombres míticos de la competición como Hubert Auriol, o el propio Cyril Neveu, cuyo palmarés, antes de pasar por el Dakar, no se podía comparar con el de míticos campeones mundiales como Gaston Rahier, triple campeón del mundo de *motocross*, otro enamorado de la carrera, pero en el desierto los diplomas y los galones son polvo que se lleva el viento.

El Dakar consigue unir bajo el mismo espíritu de la competición a corredores profesionales con los pilotos *amateur* que se inspiran en el evocador mito de Sabine. Bajo las mismas reglas, el desierto iguala a un *bon vivant* como Claude de Montcorgé, que se lanzó a la aventura del Dakar al volante de su Rolls-Royce, con pilotos de moto que preparaban su montura en el garaje de casa, con la ayuda y los ahorros de familiares y amigos. No había clase ni condición; el desierto se encargaba de igualar a todos. Ese era el espíritu de la competición, la esencia del mensaje que Sabine quería transmitir.

Sabine agradece personalmente a la población local su colaboración.

Las ideas de Sabine impregnan la carrera y al que compite en ella, y permiten que se desarrolle una sensibilidad especial en todos ellos. Vista desde fuera, la obra de Sabine era una verdadera locura: lanzar a cientos de personas de un lado a otro de África, cruzando el desierto, con las limitadas referencias de la época. Visto en la distancia y conociendo cómo es ahora la carrera, con todas sus medidas de seguridad, con el control al minuto de cada competidor y de casi cada metro de carrera, podemos decir sin exagerar que era cosa de locos seguir a aquel hombre de blanco. La caravana de Dakar hizo de Sabine su mesías, y creía su palabra. Y si Sabine decía que se podía hacer, aquello se hacía.

Frente a los agoreros que pregonaban un apocalipsis, todos los que tomaban la salida, llegaran o no a Dakar, solo tenían una idea en mente: volver en la siguiente edición. Solo faltaba un golpe de suerte para hacer mundialmente famosa la carrera, y esto sucedió en 1982, cuando Mark Thatcher, hijo de la primera ministra británica Margaret Thatcher, que competía con un Peugeot 504, se perdió en una de las etapas. No era nada nuevo: se perdió como tantos otros, ¡pero era el hijo de Margaret Thatcher, la primera ministra británica! Tres días tardó en localizarlos un avión de la Fuerza Aérea de Argelia. Los muchos quebraderos de cabeza de esos días provocados por el Foreing Office británico se vieron compensados con la atención que los medios de comunicación generalistas dieron a la carrera. Y Sabine y su Dakar pasaron a ser mundialmente conocidos.

En aquellos años siempre terminó habiendo personajes más o menos publicitarios, pero no fue una servidumbre que apartara a Sabine de su máxima preocupación: los verdaderos pilotos. La relación de Sabine con ellos fue como la de un buen padre con sus hijos: preocupación constante, pero máxima exigencia. A veces parecía enloquecer y pedirles demasiado, y los pilotos respondían con quejas a un recorrido infernal, o a etapas interminables, de muchos cientos de kilómetros, donde encontrar el rumbo acertado o el paso adecuado resultaba tan complejo como descifrar un enigma. Pero Sabine sabía cómo persuadirles, y más de una vez tuvo que hacer frente a sus protestas. Como en 1983, cuando en plena travesía del Tènèrè la caravana está a punto de quedarse sin combustible. Sabine consigue reunir la cantidad necesaria para continuar, y convence a los pilotos, que se habían declarado en huelga porque temían agotar su combustible y acabar tirados en medio del desierto, para que tomen la salida en Illizi (Argelia) y lleguen a Agadez, asegurándoles que habría camiones de repostaje en el árbol del Tènèrè, como estaba previsto. Los convenció, pero no les dijo que tendrían que pagar por repostar y poder seguir. Cuando Auriol llegó el primero al árbol, le dijeron que tenía que pagar 400 francos (unos 60 euros actuales). Pagó, y todos los demás también, y siguieron corriendo.

Sabine supervisaba personalmente todos los pormenores de la carrera.

Sabine era capaz de sacarles de quicio, de volverles locos, pero también sabían que sería capaz de darlo todo por ellos, hasta la vida. El 14 de enero de 1986 una tormenta de arena sacude a la caravana en pleno Tènèrè, en la etapa Niamey-Gouma-Rharous, que estaba dividida en dos especiales. La tormenta arreció por la tarde y Sabine volaba en su helicóptero en busca de pilotos perdidos, intentando reagruparlos y orientarlos en medio del vendaval. Esa misma mañana, antes de la salida, había arengado a los pilotos: «Hoy comienza el Dakar: ya no hay pistas, ni horizonte, ni balizas…».

La visibilidad es escasa, hasta que desde la aeronave logran divisar a lo lejos, en medio de la tempestad, una luz que parece los faros de un vehículo. El helicóptero avanza hacia él para ayudarle, pero choca contra una duna, la única duna en 150 kilómetros a la redonda, y se estrella violentamente. Los cinco ocupantes fallecen: Sabine, el piloto François-Xavier Bagnoud, el cantante Daniel Balavoine, la periodista Nathaly Odent y el técnico de RTL Jean-Paul Le Fur.

El 15 de enero de 1986 se estrelló su helicóptero
mientras buscaba a unos pilotos perdidos.

La noticia tarda en conocerse debido a la complicación de las comunicaciones. Cuando los organizadores se levantan para iniciar la jornada descubren lo sucedido y se lo comunican a los pilotos, que realizan esa jornada neutralizados hasta Bamako, una decisión tomada de antemano debido a la delicada situación en la frontera de Mali con Burkina-Faso, que estaba en guerra. Es allí donde Patrick Verdoy toma las riendas de la carrera y decide llevarla adelante, como así había decidido Sabine que se hiciera si él desaparecía. Y es así como el Dakar siguió su camino, primero de la mano de Verdoy y de Gilbert Sabine, el padre de Thierry, antes de que la TSO (Thierry Sabine Organisation) terminara entregando la carrera a ASO (Amaury Sport Organisation), actuales organizadores de la carrera.

Aunque las cosas han cambiado mucho desde su muerte, el espíritu de Sabine sigue impregnando la carrera, primero en América y ahora en Arabia Saudí. El destino le ofreció siete años más de vida para que pudiera regalarnos sus ideas, ese sueño de libertad y pureza que él supo transformar en una apasionante carrera y puede que, seguramente, la última gran aventura motorizada de la edad contemporánea.

SATURNO DEVORANDO A SUS HIJOS

Cuando se habla de automovilismo deportivo, hay un nombre que sobresale por encima de cualquier otro: Ferrari. La escudería italiana representa la historia de este deporte, el símbolo de la competición y la velocidad, una historia escrita y definida por Enzo Ferrari, su fundador, a quien impulsó la ambición de imponer sus coches por encima de todo, a cualquier precio, costase lo que costase. Fruto de esa voracidad insaciable, Ferrari hizo uso de los pilotos de acuerdo con sus necesidades y sus intereses, consumiéndolos uno detrás de otro, como una herramienta más en esa compleja y exigente mecánica de las carreras que aúna hombres y coches, pero que siempre en Ferrari ha colocado a la máquina por encima de la persona.

De Enzo Ferrari se decía que era duro y orgulloso, un misántropo, con modales rudos y hasta groseros. El auto, *la macchina*, estaba por encima de todo, por supuesto por encima de cualquier ser humano, y aunque los pilotos eran como sus hijos y se desvivía por ofrecerles el mejor material posible, era al mismo tiempo inflexible y exigente, porque él, en su juventud, fue tremendamente inflexible y exigente consigo mismo cuando competía, en los años veinte, cuando el automovilismo era todavía una competición joven, hecha a la medida de hombres valientes y sin miedo. Los pilotos de carreras eran los nuevos héroes de una sociedad que adoraba a las máquinas, con toda su potencia. En ese ambiente cuasi violento, de una sociedad recién salida de la Gran Guerra, sacudida por la agresividad de la lucha por la vida, en un tiempo en el que Italia era arrasada por el impetuoso paso de Benito Mussolini en su Marcha sobre Roma, en ese ambiente levantó sus cimientos Ferrari.

Cuando competía con Alfa Romeo, en 1923, y después de ganar en el circuito de Savio, Ferrari incorpora en su auto el distintivo que haría mundialmente famoso en sus coches: un *cavallino rampante* («caballo encabritado») negro sobre fondo amarillo, el color de Módena. Era la divisa de Francesco Baraca, as de la aviación italiana, autor de 34 derribos en la I Guerra Mundial antes de caer abatido. El aviador italiano, por cierto, volaba en un SPAD XIII, propulsado por un motor V8 de Hispano-Suiza. En un momento dado, la madre del piloto pide: «Ferrari, coloque sobre su coche el *cavallino rampante* de mi hijo. Le traerá fortuna».

Fama y fortuna. Y dolor. Conoce a Ugo Sivocci cuando empieza a trabajar en CMN (Costruzione Meccaniche Nazionale), en Milán. Años después, en 1923, cuando ya está en Alfa Romeo, Ferrari propone a Sivocci pilotar el prototipo P1 en Monza. Y en su primera vuelta al circuito lombardo, Sivocci se mata, dejando a Ferrari completamente consternado. A lo largo de su trayectoria profesional, Ferrari se verá en repetidas situaciones ante una tragedia así, pero esa primera pérdida supondrá un duro golpe moral del que le costará mucho recuperarse.

En cierto modo, Il Commendatore Ferrari fue una suerte de Saturno que, sin ser plenamente consciente de ello —o puede que con un absoluto convencimiento—, devoró a sus hijos, uno tras otro. Todo a costa de su primogénito, Ferrari, su coche de carreras, que prevalecía sobre todo y sobre todos. «Para mí [el coche] es como un hijo. Cuando piensas que tu hijo representa la continuidad de tu existencia, te enorgulleces de él cuando es el primero de la clase», dijo en una ocasión Ferrari.

Enzo Ferrari (derecha) con Niccola Romeo
(con bastón) en Monza en 1923.

Olivier Merlin, editorialista de *Le Figaro*, definió así a Enzo Ferrari:

Faltaba un poeta de los coches de carreras para dar vida y voz a estos hombres tremendamente locos y sumamente valientes que son los pilotos de Grand Prix.

¿Quién podía conocerlos mejor y darles vida en el marco del automovilismo de competición sino aquel que les confió los terribles juguetes salidos de su mente? Enzo Ferrari canta un himno al coche de carreras, ese monstruo de los tiempos modernos al que seguirá ligado su nombre. Personalmente me encontré con Ferrari en dos ocasiones en Módena. En cada visita me dejó con la impresión de que era un gigante atrincherado detrás de una fuerte desconfianza, déspota y encantador, orgulloso de una sufrida juventud de la que no renegaba.

Y es cierto que aquella imagen resultaba ciertamente impostada. Ferrari cultivó su propio mito más allá de su personalidad, porque gustaba de crear esa sensación. En un determinado momento de la vida, sus problemas de salud le apartaron de las carreras, pero mantuvo su día a día inflexible en Maranello, a donde acudía cada jornada tras visitar la tumba de su hijo, Dino, fallecido prematuramente en 1956, a los 24 años, debido a una distrofia muscular, una enfermedad degenerativa diagnosticada nada más nacer. Cuando Ferrari convocaba a alguien para una reunión, lo aguardaba en su despacho, escondido tras sus gafas oscuras que ocultaban sus reacciones y sus emociones, queriendo parecer distante, frío, ajeno a lo mundano. Fruto de esa imagen que durante tanto tiempo gustó de cultivar cayó preso de su propio mito: nunca viajó en avión, nunca quiso coger un ascensor, nunca visitó Roma… Módena y Maranello representaron todo su universo, y cuando acudía a Monza con motivo del Gran Premio de Italia de Fórmula 1, rara vez se quedaba a ver las carreras, y solo acudía a las jornadas previas de entrenamiento.

Giuseppe Prezzolini, fundador de varias revistas de prestigio, como *Leonardo* o *La Voce*, dijo de Ferrari: «Es el ejemplo de un gran individualista, que siempre ha sabido hacer la vida que quería, en beneficio y satisfacción de muchos».

Ferrari quería que todo el que trabajara para él tuviera una visión del mundo idéntica a la suya. «El amor por los automóviles era la primera cualidad que buscaba en un empleado antes de contratarlo», dijo en una ocasión. «En la vida siempre me he rodeado de personas muy cultas, capaces, y sobre todo con ganas y deseo de triunfar», admitía. Los que lo conocieron lo confirmaban: «Era muy duro, y las carreras eran lo único que realmente le importaba, sin duda», dijo en una ocasión de él Mario Andretti, que corrió dos temporadas con la escudería italiana y logró su primera victoria en el Fórmula 1 con los coches de Maranello.

Ferrari rodeado de sus pilotos.

Para conseguir su objetivo, Il Commendatore no dudaba en presionar a sus pilotos hasta el extremo de alentar una lucha fratricida entre sus propios empleados para elevar el nivel de la competición. Nunca le gustó que Peter Collins y Mike Hawthorn fueran íntimos amigos, quería que sus pilotos fueran competidores en todos los ámbitos de la vida, porque pensaba que cualquier sentimiento de proximidad entre ellos podría influir en su rendimiento en la pista. «Il Commendatore era muy duro. Le gustaba que los miembros de su equipo compitieran entre ellos, creía que eso aportaba competitividad a la escudería», recordaba en una ocasión el sudafricano Jody Scheckter, campeón de Fórmula 1 en 1979, que esa temporada peleó por la corona con su compañero Gilles Villeneuve, dando a la *Scuderia* el último título de pilotos en vida de Enzo Ferrari, que falleció en 1988. El equipo Ferrari no volverá a tener un campeón hasta 2000, cuando Michael Schumacher gana el primero de sus cinco títulos mundiales consecutivos con *Il Cavallino Rampante*.

ÉXITO Y TRAGEDIA

Detrás del éxito de Ferrari hay una historia de exigencia y crudeza, y mucho sacrificio humano. En la Fórmula 1 del pasado, la tragedia y el dolor fueron habituales compañeros de viaje. El primer enemigo del piloto era el circuito. Con frecuencia se trataba de pistas improvisadas en las calles de una ciudad o en carreteras, y eran escasas las instalaciones permanentes que existían, y con unos estándares de seguridad poco exigentes. Cada año, los pilotos debían despedirse de algún compañero, una tragedia que se convirtió en casi una rutina para ellos, para todos los miembros del circo del automovilismo, que como feriantes viajaban de un país a otro para disputar sus carreras.

Fangio se defiende de los ataques de Ascari.

Ferrari tuvo la desgracia de perder a varios pilotos a lo largo de su historia, empezando por Sivocci, en su etapa en Alfa Romeo. En 1955, Alberto Ascari, que ganó para Ferrari sus dos primeros títulos de Fórmula 1 en 1952 y 1953, perdía la vida en Monza, al salirse de la pista en la curva del Vialone —el mismo lugar del accidente de Sivocci—, donde muchos años después se implantó una *chicane* para reducir la velocidad, bautizada como Variante Ascari. El accidente se produjo durante las pruebas de un coche de *Sport* de Eugenio Castellotti, uno de los pilotos de Ferrari, a las que Ascari había acudido simplemente para curiosear, pero terminó pidiendo que le dejaran probar el coche. ¿Cómo negarle ese favor a un antiguo campeón de Ferrari? Ascari en ese momento corría para Lancia en la Fórmula 1 con el Lancia-Ferrari D50, y cuatro días antes había tenido una salida de pista en el Gran Premio de Mónaco que acabó con él y su coche en las aguas del puerto de Montecarlo, donde fue rescatado por los submarinistas del equipo de emergencia. La familia Ascari parecía marcada por el destino. En 1925, Antonio Ascari, el padre de Alberto, que era piloto de Alfa Romeo a las órdenes de Enzo Ferrari, murió en el Gran Premio de Francia, disputado en el circuito de Linas-Montlhéry.

Especialmente horrible fue el periodo de los años cincuenta. Entre 1957 y 1959, Ferrari perdió a cinco de sus pilotos oficiales de forma trágica. No cabe duda de que el ambiente de máxima exigencia que se imponía en la *Scuderia* Ferrari incitaba a sus pilotos a ir más allá, a buscar permanentemente el límite, las máximas prestaciones, en un tiempo en el que no había margen para el error. Como en una ocasión dijo Tony Brooks, que en 1959 fue subcampeón del mundo de Fórmula 1 con Ferrari: «En los 50 nuestro primer rival era el circuito. Si el coche derrapaba, estabas en manos de Dios». Por eso había que ser muy certero al volante y no superar un determinado límite, un punto de no retorno, pero la presión constante a la que Il Commendatore sometía a sus pilotos hacía complicado que estos percibieran realmente esa frontera.

La terrible racha comenzó el 14 de marzo de 1957. Ese día Eugenio Castellotti acudió a Módena para probar el nuevo Ferrari de resistencia para las 12 Horas de Sebring. Castellotti era uno de los pilotos habituales de Ferrari en la Fórmula 1, junto con Juan Manuel Fangio, Peter Collins y Alfonso de Portago, entre otros. En 1956 se había anotado la victoria en las 12 Horas de Sebring con el Ferrari 860 Monza haciendo pareja con Fangio. Corrió el primer Gran Premio de 1957 en Argentina, con pobres resultados para la marca italiana, pero habría tiempo para enmendar la plana, porque la carrera de Buenos Aires fue en enero, y la siguiente cita, Mónaco, sería en mayo. Mientras tanto trabajó, como sus compañeros, en los nuevos coches, sin descuidar las carreras de resistencia, donde Ferrari también tenía mucho protagonismo.

El accidente de Alfonso de Portago precipitó el final de la Mille Miglia.

El 14 de marzo lo convocan en Módena para probar el nuevo coche, el Ferrari 801, para Sebring. Fue una prueba como otra cualquiera, rodando sin aparente complicación. En un momento dado, se le requirió que rodara más rápido, y poco después sobrevino el accidente, cuando se salió en la primera curva del circuito al abordarla a una velocidad superior a la habitual, a 137 km/h. Tras un primer impacto contra el muro exterior de la pista, el coche perdió una rueda y salió descontrolado, dando siete vueltas de campana y lanzando al desafortunado Castellotti fuera del monoplaza, impactando violentamente contra el suelo y perdiendo el casco. El brutal golpe le produjo un traumatismo craneoencefálico. El automóvil acabó sobre un graderío en el que se encontraban unos aficionados que, milagrosamente, lograron ponerse a salvo. Trasladado a la Policlínica de Módena, Castellotti falleció esa misma tarde.

Para muchos resultaba sorprendente que se hubiera producido un error así de un piloto tan experimentado como Castellotti. Algunos intentaron encontrar una explicación en el hecho de que en algunos coches de Fórmula 1 el acelerador estaba en el pedal central y el de freno a la derecha, mientras que en los de *Sport* el acelerador estaba a la derecha, como en los coches convencionales, y en ocasiones los pilotos que pasaban frecuentemente de un coche a otro cometían el error de pisar el pedal equivocado. ¿Pero un veterano como Castellotti? Para Enzo Ferrari, Castellotti cometió un error de concentración por culpa de cuestiones personales, cuestiones sentimentales. Mantenía una relación con la actriz Delia Scala, que no era del agrado de su familia, y aquello, según Il Commendatore, le distraía.

Menos de dos meses después, el luto volvió a ceñirse sobre Ferrari. En esta ocasión la víctima fue Alfonso Antonio Vicente Eduardo Ángel Blas Francisco de Borja Cabeza de Vaca y Leighton, XI marqués de Portago, conocido en el mundo de las carreras como Alfonso de Portago, o sencillamente el marqués de Portago. Nacido en Londres, fue apadrinado por el rey Alfonso XIII, nada menos. ¿Acaso le fue transmitida la pasión por los motores del monarca en el momento de recibir las aguas bautismales? Por su posición social y su solvencia económica, De Portago podía haberse dedicado a lo que hubiera querido, a tener una vida contemplativa, a disfrutar de su buena posición, y lo cierto es que eso fue lo que hizo. Desde joven demostró un vivo interés por los deportes, y en especial por la velocidad. Llegó a competir como *jockey* en dos ocasiones en el Grand National de Aintree, mítica prueba hípica que exige especial valor a los jinetes, y fue olímpico en Bobsleigh en los Juegos de Invierno de Cortina d'Ampezzo, donde se queda a las puertas del bronce, y es tercero en el Campeonato del Mundo de 1957, disputado en Saint Moritz, haciendo equipo con Luis Muñoz Cabrero.

Volcó su interés por el automovilismo a partir de 1953, con numerosas participaciones en competiciones europeas y americanas, rivalizando con algunas de las habituales estrellas de la Fórmula 1. Deseaba conseguir un asiento en Ferrari, y se entregó de lleno a ese objetivo hasta conseguirlo. Llegó a correr cinco Grandes Premios entre 1956 y 1957 con los rojos coches del *Cavallino Rampante*, y fue el primer español que logró un podio en F1, al ser segundo en Gran Bretaña en 1956, compartiendo coche con Peter Collins, uno de los habituales de la *Scuderia*.

En 1957 aceptó a regañadientes el desafío de correr la Mille Miglia, mítica carrera italiana en carretera abierta en la que los fabricantes automovilísticos ponían en pista sus mejores prototipos deportivos a los mandos de sus mejores pilotos. En esa edición, Alfonso de Portago, Fon, para sus íntimos, se vio forzado a correr para así dar satisfacción a Enzo Ferrari y así, seguramente, conseguir un buen coche para el Mundial de F1. En una carta enviada a su íntimo amigo, el también piloto Roberto Bitito Mieres, un argentino que fue piloto oficial de Maserati en la Fórmula 1, le confiesa su inquietud. En su misiva decía:

> Ferrari me fuerza a correr en la Mille Miglia, primero me dijeron que yo tenía que hacerlo con un Gran Turismo pero después de mi primera vuelta de entrenamiento me dijeron que tenía que hacerlo con el 3.800 *Sport* y hoy me han anunciado que Taruffi y yo tenemos los nuevos 4.000 cc, qué mierda, pero pienso ir en plan Turismo, ni siquiera Gran Turismo.

En realidad, Piero Taruffi, a la postre ganador, compitió con el nuevo V12 de 4,1 litros, como Peter Collins, mientras que De Portago corrió finalmente con el Ferrari 335 S de 3.8 y 12 cilindros, como Wolfgang von Trips. Eran coches muy potentes, con 370 CV, con los que rodaban permanentemente por encima de los 200 km/h en las carreteras de la época, atravesando pueblos, ascendiendo puertos y enfrentándose a todo tipo de trazados. Aquella edición fue una exhibición de Ferrari, que colocó cinco coches al frente de la carrera, liderada por Collins. A mitad de recorrido, en Roma, el inglés aventajaba en cinco minutos a Taruffi, y De Portago era cuarto, presionado por Olivier Gendebien, a los mandos de un Ferrari 250 GT, un Gran Turismo menos potente que su 335 S, lo que venía a confirmar en cierto modo el planteamiento poco ambicioso que Fon había manifestado a Bitito en su carta.

Lo cierto es que tanto De Portago como Gendebien tenían las mismas aspiraciones, hacerse un hueco en Ferrari, que en aquellos días llevaba a las carreras de Fórmula 1 un variado número de pilotos. En 1956 llegaron a ser nueve los pilotos que corrieron con los coches de la *Scuderia* a lo largo de la temporada, aunque no todos al mismo tiempo, solía podía haber entre cuatro y seis pilotos, entre ellos De Portago y Gendebien. El propio Enzo Ferrari había fomentado la rivalidad entre ambos para sacar lo mejor de ellos mismos, como solía hacer con sus pilotos.

Ferrari 335 S similar al que conducía De Portago en la Mille Miglia.

Sea como fuere, una carrera como la Mille Miglia no perdonaba errores. Cuando rodaba por el tramo de Volta Mantovana, entre Goito y Guidizzolo, cerca de Brescia, a unos 40 kilómetros de la meta, el Ferrari 335 S se salió de la carretera, golpeó un muro, rebotó en un poste y salió volando, arrollando en su loca trayectoria a un numeroso grupo de espectadores situados a ambos lados de la carretera, hasta terminar en el fondo de una acequia. El balance fue terrible. De Portago y su navegante, Edmond Nelson, fallecieron en el acto, y también diez espectadores, entre ellos cinco niños. Esta tragedia sería el detonante de la suspensión de este tipo de carreras.

Se especuló sobre la causa del accidente. Algunos, entre ellos el propio Enzo Ferrari, culparon a un reventón del neumático delantero izquierdo. Otros aseguraban que fue la imprudencia del propio piloto, que tras haber sufrido un accidente leve, abolló la carrocería sobre esa rueda, y en vez de parar a revisar posibles desperfectos se limitó a pedir a los mecánicos que movieran la aleta para que no rozara en el neumático, para así no perder tiempo, acuciado por la presión que Gendebien estaba ejerciendo sobre él. Para otros, era un problema técnico del coche, por la rotura del eje trasero, un fallo que ya se había dado en alguna unidad. De hecho, Collins, que lideraba holgadamente la carrera, se retiró poco antes del accidente de De Portago, y el propio Ferrari, conocedor de las dificultades, aconsejó a sus pilotos moderar su ritmo cuando asistió al último control de carrera en Bolonia, a 300 kilómetros de la meta.

La tragedia de la Mille Miglia marcó el final de las competiciones en carretera abierta y puso en crisis todo el deporte del motor. El accidente caló hondo porque todavía resonaban los ecos de la catástrofe de las 24 Horas de Le Mans en 1955, cuando la colisión entre el coche de Lance Macklin y el de Pierre Levegh catapultó el Mercedes SLR 300 de este último contra el graderío de la recta de meta a 200 km/h, provocando la muerte del piloto y de 86 espectadores... Sorprendentemente, aquella carrera no se suspendió, y precisamente el piloto que involuntariamente provocó el accidente con una maniobra imprudente, Mike Hawthorn, se adjudicó la victoria haciendo pareja con Ivor Bueb. Aunque las carreras en carretera abierta quedaron cuestionadas, los Grandes Premios en circuito cerrado siguieron adelante, y la Fórmula 1 no se vio afectada. No en vano, a pesar de inevitables fatalidades en todo tipo de competiciones, el Mundial de F1 todavía no había sido tocado directamente por la tragedia.

En 1958 Ferrari contaba con una formación estable de tres pilotos en Fórmula 1: Luigi Musso, Peter Collins y Mike Hawthorn. Un año después del primer Gran Premio, los tres habían fallecido. La temporada de 1958 estuvo marcada por una cerrada rivalidad entre los pilotos de Ferrari, que quería recuperar el cetro de la F1 que Juan Manuel Fangio le había arrebatado el año anterior al marcharse a Maserati. Con el maestro argentino prácticamente retirado, la generación de los jóvenes pilotos de la F1 ansiaba luchar por la corona que Fangio había acaparado de forma abusiva casi desde el inicio del mundial en 1950. En esas ocho primeras temporadas de vida del campeonato, Fangio ganó cinco títulos y fue dos veces subcampeón. Por supuesto, Enzo Ferrari era quien más deseaba esa corona para su marca, y sus pilotos vivieron con especial ansiedad ese deseo.

Musso y Hawthorn se conocían muy bien, llegando a compartir un Ferrari 335 S en las 24 Horas de Le Mans de 1957, pero no mantenían una buena relación. Además, Musso era el último piloto italiano en una Fórmula 1 que cada vez se había vuelto más británica, así que algunos podían considerar que hubiera cierta predilección de Il Commendatore hacia Musso. Nada más lejos de la realidad. La presencia de tanto piloto inglés en sus filas obedecía a una sibilina intención de Enzo Ferrari, deseoso de introducirse con fuerza en el mercado británico.

Hawthorne y Collins fueron compañeros y buenos amigos.

En 1958, los tres pilotos de Ferrari tenían como mayor adversario a Stirling Moss, que corría con Cooper Climax y Vanwall, pero sus verdaderos rivales eran ellos mismos, en especial Musso y Hawthorn, porque los ingleses mantenían una fraternal amistad entre ellos, que agradaba poco a Enzo Ferrari. Collins tuvo dificultades en las primeras carreras, por lo que Musso y Hawthorn fueron los que plantaron cara desde el inicio a Moss.

Con diferentes alternativas y sin llegar a ganar una carrera, tras la quinta cita del año, Bélgica, ambos estaban igualados a puntos, solo cuatro puntos por detrás de Moss, que había ganado dos carreras pero había abandonado en otras dos. La sexta cita se disputó el 6 de julio. Era el Gran Premio de Francia, en el circuito de Reims, una pista rápida, de 8.301 metros de longitud, con un punto especialmente crítico, la rapidísima curva de Calvaire, a la que se llegaba tras la recta de meta. El motor del nuevo Ferrari 143 2.4 V6 era mucho más potente, tenía 40 CV más que el modelo anterior, el DS50 2.5 V8, empleado desde 1955. La curva de Calvaire se trazaba muy deprisa, por encima de los 220 km/h, pero ese día Musso parecía desconocido. No era un piloto impulsivo, pero tenía delante a Hawthorn, liderando, y el italiano parecía tener el deseo irrefrenable de superarlo. En la décima vuelta de la carrera, Musso abordó Le Calvaire más rápido de lo habitual, seguramente a fondo, y el coche derrapó de las cuatro ruedas, se salió de la pista y tras varias vueltas de campana quedó volcado, boca abajo, atrapando a Musso en su interior. Las lesiones irreversibles, con múltiples fracturas y daños internos, provocaron su muerte horas después en un hospital de Reims.

De un modo estoico, su estado habitual, Enzo Ferrari contempló la tragedia con fortaleza y dominio de su carácter, con una frialdad aterradora. No encontró una explicación al accidente, casi impropio de un piloto con la experiencia que atesoraba Musso. Muchos años después lo valoró así: «Quizá es necesario hacer una consideración a este respecto: cuando la ansiedad de victoria invade a un piloto, este puede fácilmente ser llevado a afrontar riesgos desmesurados, sobre todo si su adversario directo está animado por la misma voluntad obstinada de vencer».

Como solía ser habitual, Il Commendatore hallaba una justificación. A Castellotti le distraían los problemas sentimentales. La ansiedad de Musso respondía a su ludopatía. A pesar de proceder de una familia acomodada, su pasión por el juego le generó cuantiosas deudas y necesitaba con urgencia el ingreso de los premios de las carreras para hacer frente a los créditos contraídos. Además, el Gran Premio de Francia, patrocinado por los empresarios del *champagne* de la zona, ofrecía un jugoso premio de diez millones de liras al ganador, el más cuantioso del campeonato. Por tanto, Musso pasó a asumir excesivos riesgos ante la necesidad de conseguir mayores ingresos. Las adicciones siempre son destructivas. A eso había otra razón oculta para explicar esa forma de correr tan agitada como mostraba Musso hacia Hawthorn y también hacia Collins: los dos británicos, que trabaron una profunda amistad desde 1954, cuando ambos corrían para Vanwall, habían acordado compartir a partes iguales sus ganancias, con lo que ambos se habían aliado contra Musso, y eso le llenaba de rabia y le generaba mayor ansiedad, porque implicaría mayores dificultades para ganar. Si Ferrari estaba al tanto o no de la jugada nadie lo sabe, pero en cualquier caso no le disgustaba la disputa entre sus pilotos.

Siempre desafiante, Enzo Ferrari.

No pasaría ni un mes antes de que la tragedia volviera a golpear a la *Scuderia*. En esta ocasión la víctima seria el simpático, jovial y generoso Peter Collins, un piloto por el que todo el mundo sentía especial admiración. En 1956 se había ganado el corazón de todos los aficionados por su caballerosidad hacia Fangio, cuando este tuvo una avería en la carrera clave del campeonato, en Nürburgring, en la que no dudó en ceder su coche a Fangio para que pudiera concluir —en aquella época se podía usar el vehículo de otro competidor para continuar en caso de un fallo técnico con tu coche— y se coronara campeón, a pesar de que él también tenía opciones. «Siga usted, maestro, yo tendré tiempo para ganar otros campeonatos en el futuro», le dijo Collins a Fangio. El argentino tenía ya 45 años; Collins aún no había cumplido los 25. Eran detalles de caballerosidad de otros tiempos. Precisamente, el día en que Musso se mata en Reims, cuando Hawthorn se encamina hacia la victoria, se encuentra con un renqueante Fangio, en su última carrera de Fórmula 1, rodando sin embrague en su Maserati, a punto de perder vuelta. Pero Hawthorn, teniendo una amplísima ventaja sobre Stirling Moss que haría imposible perder el triunfo, decidió aguantar tras el coche de Fangio y no sobrepasarle. «A Fangio no se le dobla», dijo a modo de explicación.

Esa temporada Collins estaba en plenitud de facultades. Había sido testigo de la retirada de Fangio, que rodaba justo por delante de él en la fatídica carrera de Reims. Consiguió enderezar su campaña en la siguiente carrera, el Gran Premio de Gran Bretaña, disputado en Silverstone, donde logró su primera victoria del año precisamente delante de su compinche, Hawthorn. Para ambos fue una doble alegría, porque al éxito de Collins se le unía el liderato de Hawthorn, de modo que su «sociedad secreta» funcionaba a las mil maravillas.

Dos semanas después del mundial viajó a Nürburgring, el Infierno Verde, con sus 22,8 kilómetros de longitud y sus 173 curvas. Como en Silverstone, los dos amigos volvieron a protagonizar la carrera. Hawthorn lideraba la carrera por delante de Collins, Brooks y Moss, la flor y nata del automovilismo británico de los años cincuenta condensada en un cuarteto. Brooks adoptó un ritmo tranquilo al inicio, y el Vanwall de Moss sucumbió por un fallo eléctrico en la cuarta vuelta, así que los dos amigos se vieron en cabeza con sus Ferraris, satisfechos y confiados, jugueteando entre sí, adelantándose continuamente y dando espectáculo. Pero conforme avanzó la carrera, que se disputaba a un total de 15 vueltas, Brooks se echó encima de ellos y los superó sin miramientos en la décima vuelta. Collins reaccionó y se enganchó a la trasera del Vanwall de Brooks, intentando no despegarse, mientras Hawthorn se mantenía cerca.

Una vuelta después, los frenos de tambor del Ferrari Dino 246 se vinieron abajo castigados por el esfuerzo al que Collins les sometió intentando recuperar terreno frenando, donde poco tenía que hacer: el Vanwall 254 de Brooks tenía frenos de disco, más eficaces. Al llegar a la curva Pflanzgarten, el Ferrari se salió de pista a 160 km/h, las ruedas derechas tocaron el arcén y el coche salió volando hasta chocar con un árbol. Hawthorn fue testigo directo del accidente. Collins se fracturó el cráneo y falleció en el helicóptero en el que lo evacuaban hasta un hospital de Bonn.

Hawthorn aguantó en segunda posición con el embrague renqueante, pero decidió retirarse en la siguiente vuelta. Cuando regresó a *boxes* conoció la grave situación de Collins, y poco después llegaron las noticias de su fallecimiento, lo que afectó terriblemente a Hawthorn, que se encerró en sí mismo, y entonces empezó a meditar su retirada de las carreras. No obstante se sobrepuso, concentrado en las tres carreras que tenía por delante en Portugal, Italia y Marruecos, dispuesto a conseguir el mejor resultado posible e intentar ganar el campeonato por y para Collins.

Con diversas peripecias a lo largo de esas carreras, Hawthorn acabó segundo en las tres y se proclamó campeón del mundo. Se convertía así en el primer británico que ganaba el Mundial de Fórmula 1, abriendo un periodo de notable hegemonía anglosajona en el campeonato. Sorprendiendo a todos, Hawthorn anunció poco después que dejaba la competición, siendo objeto de todo tipo de homenajes en el ambiente automovilista de Reino Unido. Su objetivo era dedicarse a los negocios y a disfrutar de su juventud: solo tenía 29 años. La realidad era menos halagüeña: padecía una enfermedad renal, solo le funcionaba un riñón tras haber perdido el otro por una infección en 1955, y su esperanza de vida era más bien reducida. No quiso someterse a tratamientos ni operaciones porque le podrían haber invalidado para competir en automovilismo, así que siguió con su pasión, con su forma de vida jovial y desenfadada. Era divertido, extrovertido, frívolo y mujeriego. Quería exprimir al máximo su juventud sin más horizonte que el día de mañana.

El 22 de enero de 1959 los teletipos de las agencias de noticias del Reino Unido emitían una última hora: «Mike Hawthorn, el campeón del mundo de Fórmula 1, ha fallecido en un accidente de circulación en Londres». Conducía con excesiva alegría su Jaguar XK150 verde oscuro, «picado» con el *manager* deportivo Rob Walker, a los mandos de un Mercedes 300 SL. Según algunos testigos, se desllantó un neumático mientras circulaba por Hog's Back, en la carretera de Guilford-by-Pass, al sur de Londres. Tras chocar contra un camión, su coche se empotró contra un árbol a la altura de su puerta, desgarrando literalmente el coche por la mitad. El impacto lanzó a Hawthorn a los asientos traseros, mortalmente herido por un traumatismo craneoencefálico.

Niki Lauda con el Ferrari 312 T2 con el que
sufrió su accidente en Nürburgring.

En menos de dos años el equipo Ferrari había
quedado completamente descompuesto, aniquilado
por repetidas desgracias que no se cebaban de la misma
manera en otras escuderías, por más que en aquellos
años la mortalidad de la competición fuese elevada. Enzo
Ferrari tendría que asistir a más trágicas pérdidas entre
sus pilotos, como la de Wolfgang von Trips en Monza
en 1961, donde murieron también 15 espectadores. Ese
día debutó en la Fórmula 1, con solo 19 años, Ricardo
Rodríguez, un impulsivo y talentoso piloto mexicano. Era
demasiado temperamental. «No, no, querido Ricardo,
así no se pilota. Los pilotos se dividen en dos categorías:
los profesionales y los ambiciosos. Hablemos claro: si
quieres convertirte en un gran piloto debes controlarte,
de lo contrario la improvisación no te ayudará mucho»,
le dijo Ferrari en Zandvoort, en la primera carrera de
1962, el Gran Premio de Holanda, tras contemplar cómo

su precipitación le llevó a chocar con Jack Brabham, lo que le costaría abandonar la carrera tras entrar a *boxes* a reparar los desperfectos y sufrir una salida de pista a poco del final de la carrera.

No le sirvieron las indicaciones de *Il Commendatore*. Ferrari no realiza las dos últimas carreras de la temporada, Estados Unidos y Sudáfrica, y tampoco acude al Gran Premio de México de 1962, que no era puntuable para el Mundial de Fórmula 1, pero autoriza a Ricardo a correr en su país con otro coche. El impaciente y temperamental piloto alquila un Lotus-Climax al Walker Racing Team. Empeñado en mejorar el registro de entrenamientos de John Surtees, exige ajustes de carburación en el último momento de la sesión, y salta a pista con la determinación de demostrar ante los suyos que es el más rápido. En la velocísima curva peraltada de entrada en meta, la suspensión del Lotus se rompe, el coche vuelca y se incendia, y aunque es rescatado con vida, fallecerá poco después.

La tragedia repetida no aparta a Ferrari de las carreras. El terrible destino de algunos de sus «hijos» es algo asumido como una pieza más del engranaje de la competición. Después de Rodríguez murió Lorenzo Bandini, en Mónaco, en 1967, en un accidente en el que se incendió su monoplaza. Fueron años más de dolor que de gloria, con pocos éxitos: Phil Hill fue campeón en 1961 y John Surtees en 1964. Con Niki Lauda, la *Scuderia* conocerá el dolor y la gloria. El austriaco ganó el título en 1975, pero tuvo un horrible accidente en Nürburgring en 1976, en el que sufrió terribles quemaduras. Se recuperó milagrosamente para luchar hasta la última carrera por el título frente a James Hunt, en medio de un monumental diluvio en el circuito japonés de Fuji, una carrera que en otra situación nunca se habría realizado, pero que se llevó adelante porque había comprometida una retransmisión por televisión vía satélite. Después de la primera vuelta, Lauda se retiró. «Mi vida es más importante que ganar el campeonato», alegó. Mauro Forghieri, el director deportivo de Ferrari, le dijo que no se preocupara, que excusarían su retirada con un fallo mecánico del coche, a lo que Lauda se negó. Repetiría título al año siguiente.

Para entonces, la *Scuderia* ya contaba con un piloto que entusiasmaba a don Enzo, un joven canadiense, impulsivo y entregado como pocos, Gilles Villeneuve, un piloto que recordaba a los valientes y arrojados pilotos de los primeros años de las carreras, un piloto que había devuelto la ilusión al viejo Commendatore, que ya no acudía a los circuitos. «Cuando me presentaron a este pequeño canadiense, este minúsculo manojo de nervios, enseguida reconocí en él el físico de Nuvolari y me dije a mí mismo, "démosle una oportunidad"», dijo Ferrari sobre su fichaje, y Villeneuve pasó a ser piloto de la *Scuderia* a partir del Gran Premio de Canadá de 1977.

«La única forma de saber dónde está el límite es traspasarlo», dijo en una ocasión Villeneuve. Es la declaración exacta de su esencia, un carácter que lo acompañará siempre, hasta su último y fatal momento en el Gran Premio de Bélgica de 1982. Con su arriesgado pilotaje, sacando lo mejor a algunos monoplazas de Ferrari realmente complicados, como el 126C, el primer turboalimentado de la marca de Maranello, Villeneuve demostró unas dotes y un talento que estaban al alcance de muy pocos. Para muchos, el canadiense fue el piloto más rápido de su época, siempre dispuesto a ir más allá de lo razonable, aunque ese carácter voraz le costó muy caro.

Gilles Villeneuve fue el último piloto que consiguió emocionar al Commendatore.

En el Gran Premio de San Marino de 1982, disputado en Imola, los Ferraris por fin se mostraron competitivos, en buena medida gracias al conflicto entre la FISA (la Federación Internacional del Deporte del Automovilismo) y la FOCA (la Asociación de Constructores de F1 en la que se integraban Brabham, Williams, Lotus, Ligier y McLaren), que provocó su ausencia de la carrera, y que contó con solo 14 participantes. Tanto Villeneuve como su compañero Didier Pironi dominaron el Gran Premio tras el abandono de los dos Renault por avería, pero recibieron la orden de bajar su ritmo para evitar un excesivo consumo que pudiera dejarles fuera de carrera al final. En ese momento Villeneuve lideraba, y acató las órdenes pasando a rodar más despacio, asumiendo que eso significaba también que había que mantener las posiciones. Sin embargo, Pironi lo adelantó, aunque Villeneuve creyó que se trataba de hacer espectáculo para los enfervorecidos aficionados italianos, que disfrutaban viendo a los dos Ferraris al frente de la carrera. Cuando de nuevo volvió al primer puesto unas vueltas después, Villeneuve se encontró con la sorpresa de la inmediata réplica de Pironi, con un nuevo y definitivo adelantamiento en la última vuelta, que dio la victoria al francés.

Villeneuve se mostró furioso e indignado con Pironi, a quien acusó de haberlo traicionado, y se juró que jamás volvería a dirigirle la palabra. Dos semanas después la Fórmula 1 viajaba al circuito belga de Zolder. Pironi estaba una décima de segundo por delante de Villeneuve en los entrenamientos, una discreta sexta posición en la parrilla, a más de un segundo de Alain Prost, el más rápido. Cuando faltaban ocho minutos para el final de la sesión y rodaba con su último juego de neumáticos de calificación, un ansioso Villeneuve se encontró en la aproximación a Terlamenbocht con el March Rothmans de Jochen Mass, rodando despacio en el rapidísimo tramo de Butte. El alemán se apartó hacia la derecha para facilitar el adelantamiento, pero Villeneuve, que llegaba a 270 km/h, giró precisamente a la derecha pretendiendo adelantarlo por la trazada interior. El Ferrari percutió sobre la parte trasera del March y salió proyectado por el aire a más de 200 km/h durante un centenar de metros antes de desintegrarse contra el suelo, lanzando al piloto, todavía sujeto a su asiento por el cinturón de seguridad, pero sin casco, contras las vallas exteriores de la curva siguiente, herido de extrema gravedad. Falleció horas después en el Hospital Universitario Saint Raphael de Lovaina.

AL SERVICIO DEL ESTADO

La entrada en escena del automóvil en la vida cotidiana a principios del siglo xx alcanzó todos los ámbitos de la vida. Pero el estallido de la I Guerra Mundial en 1914 transformó la industria del automóvil, modificando su actividad para poner sus recursos al servicio del Estado. Precisamente la Gran Guerra se desata cuando el archiduque Francisco Fernando, heredero al trono austro-húngaro, es asesinado en Sarajevo. El archiduque viajaba junto a su esposa, la duquesa Sofía, en un coche descubierto, un Gräf & Stift Double Phaeton, un formidable vehículo de seis plazas producido en 1910 por el fabricante austriaco, en el que además de la pareja heredera viajaban el general Potiorek, gobernador de Bosnia, y el conde Von Harrach. Había mucho público en la calle para presenciar el paso de la real comitiva, así que decidieron levantar la capota del coche para que los curiosos pudieran contemplarlos a su paso, a pesar de que había amenazas de posibles acciones terroristas, a las que Potiorek restó importancia.

El archiduque evitó un primer atentado cuando, con una agilidad prodigiosa, el conductor vio volar un objeto hacia el coche y lo desvió de un manotazo, resultando ser una bomba lanzada por un militante de Joven Bosnia, un grupo revolucionario que propugnaba la separación de Bosnia del Imperio austro-húngaro y su unión con Serbia. La bomba estalló fuera del alcance del archiduque, provocando varios heridos, y la pareja fue puesta a salvo en el ayuntamiento de Sarajevo. Pero el archiduque se empeñó en visitar a los heridos en el hospital, tras contar con la garantía personal de Potiorek de que no habría posibilidad de nuevos atentados.

El Gäf & Stift Double Phaeton en el que fue tiroteado
el archiduque Francisco Fernando.

Así pues, la comitiva reemprendió la marcha, con Harrach alzado sobre su asiento a modo de pantalla para el archiduque. Para su desgracia, quedaba casi un siglo para que los sistemas de navegación y Google Maps se implantaran en las vidas cotidianas. El conductor, que no debía ser, precisamente, vecino de Sarajevo, tomó una calle equivocada, y Potiorek lo reprendió obligándole a dar marcha atrás y desandar el camino. La maniobra fue lenta, ya sabemos lo complejo que llegaba a ser el manejo de los vehículos en aquellos primeros años, y si encima había que realizarla bajo la presión de un vociferante gobernador... Con fatal casualidad, otro militante de Joven Bosnia, el estudiante Gavrilo Princip, estaba allí. No tuvo dificultades en reconocer al archiduque, así que sacó su pistola y efectuó dos disparos, sin que ningún miembro de la comitiva, y menos aún el avispado Potiorek, fuera capaz de impedirlo. Y menuda puntería, porque alcanzó de lleno a la real pareja que moriría desangrada minutos después. Pero antes de eso, al archiduque, mortalmente herido en el cuello, le quedaron fuerzas para espetarle a Potiorek: «Con que, volvió a suceder...». Y expiró.

El asesinato del archiduque fue la excusa perfecta para un belicista como el káiser Guillermo II, que llevaba años armándose bajo la consigna latina *«Si vis pacem, para bellum»* («Si quieres paz, prepara la guerra»), el principio que rigió en Europa durante la llamada Paz Armada (1870-1914) que siguió a la guerra franco-prusiana (1870-1871), un tiempo en el que, más que nunca, la diplomacia fue una mezcla de mentira y desconfianza. Al magnicidio de Sarajevo le siguió la invasión de Serbia por parte de Austria-Hungría justo un mes después del atentado. La maniobra austro-húngara fue respaldada por el káiser, que tomó Bélgica y Luxemburgo en su camino hacia Francia, en virtud de la Triple Alianza (Imperio alemán, Imperio austro-húngaro e Italia, aunque esta no quiso intervenir), que la enfrentaba a la Triple Entente, compuesta por Reino Unido, Francia y Rusia, amén de otras alianzas, que defendían los intereses de la ultrajada Serbia.

El ejército francés empleó los taxis parisinos
para enviar tropas al frente del Marne.

Y es en este ambiente tan «entrañable» cuando la industria del automóvil cobra especial relevancia. Para empezar, las factorías automovilistas se transformaron para producir, además de vehículos, armamento y munición. Grandes fabricantes, como Ford y Citroën, prosperaron durante el conflicto suministrando material de guerra. Hasta ese momento el Ejército seguía operando prácticamente bajo las mismas tácticas del pasado siglo, dando gran peso a la caballería y la artillería, pero el uso de unidades motorizadas dio una nueva proyección a la guerra, porque permitió acceder a terrenos infranqueables para hombres y bestias, durante jornadas interminables, de noche o de día, con lluvia o con sol, en el frío invierno o bajo las tórridas luces del verano. Pero los generales, que habían pensado en la maquinaria bélica, tardaron en darse cuenta de que necesitaban contar con un amplio y variado parque militar de vehículos, entonces escaso.

En menos de dos meses las tropas de Guillermo II se habían plantado prácticamente a las puertas de París, quizás el káiser estaba ansioso por pisar los salones de Versalles, como hizo su abuelo Guillermo I, que se coronó emperador de Alemania en la Galería de los Espejos de Versalles, símbolo de la grandeza de Francia, para humillación de sus enemigos, que habían sido fulminados en la guerra franco-prusiana. El empuje de las tropas alemanas fue tan fuerte que a finales de agosto de 1914 el Ejército francés y la British Expeditionary Force (BEF), que había acudido en su refuerzo, se vieron obligados a retroceder hasta París. La capital corría el riesgo de caer, y el último punto de defensa se iba a centrar en los márgenes del río Marne, un afluente del Sena que vertía sus aguas sobre este, precisamente en la capital francesa.

En un esfuerzo desesperado por plantar cara al enemigo, se hizo un llamamiento a los reservistas del Ejército francés para enviarlos al frente. Pero ¿cómo movilizar con rapidez a miles de soldados? La solución llegó del automóvil, y más concretamente de los taxis parisinos. El gobernador militar de París, el general Gallieni, convocó ante Los Inválidos a los taxistas parisinos. Acudieron 670 vehículos, la mayoría de ellos Renault AG, el vistoso modelo rojo con sus llantas y ballestas de la suspensión de color amarillo, que se encargaron de trasladar al frente a más de seis mil reservistas, que en la célebre primera batalla del Marne consiguieron contener y hacer retroceder a las tropas alemanas. A los taxistas se les pagaron sus carreras con una generosa propina, y el Renault AG pasó a ser conocido como el Taxi de la Marne.

Enseguida los mandos militares se dieron cuenta de que, a pesar de su utilidad, los automóviles mostraban una enorme fragilidad en la batalla, y no tardaron en reforzarlos, dotándolos de una armadura. Eso estaba bien, aunque las corazas con las que los protegían los hacían más pesados y menos manejables. En el curso de la batalla comprendieron que además de fortalecer su mecánica, dotándolos de motores más potentes y capaces, era necesario armarlos. Así surgieron los primeros carros blindados, poderosos y con más capacidad, recurriéndose a los motores más potentes de la época: de un lado, los Rolls-Royce; del otro, los Mercedes Benz. Pero seguían teniendo un serio inconveniente, un talón de Aquiles, las ruedas, que les hacían vulnerables por su propensión a los pinchazos y porque en determinadas situaciones, como terrenos embarrados o de compleja orografía, veían muy limitada su movilidad.

En 1915, Winston Churchill, por entonces primer lord del Almirantazgo británico, era una figura preponderante en el Ejército británico que, como sabemos, desarrollaría una notable carrera política, a pesar de enormes errores, como el desastroso desembarco de Gallipolli, donde las tropas otomanas aniquilaron a las fuerzas australianas y neozelandesas, bajo mando británico. Aquello le valió el sobrenombre de el Carnicero de Gallipolli, aunque los intereses del Gobierno británico obviaron semejante fallo, y el tiempo y la memoria dejaron atrás la catástrofe de Gallipolli.

Uno de los primeros vehículos blindados.

Lo cierto es que Churchill también fue hombre de ideas prodigiosas, y él mismo sugirió en 1915 crear un vehículo de formidable blindaje y fuertemente armado que circulara sobre orugas, con lo que pudiera atravesar los lodazales del campo de batalla, sortear trincheras y arrollar alambradas. Los ingenieros militares se pusieron manos a la obra para desarrollar el arma secreta del Ejército británico, el carro de combate al que se conocía con el nombre en clave *tank* («tanque»), por su voluminosa apariencia. El desarrollo del carro de combate estuvo acompañado de una encendida polémica en círculos militares británicos, ya que fue financiado por un presupuesto asignado inicialmente a la investigación naval, por lo que aquella maniobra se consideró un desvío de fondos ilegal. Pero, qué narices, en el amor y en la guerra todo vale. O eso dicen.

A finales de 1915 el primer prototipo del tanque estaba completado. Churchill consideraba que su entrada en acción debía realizarse por sorpresa, con una flota abriendo largas secciones de trincheras y arrollando las defensas, facilitando así que la infantería ganara posiciones. Sin embargo, aunque distaba de ser perfecto porque era lento (3,2 km/h de velocidad) y estaba escasamente armado por dos cañones de artillería convencional situados en unas torretas laterales, cumplía con el objetivo de poder avanzar sin acusar el fuego de ametralladora alemán. El tanque entró en combate por primera vez el 15 de septiembre de 1916 en la batalla del Somme, una de las más largas y mortíferas de la guerra, que se desarrolló entre julio y noviembre de 1916, con más de un millón de bajas entre ambos bandos.

El tanque entró en combate sin estar completamente listo para la acción. De hecho, en el Somme solo intervinieron 21 de los 49 tanques disponibles, y entre la oficialidad británica hubo quejas sobre la precipitación en haberlo puesto en servicio, porque sufrieron con frecuencia fallos mecánicos y también quedaban a merced de la artillería al toparse con grandes obstáculos que no podían sortear. Pero, en cualquier caso, el efecto sobre los soldados alemanes, que veían avanzar sobre ellos semejante mole a la que sus fusiles y ametralladoras no podían detener, fue notable, y Alemania salió del Somme seriamente dañada.

Todavía había campo de mejora para el nuevo vehículo acorazado, sobre todo en la efectividad de sus orugas, y uno de los hombres que más y mejor conoció ese sistema de tracción fue Adolphe Kegresse, ingeniero francés asentado en Rusia, a donde emigró para trabajar como maestro mecánico en los ferrocarriles de San Petersburgo, en 1903, y años después fue nombrado ingeniero de los garajes imperiales y director técnico de los servicios de automoción del zar Nicolás II. En 1913 diseñó y patentó el sistema Kegresse, un conjunto de semiorugas de caucho que se podía adaptar a los automóviles para facilitar su uso en zonas fangosas y en la nieve, territorio habitual en Rusia. Su efectividad fue tan notable que en 1916 comenzó a adaptar el sistema a los automóviles del Ejército ruso, creando los vehículos blindados Austin-Putilov, y dotando a los camiones, coches del Estado Mayor y ambulancias de su sistema de tracción.

Una consecuencia inmediata de la guerra fue que la producción de automóviles en Europa prácticamente cesó. Ford hizo su agosto durante el conflicto, incrementando sustanciosamente sus exportaciones a Europa. La producción de motores se destinó principalmente al uso militar, así como a la aeronáutica, dado que el avión también terminó convirtiéndose en un valioso artefacto de guerra. De esta forma la automoción, que había tenido un origen pacífico, que había nacido con la sana intención de convertir el automóvil en una útil herramienta para el ser humano, pasaba a ponerse al servicio de la destrucción. Seguramente sin el automóvil y su industria la Triple Entente no habría tenido capacidad de frenar a Alemania.

La primera publicación especializada en el automovilismo, *The Autocar*, que llevaba desde 1895 editándose, publicó un editorial en 1916 bajo el título «La deuda de la nación con el automovilismo», en el que hacía énfasis sobre la importancia de la industria de la automoción para conseguir ganar la guerra. «Debemos tener en cuenta que si no fuera por el automóvil no habría habido ningún motor de aviación británico en este país lo suficientemente grande como para ayudarnos tanto», decía en uno de sus comentarios.

En su editorial, *The Autocar* promovió la causa de la guerra, pero al mismo tiempo criticó la actitud del Gobierno británico para con la industria del automóvil antes de la guerra:

> La política del Gobierno antes de la guerra había matado de hambre a la industria de motores y la aeronáutica de una manera notablemente miope. Por otro lado, la poderosa industria automotriz, que había dependido del patrocinio público y no del Gobierno, pudo compensar la miopía de nuestros gobernantes, ya que no es ningún secreto que una gran proporción de los motores aeronáuticos y los aviones que están siendo utilizados en la guerra han sido construidos por fabricantes de automóviles.
>
> Sin estos mismos ingenieros de motores —prosigue *The Autocar*— no habría habido motores para los «tanques», no habría un suministro adecuado de transporte mecánico, ni tractores de armas, ni ambulancias, ni bicicletas motorizadas para los enlaces. En resumen, a pesar de casi todos los desalientos del Gobierno y la magistratura, de los ferrocarriles y otros intereses creados, las máquinas a motor de una manera u otra han hecho su servicio, y solo esperamos que las autoridades, que se han visto obligadas a controlarla y así paralizar la industria, y que sin necesidad intentaron durante algún tiempo paralizar por completo el

automovilismo privado, tengan en cuenta estas consideraciones cuando amanezcan días más brillantes.

A pesar del retorcido estilo literario de la época, el mensaje que transmitía el editorial era meridianamente claro.

Y no le faltaba razón en sus apreciaciones, porque tanto a uno como a otro lado de las trincheras, la industria de la automoción se había convertido en esencial para alimentar la maquinaria de la guerra. En Alemania algunos fabricantes de automoción se dedicaron a la aeronáutica, como Gustav-Otto-Flugzeugwerk, la empresa del hijo del célebre Klaus August Otto, que patentó el motor de ciclo cuatro tiempos (ver capítulo 1), o Rapp Motorenwerke, ambas con sede en Múnich, que dotaron de motores a los aviones de la Fuerza Aérea Alemana. Curiosamente, la bancarrota de Gustav-Otto-Flugzeugwerk en 1916 fue absorbida por Rapp, lo que dio lugar a Bayerische Flugzeugwerk AG (BFW), que a partir de 1917 cambió de denominación, asumiendo todos los activos, la plantilla de trabajadores y el equipamiento técnico, pasando a ser conocida como Bayerische Motoren Werke GmbH, es decir, BMW.

LA HUMILLADA ALEMANIA Y EL CABO AUSTRIACO

Cuando la guerra llegó a su fin en 1918, las condiciones impuestas a Alemania en su rendición fueron humillantes, castigando duramente a su industria. El Tratado de Versalles suponía amplias cesiones de territorio con valiosos recursos, como las regiones de Alsacia y Lorena, cuyas enormes reservas de carbón y acero siempre fueron motivo de disputa con Francia, y tras haberlas incorporado al Imperio alemán tras la guerra franco-prusiana, tuvieron que restituirlas a la soberanía francesa, así como otros territorios que fueron entregados a Bélgica, Dinamarca y Polonia (en total, unos 67.000 km², casi la misma superficie que ocupan juntas Aragón y la Comunidad Valenciana); el reparto de todos sus territorios coloniales entre los ganadores; y también se impuso la administración de la industrializada cuenca del Sarre por la Sociedad de Naciones y sus explotaciones de carbón por parte de Francia por un periodo de quince años, a lo que habría que sumar una indemnización por daños de guerra de 132.000 millones de marcos-oro, cuya liquidación total de la deuda, incluidos los intereses de demora, Alemania no completó hasta 2010. Como apuntan algunos historiadores, lo del Tratado de Versalles fue un auténtico expolio.

Por si no fuera suficiente, la actividad industrial también se vio notablemente reducida, y las industrias de automoción se vieron especialmente afectadas. Se prohibió la fabricación de motores para aviación, lo que supuso para muchas industrias de automoción el cierre, ya que se redujo considerablemente el ámbito en el que podían actuar, y se incrementó la competencia, provocando que las empresas menos capacitadas se quedaran fuera del mercado. La joven BMW pasó a construir motores agrícolas y para embarcaciones, y frenos para ferrocarriles, pero en 1920 fue absorbida por Knorr-Bremse AG, empresa berlinesa que incluso trasladó su sede a Múnich, con lo que BMW desapareció de escena. En 1922 un pionero de la aeronáutica, el ingeniero Emilio Castiglioni, se convirtió en accionista mayoritario de la sociedad, trasladando todo, empleados, producción y marca a BFW, pero ese año cambió definitivamente de identidad pasando a denominarse Bayerische Motoren Werke AG, BMW, estableciéndose definitivamente con esta denominación comercial, e iniciando su actividad industrial como fabricante de motocicletas en 1923. Ese fue el momento en el que dejaba de lado para siempre los proyectos aeronáuticos para centrarse en vehículos más terrenales, primero motos y posteriormente automóviles.

Alemania puso su industria al servicio de los éxitos deportivos del país.

Las indemnizaciones que Alemania tuvo que pagar tras la guerra fueron abusivas y abocaron al Estado a una situación económica crítica. La inflación se disparó, aumentó el paro, al que se sumaron como desempleados sin oficio ni beneficio tres millones de soldados licenciados del Ejército, inadaptados para la vida civil tras la terrible experiencia vivida durante la I Guerra Mundial. La ilusionante República de Weimar, el Estado liberal surgido tras la abdicación del káiser Guillermo II, nacía de un modo fallido en un tiempo convulso, que se agitó aún más con la crisis económica de 1929, esto supuso ya una verdadera ruina para el Estado alemán.

En medio de ese ambiente crispado, desilusionados y decepcionados, los alemanes se echaron en brazos del primero que les prometió devolver el país a su *Lebensraum*, su espacio vital, el terreno que consideraban que merecían ocupar como nación, y ese charlatán no fue otro que un cabo austriaco que abandonó prematuramente los estudios, vagabundeó por la señorial Viena de principios de siglo y fracasó en la empresa de ser pintor de renombre. Se llamaba… Adolf Hitler ¿Quién sabe qué habría sido de este mundo si finalmente lo hubieran admitido en la Facultad de Bellas Artes de Viena?

No nos compete en este libro sacar a colación cómo Hitler y los suyos llegaron al poder en Alemania, pero sí de qué manera influyó el *Führer* y su gobierno en la recuperación y la expansión de la automoción alemana. A los alemanes se les tiene por gente cabal, de palabra, escrupulosos cumplidores de la letra escrita, gente seria y rigurosa. Pero la verdad es que en un momento dado son tan volubles e interesados como cualquier ser humano. El Tratado de Versalles les prohibió fabricar aviones de combate, tanques y submarinos, pero antes de que Hitler llegara al poder ya estaban incumpliendo los acuerdos:

los tanquistas alemanes se entrenaban en la Unión Soviética ofreciendo a cambio asesoramiento técnico por parte de ingenieros de automoción alemanes; los pilotos de aviones de combate ensayaban con planeadores —no hay motor, no hay trampa— y las tripulaciones de bombarderos volaban los aviones comerciales de Lufthansa, unos aviones que con ligeras modificaciones se convertían en cazabombarderos de combate, como el Heikel 111, conocido como el «lobo con piel de cordero»; las fábricas de tractores producían modelos de extraña apariencia a los que bastaba con instalarles una torreta con un cañón para que parecieran tanques… Y ya con Hitler en el poder, aquello fue el acabose.

El maravilloso novelista, ensayista e historiador Juan Eslava Galán, en su libro *La Segunda Guerra Mundial contada para escépticos*, nos regala una divertida anécdota, un chiste secreto que circulaba entre los que estaban en el ajo: un obrero de una fábrica de cochecitos para bebés acababa de ser padre, y como el sueldo no le llega para comprar uno para su hijo, decide distraer disimuladamente las piezas, poco a poco, hasta poder montarlo en su casa. Pasado un tiempo, un compañero de trabajo, que estaba al tanto del tema, se interesó por el cochecito. «¿Qué, ya lo tenemos?», le preguntó. A lo que el otro le dijo: «Me temo que no. No sé qué me está fallando, porque lo he montado tres veces y siempre me sale una ametralladora».

La industria de la automoción alemana fue una eficaz colaboradora en los planes de Hitler. Grandes corporaciones contribuyeron a su causa con generosas donaciones. Por ejemplo, desde que alcanzó el poder en 1933 hasta el final de la guerra en 1945, el grupo Krupp aportó anualmente 700 millones de marcos. El Gobierno de Hitler acometió importantes inversiones, creando una amplia red de infraestructuras, desarrollando las excelentes autopistas alemanas, las *autobahn*, que contribuyeron notablemente a la expansión de la automoción en Alemania. Entre 1933 y 1938, el producto interior bruto alemán aumentó en un 50 % y el desempleo se redujo en seis millones de personas. Desde 1937 casi la mitad del PIB de Alemania se dedicó al rearme, poniendo al servicio del Estado todo tipo de industrias, y la automoción de forma significativa. Así surgió el llamado «milagro alemán», un país cual ave fénix que resurge de sus cenizas. Pero el problema de los milagros es que resultan mágicos y carecen de fundamento. Como el principal cliente de la industria era el propio Estado, este no tuvo otro remedio que endeudarse, alcanzando una situación preocupante ya en 1939. Ya al inicio de su gobierno, en el periodo 1933-1934, gastaba un 30 % más de lo que ingresaba. Así no había forma de cuadrar las cuentas…

Un Auto Union Typo D, con motor V12 de 3 litros sobrealimentado.

Todavía no había por qué preocuparse. Después de la crisis de 1929 toda la industria de la automoción se vino abajo, tanto en Europa como en Estados Unidos. Allí la producción cayó un 75 % entre 1930 y 1932 porque nadie tenía capacidad para comprar un automóvil, y los fabricantes tuvieron que reinventarse. La crisis se llevó por delante a las pequeñas marcas y solo sobrevivieron las más grandes, que se las ingeniaron para ajustar costes y seguir ofreciendo un producto que los usuarios pudieran adquirir. Se empezaron a diseñar coches más económicos, pensando en el ajustado poder adquisitivo de los usuarios. Los motores fueron menos potentes, porque así también consumían menos, y los volúmenes empezaron a cambiar. Las dimensiones de los coches cambiaron, las medidas de las carrocerías se redujeron, ahorrando así chapa, y se reorganizó el interior para hacerlos más habitables.

Citroën introdujo en 1932 la tracción delantera, un cambio técnico que llevó a su compañía al borde de la ruina, pero el éxito del nuevo modelo salvó la empresa. En plena crisis, Ford había tenido la audacia —o la temeridad— de construir una fábrica en Reino Unido en 1931, poniendo en riesgo la compañía, pero salió a flote gracias a la introducción en Europa de un pequeño automóvil, el modelo Y 8HP, que fue diseñado pensando específicamente en el mercado europeo, donde tuvo un notable éxito. En aquellos días Ford rivalizaba por el coche económico con Morris y Austin, cuyos modelos básicos se movían en precios muy ajustados, entre 100 y 120 libras. Ford, una vez puso en marcha su factoría británica, apretó las clavijas a la competencia. El modelo Y empezó a bajar su precio: 118 libras, 115… hasta llegar a las 100 libras en 1935. Los italianos de Fiat también contribuyeron a esa nueva concepción del diseño construyendo el pequeño Topolino 500.

La realidad es que el mercado automovilístico europeo era muy diferente del norteamericano. Mientras en el Viejo Continente el coche no era una necesidad imperiosa, en Estados Unidos era casi una obligación. Además, el bajo precio de la gasolina en Norteamérica permitía seguir produciendo grandes automóviles con motores de gran cubicaje, más pesados, voluminosos y potentes que los pequeños utilitarios que empezaban a poblar las calles y las carreteras de Europa. A final de la década, Estados Unidos tenía un coche por cada seis habitantes; en Francia, había uno por cada 25; y en Reino Unido, uno por cada 30. Y estamos hablando de los países europeos más motorizados...

Alemania fue recuperándose poco a poco de las imposiciones del Tratado de Versalles. La industria de la automoción afloró. Algunos fabricantes pioneros como Daimler-Benz salieron a flote, y surgieron otros nuevos como NSU, Wanderer, Zündapp, Horch, DKW y Audi. Para consolidar su posición, en 1932 se constituyó Auto Union GmbH, un conglomerado industrial que reunía a Audi, DKW, Horch y Wanderer, que se situó en Sajonia, en el este de Alemania. Un año después, en el Salón del Motor de Berlín, Adolf Hitler anunciaba un ambicioso plan para motorizar toda la nación con la intención de que cada familia alemana pudiera acceder a un vehículo, concibiendo la idea de crear el coche del pueblo, el *volkswagen*, un vehículo económico y accesible, con capacidad suficiente para una familia. Al mismo tiempo, para disfrutar del uso del automóvil, potencia el desarrollo de las *autobahn*, modernas autopistas que multiplicaban las infraestructuras de transporte, colocando así a

Alemania a la vanguardia en el continente europeo. La primera, inaugurada en 1934, conectaba Múnich con la frontera austriaca. Todo a mayor gloria de su Gobierno, que ganaba adeptos día a día, que veían cómo Alemania recuperaba el terreno que consideraba que por derecho le pertenecía. El trabajo volvía a abundar, las condiciones de vida eran mejores, lo alemán se imponía. *Deutschland, Deutschland über allen* («Alemania, Alemania por encima de todo»), decía la primera estrofa del *Deutschlandlied*, el himno de Alemania, la única que se cantaba durante el régimen nazi. Entonces, ¿alguien sigue sin explicarse cómo una nación culta pudo transformarse de semejante manera hasta abrazar apasionadamente el nazismo?

El régimen nazi tampoco olvida la importancia de la propaganda que le resultaba fundamental para prosperar. La superioridad aria debía manifestarse en todas las actividades, y los deportes del motor no son una excepción. Se reparten generosas subvenciones entre la industria automovilística para apoyar su actividad deportiva. La industria del motor alemana había ganado un extraordinario prestigio en las competiciones automovilísticas a finales de los años veinte gracias a Mercedes-Benz y su SSK, un modelo diseñado por Ferdinand Porsche, que disponía de un potente motor de 6 cilindros en línea de 7 litros sobrealimentado, que alcanzaba los 300 CV de potencia, capaz de rodar por encima de los 200 km/h. Con el mítico Rudolf Caracciola a los mandos, el SSK consiguió numerosos éxitos entre 1929 y 1931, entre ellos la victoria en la mítica Mille Miglia de 1931, donde irrumpió en pleno dominio de Alfa Romeo con Tazio Nuvolari y Achile Varzi, entre otros, siendo el primer ganador que superaba los 100 km/h de media.

Auto Union recibió subvenciones del gobierno de Hitler.

Cuando en 1932 se formó el grupo Auto Union, el presidente de la nueva compañía, Klaus von Oertzen, no tardó mucho tiempo en mostrar interés por desarrollar un coche de carreras que rivalizara con Mercedes. Su diseño, gracias a la insistencia de Adolf Rosenberger, uno de sus directivos, terminó siendo encargado a Porsche, con quien ya había trabajado con anterioridad en Wanderer. El problema de Auto Union es que necesitaba financiación para dar ese paso. A Porsche se le ocurrió recurrir a Hans Stuck, un piloto al que conocía de su época en Mercedes-Benz, al que habían despedido del equipo. Quisieron aprovechar la buena relación que Stuck mantenía con Hitler, a quien había conocido antes de que fuera canciller, y pensaron que con Stuck en sus filas, este podría abrirles muchas puertas de cara a la financiación de su proyecto. Y así fue.

Hitler recibió a Porsche en la vieja cancillería, un sobrio edificio de la época de Bismarck, a la espera de que su arquitecto de cabecera, Albert Speer, culminara el megalómano proyecto de la cancillería del *Reich*, que vería la luz en 1938. Hitler decidió respaldar el proyecto de Auto Union, pero reconoció que si la disputa por la hegemonía del automovilismo se llevaba a cabo entre dos marcas alemanas, sería mejor para sus planes, así que no dudó en aportar medio millón de marcos alemanes a Mercedes-Benz y Auto Union, ofreciendo además un premio extraordinario de 40.000 marcos al primer coche alemán clasificado. Una vez conseguidos los fondos estatales, Auto Union adquirió Hochleistungs Motor GmbH, con lo que se hizo con el proyecto PWagen (la P procedía de Porsche, correspondiente a la etapa en la que el ingeniero desarrolló diversos proyectos como consultor), un vehículo de carreras diseñado para esta marca de acuerdo con las regulaciones de la época, la fórmula 750, que establecía que el coche sin combustible, aceite, agua y neumáticos no debía superar los 750 kilos de peso.

Curiosamente, esa reglamentación propició una de las anécdotas más curiosas de la historia del automovilismo. Inicialmente, los Mercedes-Benz estaban pintados en blanco, pero en 1934 el W25 dio 751 kilos de peso en las verificaciones técnicas, lo que lo colocaba fuera de la reglamentación. Con una prodigiosa capacidad de reacción, el director deportivo de Mercedes, Alfred Neubauer, ordenó lijar toda la pintura de la carrocería, dejando al descubierto el brillante color gris del aluminio, sometiéndose al día siguiente a una nueva verificación técnica que esta vez, sin el peso de la pintura, consiguió superar sin dificultad. Después de aquello, tanto Mercedes como Auto Union fueron conocidas como las Flechas Plateadas, por sus excelentes prestaciones, un apelativo que en 1955 se aplicó también al Mercedes M196 de Juan Manuel Fangio y Stirling Moss, que dominaron con extraordinaria superioridad aquella campaña de Fórmula 1.

Volviendo con Auto Union, sobre la base del proyecto P-Wagen, Porsche se puso manos a la obra y acabó dando forma de modo sucesivo a los modelos Type A, B y C de Auto Union, con motor V16 sobrealimentados, producidos entre 1934 y 1937, unos poderosos propulsores de 520 CV de potencia, y el Type D, que vio la luz en 1938, con su motor V12 de 3 litros sobrealimentado, o de 4,5 litros de aspiración atmosférica.

Por entonces se disputaba un Campeonato de Europa de Automovilismo, que había dominado en las dos primeras ediciones (1931-1932) Alfa Romero, primero con Fernando Minoia y luego con Tazio Nuvolari. Tras dos temporadas en las que no se realizó, el campeonato se retomó en 1935, con dominio absoluto de Caracciola y el Mercedes-Benz W25, que colocó tres coches en las tres primeras posiciones, a pesar de la oposición de Auto Union, con Stuck a la cabeza.

Auto Union llevó la iniciativa en 1936 gracias a su nuevo piloto, Bernd Rosemeyer, aunque los hombres clave en la entrada del fabricante de Chenmitz en la competición no pudieron disfrutar de ese momento. Klaus von Oertzen, incómodo con el rumbo que estaba tomando Alemania, decidió emigrar a Sudáfrica en 1935 para dirigir desde allí la importación de DKW para África del Sur y Australia, además de supervisar las operaciones de Auto Union en el país africano en las competiciones automovilísticas que se disputaron allí. Rosenberger no tuvo tanta suerte. Era judío y fue arrestado bajo la acusación de *rassenschande* («delitos raciales»), y encarcelado en Schloss Kislau. De nada le sirvieron sus valiosos servicios a la industria automovilística alemana. Salvó la vida gracias a que uno de los directivos de Auto Union, Hans Veyder Mahlberg, sobornó a los agentes de la Gestapo que lo custodiaban. Huyó a Francia y luego a Gran Bretaña, y en 1939 se fue definitivamente a Estados Unidos, donde adquiriría su nacionalidad en 1944, cambiando incluso su apellido.

El *Führer* contemplaba con satisfacción el rendimiento de los coches alemanes en las competiciones internacionales. A todos los pilotos alemanes se les pedía que se afiliaran al Nationalsozialistisches Kraftfahrkorps (NSKK, Cuerpo Motorizado Nacionalsocialista), que se adscribía a la doctrina racial del Gobierno nazi y exigía a sus miembros características de raza aria para ser aceptados. Cuando estalló la guerra en 1939, la mecánicamente bien equipada Wehrmacht, el Ejército de Tierra alemán, solía reclutar en la NSKK a la mayoría de sus conductores. En el periodo más álgido del Campeonato de Europa, entre 1935 y 1939, Mercedes-Benz y Auto Union no dieron opción a la competencia extranjera: *Deutschland, Deutschland über allen.* Caracciola ganó tres títulos (1935-1937-1938), y Rosemeyer se impuso en 1936. En ese periodo de 1935 a 1939 los coches alemanes fueron prácticamente imbatibles. De las 25 carreras disputadas en el Campeonato de Europa, 24 se las repartieron Mercedes-Benz (17) y Auto Union (7), y solo una fue a parar a manos de Alfa Romeo.

La mayoría de los pilotos que ganaban carreras eran alemanes: Manfred von Brauchitsch, Hans Stuck, Hemann

Lang, Rudolf Hasse y Hermann-Paul Müller. Este, antes de correr con Auto Union había sido piloto de moto con DKW, marca integrada en la corporación. Como tantos otros, como su compañero Georg Meier, antiguo piloto motociclista de BMW, campeón de Europa de 500 cc en 1938 y ganador del Senior TT en 1939, o como Tazio Nuvolari, que antes de correr para Alfa Romeo ganó el Gran Premio de Europa de motociclismo en 350 cc con una Bianchi, Müller decidió pasarse a los coches en 1937, con gran éxito en 1939, y llevaba camino de adjudicarse el título en esa temporada, pero el campeonato fue anulado. Lo insólito de su caso es que después de la II Guerra Mundial, en 1947, a los 37 años de edad decidió emprender el camino de vuelta y regresó a las motos, y en 1955 sería campeón del mundo en la categoría de 250 cc, a los 45 años de edad, el campeón más veterano de la historia.

En ese periodo de indudable dominación teutona solo hubo cuatro victorias ajenas a Alemania, las conseguidas por Luigi Fagioli y Tazio Nuvolari —este, sobre Alfa Romeo en 1935, en el último coletazo victorioso de la marca italiana bajo la dirección de Enzo Ferrari—, y las que lograron en 1938 el propio Nuvolari y el británico Robert Seaman, con Auto Union y Mercedes, respectivamente.

El 1 de septiembre las tropas alemanas invaden Polonia. Dos días después, Francia y Reino Unido declaran la guerra a Alemania. Toda actividad lúdica o no esencial quedaba interrumpida, lo que impidió que la edición de 1939 se completara, disputándose solo cuatro carreras puntuables. Müller era el líder de la clasificación, pero el campeonato fue adjudicado de forma oficiosa a Hermann Lang, piloto rival en Mercedes, por decisión de Adolf Hünhlein, máximo responsable del NSKK (Cuerpo Motorizado Nacionalsocialista) y presidente de la Autoridad Deportiva Nacional para el Automovilismo Alemán.

EL COCHE DEL PUEBLO

En 1934 Hitler decide encargar a Ferdinand Porsche el proyecto del *volks-wagen*. Porsche era un experimentado ingeniero que se había labrado un reconocido prestigio a lo largo de una extensa carrera profesional. Estuvo implicado en los orígenes de la automoción en Austria y Alemania, trabajó para Austro-Daimler, fue director técnico de Daimler en Stuttgart en los años veinte y responsable de los diseños de los exitosos Mercedes-Benz SSK con compresor que dominaron las carreras durante esa década. Pero sus ideas para desarrollar un modelo económico para Mercedes no fueron bien recibidas por la dirección de Daimler, y Porsche abandonó la marca en 1929 para trabajar con Steyr Automobile, justo en el momento en el que estalló la crisis económica. Después se estableció como consultor de tecnología en 1931, desarrollando varios modelos para Wanderer.

Pero Porsche seguía empeñado en sacar adelante el diseño de coche económico que Daimler-Benz rechazó. Zündapp lo apoyó, pero como al fabricante alemán le empezaron a ir mejor las cosas fabricando motos, lo abandonó. También se interesó NSU, pero el coste de desarrollo resultó demasiado elevado y también se echó atrás. Entonces apareció el encargo de Hitler.

Porsche trabajó sobre la base del modelo Type 12 diseñado para Zündapp en 1931, y le presentó el proyecto a Hitler: un coche de tracción trasera refrigerado por aire, con 26 CV de potencia, capaz de alcanzar los 100 km/h, con un consumo de unos 8 litros a los 100 km, y cuyo precio estaba en torno a los 1.000 marcos. Al *Führer* le entusiasmó.

El Porsche Typ12 sirvió de base para el proyecto KDF-Wagen.

En aquel momento alguien sugirió al ingeniero, que había nacido en Bohemia, bajo el Imperio austrohúngaro, en 1875, y por tanto tenía nacionalidad checa, que renunciara de inmediato a ella y solicitara la nacionalidad alemana. Nadie quería un garbanzo podrido en la olla de la bella Alemania. Terminaría haciendo carrera dentro del régimen, afiliándose al partido nazi en 1937, y recibiendo toda serie de condecoraciones en sucesivas ocasiones que confirmaban su profunda implicación con los proyectos de Hitler, lo que le costó su encarcelamiento cuando el *III Reich* cayó. Pero volvamos a lo nuestro.

Porsche realizó inicialmente dos prototipos, que estuvieron terminados en 1935. El coste se había disparado con respecto al plan inicial, porque se estimó que el precio de venta debía estar en torno a 1.500 marcos (unos 3.600 euros al cambio actual), pero a Hitler no le gustó, exigió que el coche no valiera «más de lo que cueste una motocicleta de tipo medio» y ajustó su precio hasta los 900 marcos. A Porsche no le quedó más remedio que contestar *«Ja, mein Führer!»*. Menuda papeleta. En los años siguientes se desarrollaron varias unidades preserie. Lo cierto es que el primer KDF-Wagen, como inicialmente se denominó —este acrónimo correspondía a *Kraft durch Freude Wagen*, en alemán, «fuerza a través de la alegría»—, tenía un prodigioso parecido con el Tatra V570, un modelo desarrollado por el ingeniero Hans Ledwinka para la marca checa en 1931, que contó con una segunda evolución en 1933, dos años antes de que los primeros prototipos de Porsche estuvieran terminados. Por eso, se presentó una demanda contra el ingeniero alemán alegando una infracción a las patentes de Tatra, en especial con la refrigeración del motor trasero, pero la demanda quedó desestimada cuando Alemania invadió Checoslovaquia entre octubre de 1938 (los Sudetes) y marzo de 1939 (Bohemia y Moravia), para completar su *Anschluss* («unificación»), tras haber incorporado Austria en marzo de 1938 al territorio alemán. Pero algo de cierto tenía que haber en la reclamación de Tatra cuando Volkswagen, tras la II Guerra Mundial, aceptó pagar un acuerdo que ponía fin a las reclamaciones de los checos.

Hitler inaugura la fábrica del KDF-Wagen en Wolfsburg. Porsche aparece en la fila de detrás, el primero por la derecha.

Porsche no tardó en conocer «la letra pequeña» del plan de motorización de Hitler. A la hora de definir el proyecto, el ingeniero trató con diversos estamentos del Gobierno nazi. En una ocasión tuvo una reunión en el Ministerio de Tráfico en la que estuvo presente un oficial del Ejército, que asistió con vivo interés a todas las explicaciones de Porsche. Cuando terminó su exposición, el militar intervino para explicarle que resultaba imprescindible en el proyecto que al retirar la carrocería al vehículo este pudiera transportar tres hombres y una ametralladora con su munición correspondiente. Otro lobo con piel de cordero.

El proyecto KDF-Wagen iba acompañado de un ambicioso plan. Se iba a fundar una ciudad, Wolfsburg, en torno a la planta de producción. La primera unidad del Volkswagen Tipo 1, como se le denominó inicialmente, fue presentada a Hitler en abril de 1938, y al mes siguiente el mismísimo *Führer* se encargó de colocar la primera de la factoría, y fue la primera ocasión en la que se pudo ver el vehículo, un llamativo coche de color negro con aspecto de sapo, por sus formas redondeadas, y sus faros, integrados en la carrocería, parecidos a los ojos saltones del batracio. En enero de 1939 el coche fue presentado en sociedad con diferentes eventos para promocionarlo, y se inició su producción. Cuando solo llevaban 210 unidades fabricadas, Hitler dio órdenes para que cesara su fabricación, destinando la actividad de la fábrica a la industria militar, concretamente a la producción de vehículos militares derivados del KDF-Wagen. El primero fue el Typ 82, conocido como Kübelwagen, un todoterreno ligero con tracción a las cuatro ruedas en primera velocidad, al que se le podía acoplar una ametralladora en la parte delantera… Desde luego, Porsche no podía decir que no estaba avisado. El otro modelo fabricado en Wolfsburg fue el Typ 166 o Schwimmwagen, un vehículo anfibio con tracción integral que emplearon principalmente la Wehrmacht y las despiadadas unidades de la Waffen-SS. Entre 1940 y 1945 se llegaron a fabricar casi 70.000 unidades de estos vehículos.

Puesta de largo del Volkswagen con las buenas gentes
de la alta sociedad alemana. Ferdinand Porsche
es el primer caballero por la izquierda.

La implicación de Porsche en la industria militar alemana no se limitó al desarrollo de los modelos Kübelwagen y Schwimmwagen, también colaboró en 1942 en el diseño del tanque VK4501, conocido como Tiger I, que contaba con un motor V10 de gasolina y un motor eléctrico. Finalmente, la complejidad del proyecto hizo que se hiciera cargo de él Henschel, fabricante especializado en equipamiento y maquinaria pesada con experiencia en la industria del armamento. No obstante, se le encomendó un nuevo tanque en 1943, el Wehrmacht Panzerjäger, un tanque pesado del que se construyeron 91 unidades, conocido con el sobrenombre de Ferdinand por emplear las armaduras producidas por Porsche para el Tiger I, que fueron abandonadas por el diseño de Henschel. Con las actualizaciones recibidas en 1944, el modelo pasó a denominarse Elefant, aunque tuvo constantes problemas por falta de mantenimiento y de recambios. Porsche fue un gran diseñador de motores de coche, pero sus tanques a menudo fallaban y se averiaban.

El 30 de abril de 1945 Hitler se pega un tiro, y una semana después Alemania se rinde incondicionalmente. Cada cual intenta seguir con su vida. En noviembre de 1945 proponen a Porsche que prosiga con el desarrollo del Volkswagen en Francia, y se traslada hasta allí el equipamiento de la fábrica de Wolfsburg como parte de las reparaciones de guerra. Además, Renault le requiere como consultor para el diseño del futuro Renault 4CV, pero sus crecientes desacuerdos con el nuevo responsable de la marca, Pierre Lefaucheux, que además era héroe de la Resistencia, pone fin al proyecto de realizar el Volkswagen antes de empezar. En diciembre, las autoridades francesas detienen a Porsche, a su hijo Ferry y a Anton Piëch, que era el yerno de Porsche y fue director de Volkswagenwerk GmbH —la fábrica del KDF-Wagen en Wolfsburg—, bajo la acusación de crímenes de guerra.

Los jerarcas nazis prueban el Schwimmwagen, vehículo
anfibio con tracción integral diseñado por Porsche.

Ferry fue puesto en libertad a los seis meses, pero
Porsche y Piëch permanecieron encarcelados durante 22
meses. La familia Porsche alegó que el Gobierno francés les
extorsionó para que se prestaran a colaborar con Renault,
pero también es verdad que los Porsche no contaron toda
la verdad sobre sus implicaciones y sus relaciones con el
régimen nazi. De hecho, Ferdinand se afilió al partido
nazi en 1937, donde alcanzó el rango de *SS-Oberführer*
en 1942, y fue galardonado con la Kriegsverdienstkreuz,
la Cruz del Mérito Militar. Se les acusaba de usar esclavos
en sus fábricas, una práctica habitual en aquellos años, en
los que se empleaban prisioneros de guerra como mano
de obra gratuita para mantener la actividad industrial en
caso de necesidad. Aunque los Porsche aseguraron que
ellos no llevaban a cabo esas prácticas, la realidad es que
llegaron a emplear a 300 prisioneros rusos y polacos en

sus factorías. El Gobierno francés exigió un millón de francos en concepto de fianza para liberar a Porsche y Piëch, una cantidad que solo se pudo conseguir gracias al trabajo de Ferry Porsche en Cisitalia, el fabricante italiano de coches deportivos, para quien desarrolló en 1947 el novedoso Type 360 con tracción integral, que nunca llegó a competir. Ferry tenía una gran experiencia en ese terreno dado que cuando su padre se centró en el desarrollo del KDF-Wagen, él asumió la dirección técnica de los Auto Union de carreras.

Porsche también trabajó en el diseño del tanque pesado Panzerjäger.

Llegado el juicio, los testigos aseguraron que no se habían empleado trabajadores franceses en las fábricas alemanas. Lo de los rusos o los polacos, pelillos a la mar. Y en 1948, Porsche y Piëch fueron puestos en libertad y sin cargos. Por entonces, los británicos ocupaban esa zona de Alemania y se habían hecho cargo de la administración de la fábrica de Wolfsburg, retomando la producción del KDF-Wagen bajo la nueva denominación de Volkswagen, llegando a producir mil vehículos diarios. El mayor Ivan Hirst dirigía Wolfsburg, asistido por el alemán Heinrich Nordhoff, que destacó como un eficaz organizador para conseguir recursos después de que la fábrica quedara bastante dañada y desmantelada durante la ocupación de los aliados, en los días finales de la guerra, donde los rusos saquearon todo el material susceptible de utilizar. Los británicos estaban listos para regresar a casa a finales de 1949 y volver a dejar todo en manos alemanas, pero antes quisieron liquidar la fábrica. Se la ofrecieron a diversos fabricantes del bando aliado, pero nadie la quería. Incluso Henry Ford II, el hijo de Edsel Ford, que sucedió a su abuelo cuando este se vio incapacitado de seguir al frente de Ford Motor Co., viajó hasta Alemania con algunos de sus directivos para conocer personalmente las instalaciones. Los británicos llegaron a ofrecerle la planta de Wolfsburg gratis, sin coste alguno. «Señor Ford, esto que le están ofreciendo no vale una mierda», le dijo uno de sus directivos cuando Ford quiso saber su opinión, así que declinó la oferta y se fue por donde había venido, y los británicos decidieron que fueran los propios alemanes los que se encargaran de sacar adelante la fábrica, si es que eran capaces, con Nordhoff al frente. Menudos lumbreras. Cuando la producción del Volkswagen Tipo 1, el popular Escarabajo, cesó definitivamente en 2003, se habían fabricado 21,5 millones de unidades.

LA CASA POR EL TEJADO

En 1946 se funda en Madrid por iniciativa de José Antonio Suanzes, ministro de Industria y Comercio, el organismo oficial CETA (Centro de Estudios Técnicos de Automoción), dependiente del INI (Instituto Nacional de Industria). El objetivo es impulsar la motorización de un devastado país en el que las huellas de la todavía reciente Guerra Civil se dejan sentir en ciudades y pueblos. El INI se había marcado desde su nacimiento en 1941 un ambicioso plan: llegar a producir anualmente 20.000 automóviles, 10.000 camiones y 1.000 tractores. Dada la calamitosa situación de la industria nacional y la imposibilidad de acometer importaciones, lo más sencillo era llevar la producción adelante con la licencia de un fabricante ya establecido, como Alfa Romeo o FIAT, con los que ya existían relaciones afianzadas como suministradores de motores para la aviación franquista durante la Guerra Civil.

Esa idea no era originaria del INI. Ya en 1940 se creó una sociedad denominada SIAT (Sociedad Ibérica de Automóviles de Turismo) participada por los bancos Hispano Americano, Urquijo, Español de Crédito y Aragón, además de las empresas Echevarría S.A., Fundiciones Bolueta, Hispano Suiza y FIAT. El objetivo era fabricar bajo licencia el nuevo modelo FIAT 1100 en una factoría que se iba a instalar en el País Vasco. El problema de esta iniciativa es que con la creación del INI al año siguiente, sus planes interfirieron con los del Gobierno de Franco y su instinto nacionalizador. Suanzes pretendía que el INI tuviera bajo su control cualquier factoría de automoción, y propuso a los inversores que la sociedad estatal se quedara con el 60 % de SIAT, que FIAT tuviera un 25 % y que el 15 % restante se lo repartieran los inversores que habían promovido la sociedad. Y además, el INI se reservaba la autoridad de mantener el contacto directo con FIAT… Y dos huevos duros, que diría Groucho Marx. Lógicamente, de SIAT no volvió a saberse más.

Como después se les fueron torciendo las cosas al Duce y los suyos, el INI pensó que igual lo más cómodo era hacerse con la fábrica Hispano-Suiza, que la familia Mateu había conseguido mantener en buen estado a pesar de la guerra. Aunque los propietarios estaban dispuestos a alcanzar una entente con el Estado y algún otro inversor para llevar adelante la nueva sociedad, el Gobierno de Franco quería una empresa nacionalizada y estatal, con lo que forzó su venta, siendo adquirida en 1946 por ENASA (Empresa Nacional de Autocamiones S.A.), una nueva compañía de automoción recién creada para absorber Hispano-Suiza. El 5 de noviembre de ese año se formalizó la venta, adquiriendo todo el complejo industrial de La Sagrera, en Barcelona, en el barrio de Sant Martí de Provençals. Posteriormente se levantaría una nueva factoría en Madrid, la Ciudad Pegaso, frente al aeropuerto de Barajas.

Los tres Rolls-Royce Phantom IV adquiridos por el gobierno
de Franco como vehículos de representación…

… porque este impresionante Hispano-Suiza J12
no le debía parecer suficiente a su Excelencia.

Mientras tanto, España se adentra en una dura posguerra. Los aliados se habían reunido en julio de 1945 en Potsdam, en las cercanías de Berlín, para ver, entre otras cosas, qué hacer con Franco. Ahí estaban el primer ministro británico, Winston Churchill; el nuevo presidente de Estados Unidos, Harry S. Truman; y el máximo dirigente soviético, Josef Stalin. No se ponen de acuerdo, pero tanto Churchill como Truman manifiestan su desagrado hacia el general. El norteamericano dijo que no le tenía ninguna simpatía, y Churchill afirmó: «El Gobierno británico detesta a Franco». Pero ninguno era partidario de intervenir. Y a Stalin, sorprendido, no le queda otra que encogerse de hombros, dejando que los españoles se las apañen por su cuenta. Al final, Franco era el mal menor. Y así fue como se llegó a la famosa autarquía hispánica. ¡A la fuerza ahorcan!

En medio de ese ambiente, sin esperanza ni futuro, con un horizonte marcado por la cartilla de racionamiento —que se mantendrá hasta 1952—, el estraperlo, la adulteración y la usura, el españolito de a pie sobrevive como puede, y en lo último que piensa es en comprarse un coche.

Quien no repara en gastos es la Casa Civil del jefe del Estado, que no parece satisfecha con el extraordinario Hispano-Suiza J12 con el que el general Franco se desplaza en los desfiles y demás acontecimientos de postín, o los flamantes Packard o Cadillac, con los que viaja regularmente por carretera camino de alguna inauguración. En 1948 se encargan a Rolls-Royce tres ejemplares, tres, del modelo Phantom IV, dos limusinas y una carrocería *drop head* para desfiles al descubierto, los tres dotados de carrocerías blindadas Mulliner, con protección parcial contra minas.

Pegaso Z-102 Gran Turismo, el coche que los
españolitos necesitaban en los años cincuenta.

Suanzes tuvo el acierto de colocar al frente de CETA
al extraordinario ingeniero Wifredo Ricart, que tras la
II Guerra Mundial había regresado a España después
de un largo periodo afincado en Italia, durante el cual
estuvo trabajando para Alfa Romeo. El primer proyecto
de CETA no será un camión ni un tractor, ni mucho
menos un utilitario con el que propiciar la motorización
del país. El proyecto Z-101 fue destinado al estudio de
un automóvil que sería una berlina para autoridades, un
vehículo de prestigio, elegante y sofisticado, como las
limusinas de Rolls-Royce, de Mercedes o de Talbot, con
un motor de 12 cilindros en V y 4,5 litros de cubicaje, nada
menos, un coche que mostrara el potencial de la inexistente industria de automoción española… Seguramente

por eso, meses después, terminaron encargando los tres Rolls-Royce.

En 1950 los técnicos del Ministerio de Industria y Comercio eran conscientes de que la única forma de comenzar a fabricar automóviles a gran escala en España era a través de una asociación con un fabricante ya establecido, por medio de una licencia de fabricación. Con ese objetivo ese mismo año se funda SEAT (Sociedad Española de Automóviles de Turismo), que en 1953 iniciará la producción del SEAT 1400, bajo licencia FIAT.

Evidentemente, Ricart no aceptó la dirección de CETA para enterrar allí su talento diseñando camiones, autobuses y tractores, y consiguió persuadir a la dirección del INI para que aceptaran su propuesta de desarrollar un automóvil deportivo de altas prestaciones y el más avanzado diseño, que sirviera como promoción de la nueva marca, y además permitiera lucir la industria del país, ignorado y aislado por la comunidad internacional. Es decir, un coche al servicio del Estado. Ricart fue un hombre inteligente a la par que ambicioso, y supo explotar el argumento del prestigio nacional para doblegar la voluntad del INI y el ministerio.

Dicen de Ricart que su objetivo no era otro que crear una escuela técnica en la que formar a futuros ingenieros que pudieran seguir sus pasos. Lo cierto es que CETA llegó a ser uno de los centros más avanzados en su momento, y el trabajo que allí se realizó fue de extraordinario nivel. Bajo la dirección de Ricart se realizaron estudios y proyectos en todos los ámbitos de la ingeniería, no solo la automoción: motores marinos, grupos electrógenos, turbinas de gas, aviación, etc. Y siempre dotados de un equipamiento y una tecnología de primer nivel. Pero cuando cumplió los 60 años, en 1957, Ricart se jubiló, abandonando la dirección y desvinculándose de ENASA. Dos años después pasó a ocupar la presidencia de Lockheed, en París… Esa no parecía, precisamente, la vida de un jubilado. De esta forma, todo el proyecto formativo que pretendía desarrollar quedó perdido, y el CETA languideció hasta su desaparición a finales de los años sesenta.

Así que, de buenas a primeras, cuando ENASA apenas había comenzado la producción de un par de modelos de camiones, en 1950 se pone en marcha con todos los sigilos el proyecto conocido como Pegaso Rápido, según el código interno Z-102. Se había comenzado a construir la casa por el tejado. Sin locomoción interior, con una escasa red de transporte público, anticuado y deteriorado, el hecho de invertir ingentes cantidades de dinero en un proyecto de dudosa rentabilidad que solo podría estar al alcance de un reducido y selecto grupo de personas refleja de forma inequívoca la servil actividad en los despachos de ministerios, secretarías, subsecretarías y demás engranajes de la burocrática administración franquista. Lo bien que iba a quedar España en los salones internacionales del automóvil, ¿verdad, señor ministro?

El proyecto Pegaso Rápido se desarrolló con sigilo y diligencia. Lógicamente, las paredes de CETA no eran compartimentos estancos aislados del exterior —y menos aún en el INI o el ministerio—, y no tardaron en sucederse rumores sobre el proyecto de Ricart, que casi dos décadas después seguía siendo un ingeniero con gran predicamento en Europa, realizado en la factoría donde se producían los extraordinarios Hispano-Suiza de antes de la guerra… Finalmente, el 20 de septiembre de 1951 se dio a conocer en una presentación muy restringida a la que fueron convocados un número reducido de invitados con una ceremoniosa invitación:

ENASA se sentirá honrada en recibirle a usted en la reunión íntima que ofrece a las figuras destacadas del automovilismo deportivo español, con motivo de presentar en forma privada el nuevo coche de turismo rápido Pegaso 102/2'5, antes de su primera exhibición pública en el Salon de l'Automobile de París, el próximo mes de octubre.

El escenario escogido fue el vestíbulo de la fábrica de La Sagrera, donde se mostraron tres ejemplares de un formidable biplaza Gran Turismo, un coche de singular belleza, que nada tenía que envidiar, por diseño y líneas, a los mejores deportivos del momento. El ambiente en La Sagrera fue casi efusivo. Y la acogida en París, excepcional. Allí se mostraron ya cinco ejemplares, con sus motores V8 en diferentes versiones, de 2,5, 2,8 y 3,2 litros, que en el caso del más potente, dotado de compresor, llegaría a los 280 CV de potencia. Pegaso siguió luciendo palmito, esta vez dejando verse y oírse. El 28 de octubre los Pegaso se encargaron de cerrar el circuito de Pedralbes, escenario del Gran Premio de España de Fórmula 1.

El éxito del Pegaso es tan grande, que Ricart y ENASA reciben un homenaje en diciembre en el Hotel Ritz de Barcelona. «ENASA tiene la esperanza de llevar la bandera de España a todas partes, en un ambiente como el del automóvil deportivo, donde el prestigio industrial va muy ligado al prestigio nacional», llegó a decir Ricart durante la cena. Envolverse en las banderas siempre tiene buenos resultados, y más cuando se daba la situación que vivía España, sin muchos recursos económicos, abandonada a su suerte por el Plan Marshall con una industria de subsistencia, y donde la adulación abría puertas y la crítica te echaba paladas de tierra encima. Adornando los oídos del ministro, Ricart consiguió todo cuanto necesitó para llevar adelante su proyecto que, por más que fuera de una excepcional calidad, no era precisamente lo que necesitaba un país en el que la mayoría de la población seguía en alpargatas.

Cuando se puso a la venta en 1951, los precios de comercialización eran desorbitados. Solo la élite del régimen podía aspirar a adquirir uno de estos modelos, cuyo precio base más económico, el del *Super Sport*, era de 395.000 pesetas, a lo que había que sumar 5.000 pesetas más de los neumáticos, que se vendían como un accesorio aparte... Por aquel entonces, el sueldo de un dependiente era de 75 pesetas a la semana, y un operario de ENASA bien cualificado podía llegar a las 1.500 pesetas mensuales. Medio litro de aceite costaba 4,80 pesetas, y 100 gramos de arroz 80 céntimos. A lo más que se podía aspirar entonces era a comprarse una Montesa Brío, que costaba 19.500 pesetas.

El Pegaso era una joya que se iba exhibiendo de exposición en exposición: en el Salón de Londres, de 1952; en el World Sports Car Show de Nueva York, realizado en el célebre Madison Square Center en 1953; en Il Salone dell'Automobile de Torino, etc. Ejercía una poderosa atracción en los círculos del poder. Se dice que el Z-102 con la elegante carrocería Thrill era un regalo de ENASA a Carmencita Franco con motivo de su boda. Se casó en 1950 y el coche se presentó en Turín en 1953, pero nunca es tarde si la dicha es buena. Quizás eso explique el porqué de su decoración en rojo y negro, los colores de la Falange. También el *sha* de Persia, Mohammad Reza Pahlaví, se hizo con un Thrill. A Leónidas Trujillo, el dictador dominicano, le gustó más la versión Rosa de Té presentada en Nueva York, que directamente adquirió y lució con gusto frente al Hotel Plaza. Se dijo que Franco tenía previsto regalar un Pegaso a Eva Perón, pero su prematura muerte frustró los planes del general, embelesado por la primera dama argentina.

La fama de los Pegaso se extendía y, por ende, se entendía que el prestigio de la industria española se veía acrecentado con esa labor embajadora que ejercía el deportivo. Y mientras tanto, Ricart apuntaba nuevos proyectos: el Z-103, con un nuevo motor V8 aún más potente, de 4 y 4,5 litros, equipado con frenos de disco hidráulicos, y el Z-104, una amplia y lujosa berlina de cuatro puertas que recuperaba el no nato proyecto Z-101.

También hubo ambiciosos planes deportivos, como la participación en las 24 Horas de Le Mans de 1953, frustrada por el grave accidente de Juan Jover en los entrenamientos, así como otra serie de competiciones, como la mítica Panamericana, remedo de la Mille Miglia que atravesaba México de sur a norte, desde Tuxtla hasta Ciudad Juárez, en la que el general Trujillo ejerció de mecenas y agilizó los trámites ante el Gobierno mexicano, refugio de exiliados republicanos españoles, que no mantenía relaciones con la España de Franco. Fueron célebres sus tentativas de records de velocidad con el peculiar Bisiluro, una versión deportiva con una curiosa carlinga.

El Pegaso Z-102 Superleggera Spyder con el
que el fabricante acudió a Le Mans.

Del Pegaso Z-102 se hicieron toda clase de versiones, con diferentes carrocerías y motorizaciones, siendo casi todos modelos únicos e irrepetibles, completamente artesanales, con una producción muy reducida. Entre 1951 y 1957 se realizaron solamente 84 vehículos completos y un total de 90 carrocerías. Fue una inversión a todas luces desmesurada, destinada a ganar prestigio, con todo merecimiento dada la calidad del vehículo, pero completamente carente de sentido industrial por la falta de capacidad para poder trasladar esa metodología de trabajo a una producción en serie. Quizás por eso, viendo que no se llegaba a ningún lado y que SEAT ya había comenzado la producción de sus modelos con licencia FIAT y, en breve, iba a fabricar el 600, Ricart se quitó de en medio, jubilándose.

El verdadero carácter de la iniciativa quedó al descubierto. Tras la marcha de Ricart, ENASA aparcó el proyecto Pegaso y el CETA comenzó a languidecer, porque aquello no fue más que una operación de imagen. Quién sabe si el retorno obtenido sirvió de algo, porque el dinero invertido en el desarrollo del proyecto fue infinitamente superior a los ingresos obtenidos: 84 coches completados, y no todos vendidos. Por muy caros que fuesen, el beneficio obtenido fue nulo. Cuando Ricart se marchó, se dio orden de destruir archivos y moldes, además de vender todo el recambio y el material disponible, haciendo imposible dar continuidad a cualquier otra iniciativa entre el elenco técnico de CETA. Lo del Pegaso fue pan para hoy y hambre para mañana.

¿ES COSA DE HOMBRES?

Según Enzo Ferrari, la mujer es buena conductora porque es «hábil, inteligente y amable». Ferrari sostenía que, a diferencia del hombre, «la mujer no sufre del complejo de inferioridad que, al volante, le induce a volverse agresivo». Pero seguramente nunca consideró que una mujer pudiera llegar a pilotar para la *Scuderia*. La presencia de la mujer en el automovilismo deportivo ha sido muy reducida en general, a pesar de los avances conseguidos en las últimas décadas, y en la Fórmula 1 en particular ha sido testimonial. Se pueden contar con los cinco dedos de una mano: Maria Teresa de Filippis (1958-1959), Lella Lombardi (1974-1976), Divina Galica (1976-1978), Desiré Wilson (1980) y Giovanna Amati (1992). De todas ellas, Lombardi fue la única que logró puntuar, quedó sexta en el trágico Gran Premio de España de 1975, disputado en Montjuïc, que tuvo que ser interrumpido como consecuencia del grave accidente del Hill-Ford de Rolf Stommelen, que perdió el alerón trasero y voló fuera de la pista, provocando la muerte de cuatro espectadores y causando numerosos heridos.

En los años setenta, las mujeres piloto no fueron una presencia demasiado extraña, tal vez exótica, pero recurrente. La Lombardi llegó a tomar parte en 17 Grandes Premios, clasificándose para la carrera en trece de ellos. No hay muchos hombres que puedan decir lo mismo. Fue acogida de buen grado en un deporte que todavía entonces tenía un marcado sesgo machista.

Que se lo pregunten a De Filippis. Esta napolitana se metió en las carreras por una apuesta. Sus hermanos aseguraron que no sería capaz de conducir tan rápido como los hombres, así que ni corta ni perezosa cogió su FIAT 500 y se dedicó a entrenar con él por la costa de Amalfi, en las inmediaciones de Salerno, y se presentó a la carrera Salerno-Cava dei Tirreni. Y la ganó. Seguramente, los hermanos de Maria Teresa no volvieron a apostar, al menos contra ella, nunca más. Menudas debían ser las De Filippis. Su madre, que nunca se opuso a su carrera como piloto, solo le dio un consejo, «Ve despacio y gana», le dijo, algo que coincide con la filosofía pragmática del gran Juan Manuel Fangio: «Un buen piloto es aquel que gana *corriendo lo más lentamente posible*».

Después de intentar debutar en Mónaco en 1958 con su Maserati 250F1, sin lograr clasificarse —no quiero ni media sonrisa, también lo intentó nuestro admirado Paco Godia y tampoco lo consiguió—, se metió en la parrilla en el dificilísimo Spa-Francorchamps, el rapidísimo trazado belga de 14,12 km de longitud. Allí, tras poco más de hora y media de carrera y 338 kilómetros recorridos, Tony Brooks se impuso a una velocidad media de 209 km/h, y De Filippis fue décima, rodando a «solo» 191 km/h de media. Había logrado una gran gesta, sin lugar a dudas, pero aun así todavía tuvo que aguantar tres semanas después el lenguaraz comentario del director de carrera del Gran Premio de Francia, en Reims, donde se le prohibió participar: «El único casco que una mujer debe usar es el del secador de la peluquería», dijo el muy gañán.

De Filippis era de armas tomar y no se inmutó, corrió más carreras esa temporada y también lo intentó en 1959, ya con el equipo del francés Jean Behra, uno de los grandes nombres del motor francés tras la II Guerra Mundial, que discutió a Georges Monneret la hegemonía en el motociclismo galo en la categoría de 500 —ganó cuatro títulos de 1948 a 1951 antes de pasarse a los coches—, y que esa temporada abandonó Maserati para desarrollar su propio monoplaza equipado con motor Porsche. Behra le ofreció el volante a Maria Teresa en Mónaco, pero no logró clasificarse, y después no lo intentaría más. Behra fue quinto con ese coche en Zandvoort y se tuvo que retirar en Reims. No viajó a Aintree para el Gran Premio de Gran Bretaña, y decidió correr una carrera previa al GP de Alemania, en el circuito berlinés de AVUS, que por primera y última vez iba a sustituir a Nürburgring como escenario del Gran Premio. Behra tenía intención de poner a punto el coche y que De Filippis corriera con él en el GP. Pero el francés sufrió una salida de pista en la que encontró la muerte, al estrellarse contra una reliquia de guerra, un bloque de cemento que durante la II Guerra Mundial había servido de base para un cañón antiaéreo, sobre el que se había fijado el asta de una bandera en el circuito berlinés.

Aquello fue determinante para la napolitana, que había sido testigo de un periodo especialmente luctuoso para la Fórmula 1: Luigi Musso muere en Reims en julio de 1958; Peter Collins en Nürburgring un mes después;

Stuart Lewis-Evans en octubre, tras sufrir un accidente en el GP de Marruecos. Y luego llegó el accidente mortal de Mike Hawthorn en enero de 1959, cuando ya había dejado la competición. Tanto dolor pesó mucho en el ánimo de Maria Teresa, que decidió dejar de competir. «¿Por qué se retiró?», le preguntó James Eve, periodista de *The Observer* muchos años después, a una anciana De Filippis que iba camino de los 80 años de edad. A lo que contestó:

> Porque habían muerto demasiados amigos. Hubo una sucesión de muertes: Luigi Musso, Peter Collins, Alfonso de Portago, Mike Hawthorn. Luego Jean Behra murió en Berlín. Eso, para mí, fue lo más trágico porque fue en una carrera en la que debería haber participado yo.

De Filippis no dudaba de que la mujer fuera capaz de competir en automovilismo, pero reconocía que el físico iba a ser determinante. «Siempre habrá pocas mujeres. La fuerza física necesaria no es una característica femenina», confesó a Eve. No obstante, seguía sorprendida de que tan pocas mujeres hubieran seguidos sus pasos. Maria Teresa aseguró:

> Quizás, simplemente, no les apetece. Luego, por supuesto, está la cuestión del dinero. Muchos patrocinadores no creen que una mujer pueda competir en igualdad de condiciones. Es una pena porque creo que habría un gran interés si una mujer tuviera una oportunidad en la Fórmula 1.

Lella Lombardi, la única mujer que ha logrado puntuar en la Fórmula 1.

María Teresa de Filippis, la primera mujer en la Fórmula 1.

Como dijimos antes, tras ella llegaron Lombardi, Galica, Wilson y Amati. Desde que esta última intentara clasificarse sin éxito en los Grandes Premios de Sudáfrica, México y Brasil con el Brabham-Judd en 1992, ninguna mujer se ha plantado en pista con la intención de correr una carrera. Eso sí, desde entonces ha habido varias mujeres que han ejercido como pilotos de pruebas en diferentes escuderías. Fueron Sarah Fisher en McLaren (2002); Katherine Legge en Minardi (2005); María de Villota en Marussia (2012), la cual tuvo un gravísimo accidente durante unas pruebas de velocidad en un aeródromo británico, que logró superar, pero le dejó secuelas neurológicas que, súbitamente, le costaron la vida año y medio después; Simona de Silvestro en Sauber (2014); Susie Wolff en Williams (2012-2015); Carmen Jordá en Lotus Renault (2015-2016); y Tatiana Calderón en Sauber Alfa Romeo (2017-2019).

TODO PATAS ARRIBA

La única mujer a la que Enzo Ferrari dio una oportunidad en su mundo automovilístico fue a su esposa, Laura Garello, e incluso estuvo dispuesto a romper con todo y con todos para defender su posición. No fue una cuestión de caballerosidad ni de amor desmedido, porque Il Commendatore era un reconocido mujeriego, fue infiel desde muy pronto a su esposa, y tuvo un hijo fuera del matrimonio, Piero, nacido en 1945 de su relación con Lina Lardi, que era secretaria en Maranello. Durante años, Ferrari llegó a tener dos vidas paralelas, manteniendo dos casas y dos familias. La muerte de su hijo

Dino en 1956 marcó un distanciamiento de su esposa Laura, muy afectada por la pérdida. Con Lina Lardi encontraba sosiego, pero aun así fue inevitable que incurriera en nuevas infidelidades, precisamente él, que por encima de todo admiraba de los demás la lealtad inquebrantable hacia él. Dime de qué presumes…

Después de que muriera Luigi Musso, Ferrari ofreció consuelo y apoyo a su pareja, la joven actriz Fiamma Breschi, que llevaba desde los 17 años al lado del piloto, diez años mayor que ella, que había abandonado a su mujer y su hija por la rubia *fiorentina*. Cuando se mata Musso, Breschi echa pestes de Hawthorn y Collins, a quienes culpa de la presión que sufría Musso. Incluso intentó arrojarse por una ventana cuando le dieron la trágica noticia, pero la ágil intervención de Beba, la esposa de Fangio, y Lulu Trintignat, esposa del también piloto Maurice Trintignat —tío del afamado actor francés Jean-Louis Trintignant, que también hizo sus pinitos en Le Mans y los *rallies*—, impidieron que lo hiciera. Muchos años después de la tragedia, Breschi participó en el documental *La vida secreta de Enzo Ferrari*, en el que desveló sus sentimientos hacia los ingleses:

Los odié porque tenía conocimiento de ciertos hechos que no eran correctos, y también porque cuando salí del hospital [donde había conocido el estado irreversible de Musso] y volví al hotel, los encontré a la entrada, riendo y jugando un partido de fútbol con una lata de cerveza vacía. Así que cuando ellos murieron, también fue liberador para mí. De lo contrario, habría tenido sentimientos desagradables hacia ellos para siempre. De esta manera pude encontrar una sensación de paz.

A la muerte de Musso, Ferrari cortejó insistentemente a Fiamma.

Ferrari comenzó a cartearse con la Breschi, con mucha frecuencia, la anima a acudir a Maranello, cultiva su amistad y pretende mucho más que eso. «Me mandaba cartas todos los días, a veces, más de una», y también se le declaró en más de una ocasión, sin importarle los 36 años que les separaban. «Ya en 1962 se quería casar conmigo. Me lo pidió hasta que se murió en 1988, pero yo siempre le dije que no. Nunca estuve enamorada de él. Mi único amor fue Luigi Musso, aunque con Enzo Ferrari tuve una relación maravillosa».

De todos modos, la declaración de amor de Ferrari en la Italia de aquellos años, donde todavía resonaban los ecos de la escandalosa relación adúltera entre Roberto Rossellini e Ingrid Bergman, era poco más que un brindis al sol, porque la legislación italiana no autorizaba el divorcio. De hecho, Laura Garello y Enzo Ferrari no se separaron legalmente hasta 1975, sin poder divorciarse, y Piero Lardi Ferrari no fue reconocido como hijo legítimo de don Enzo hasta la muerte de su legítima esposa Laura, en 1978, cuando ya llevaba diez años trabajando para la marca de Maranello.

En cualquier caso, a pesar de haber tenido un hijo de otra mujer y de haberse arrojado en los brazos de quién sabe cuántas, Laura Garello siguió siendo una mujer muy importante para Ferrari, tanto que no dudó un momento en poner patas arriba toda la fábrica por ella.

Tras la muerte de Dino, Laura se implica en la actividad diaria de la *Scuderia*, quizás como forma de evadirse de la terrible pérdida, quizás como un modo de controlar de cerca los movimientos de su desleal esposo. Quién sabe. Y Ferrari no pone coto a sus inquietudes, que en un momento dado llegan a incomodar a sus colaboradores directos, tomando decisiones administrativas de gran importancia sobre la marcha de la fábrica. El primero que pone el grito en el cielo es, ni más ni menos, que Carlo Chiti, a quien había contratado en 1957 procedente de Alfa Romeo para trabajar junto a Vittorio Jano en el desarrollo del Ferrari 246 F1, con el que Hawthorn fue campeón del mundo en 1958. Chiti, además, sustituyó a Andrea Fraschetti como responsable del diseño del Ferrari 156 Sharknose («nariz de tiburón»), el primer Ferrari de motor trasero. Le costó mucho a Ferrari aceptar esa nueva configuración, estrenada por el Cooper T43 en 1957: «Los caballos tiran del carro, no lo empujan», dijo con desdén, porque Ferrari despreciaba a los fabricantes ingleses, a los que llamaba «garajistas», porque consideraba que un fabricante debía realizar un coche en su integridad, motor y chasis, no como hacían estos, que fabricaban un bastidor y luego buscaban un motorista que les suministrara. Nunca sintió aprecio por Colin Chapman ni ninguno de los diseñadores ingleses.

A pesar de todo, tuvo que plegarse ante la evidencia, y la evolución del 156 permitió a Ferrari recuperar la corona en 1961 con el estadounidense Phil Hill. Las intromisiones de Laura en la actividad del equipo técnico terminaron por hartar a Chiti, que en un momento dado se dirigió a Ferrari para que apartara a su mujer de la fábrica. Su respuesta fue inesperada: «O se va ella o te vas tú», le respondió el patrón. Chiti no se lo pensó dos veces y se marchó. Otros ingenieros de primer nivel, entre ellos Giotto Bizzarrini, que además de ingeniero era un reconocido piloto de pruebas, que se encargó del desarrollo del mítico Ferrari 250 GT, y también el director deportivo Romolo Tavoni, se rebelaron contra Ferrari, exigiendo el regreso de Chiti bajo la amenaza de abandonar inmediatamente la *Scuderia* también ellos. La inquietud en la fábrica fue en aumento. Ferrari los convocó a una de las reuniones periódicas del equipo, y terminada esta, según fueron saliendo de la sala, una secretaria les entregó la carta de despido en la que se les invitaba a abandonar la marca. Fueron cinco ingenieros y gerentes los que se sumaron a la marcha de Chiti, lo que supuso una completa reorganización de la dirección técnica del fabricante que acababa de ganar el Mundial de Fórmula 1. Más que una revolución, aquello fue un cataclismo. Ferrari reunió a toda la plantilla y les dijo: «Si el coronel se va, lo lograremos con el sargento». Y el sargento no era otro que Mauro Forghieri, de solo 26

Cuando Ferrari despidió a sus ingenieros encargó la dirección
técnica de la Scuderia a un inexperto Mauro Forghieri.

años, un joven licenciado en Ingeniería Mecánica por la Universidad de Bolonia en 1959, que había entrado a trabajar en la primavera de 1960 como aprendiz en el departamento de motores.

Forghieri trabajó codo con codo con un grupo de jóvenes ingenieros entre los que estaban Sergio Scaglietti y Gian Paolo Dallara, que además de trabajar en el equipo de Fórmula 1 y los coches de las carreras de *Sport* también completaron el desarrollo de los modelos de venta al público, como el 250 GTO, el 275 y el Daytona, entre otros.

Ferrari siguió a lo suyo, dirigiendo su compañía no siempre con un acertado criterio empresarial —la situación económica de Ferrari era tan mala que estuvo a punto de venderla a Ford, y al final terminó entregando la mitad de la compañía a FIAT— y por lo general de forma autoritaria. «Si solicitar a los colaboradores dedicación y entusiasmo significa ser un déspota, yo lo soy, pero si significase imponer a otros mi voluntad, no es verdad, porque justamente por mi deseo de aprender, de profundizar, siempre he solicitado la ayuda de todos», llegó a decir en una ocasión.

En ese tiempo también le confió una tarea crucial a Fiamma Breschi, que se convirtió en sus ojos y en sus oídos en las carreras, dado que Il Commendatore no viajaba a los circuitos. Ella, atractiva, locuaz, elegante, se prodigaba por las pistas arropada por el entorno de Ferrari, convertida en algo así como una asesora de imagen de la *Scuderia* para justificar su presencia aquí y allá, y para dar cumplida cuenta de lo que se cocía intramuros del *paddock*, una suerte de *Bocca della Verità* que enviaba puntualmente información a su señor. Estos años de idas y venidas quedaron reflejados en el libro *Il mio Ferrari: memoria di una signora della Formula 1*, que publicó en 1998, diez años después de la muerte de Il Commendatore, un libro pequeño y sencillo en el que la Breschi no se descuelga con estridencias. Fiamma murió en 2015, y dos años después esos cientos de cartas de confidencias y de amor, así como multitud de recuerdos, fotografías, muebles y trajes de conocidos modistos que permanecían en casa de la desaparecida Breschi, salieron a subasta en Florencia. Alguien adquirió el lote por 36.000 euros.

NO TIENE REMEDIO

Ferrari tenía un carácter muy particular, una forma de entender la vida tremendamente exigente y poco dado al disfrute y a la relación social por su perenne obsesión con el trabajo, todos los días, de la mañana a la noche, sin vacaciones ni descansos. Una especie de misántropo que se entendía más con los motores que con los seres humanos. De nuestra especie solo toleraba dos clases de individuos: los pilotos valientes y las mujeres. Pero por encima de todo estaban los coches.

En una ocasión, cenando con Roberto Rossellini e Ingrid Bergman, la pareja que escandalizó a Italia con su relación cuando el director de cine abandonó a Anna Magnani para unirse a la extraordinaria actriz sueca, Rossellini elogió los coches de Ferrari de una forma casi desmesurada a los ojos de Il Commendatore. «Para un hombre, no hay nada más bello que pilotar un Ferrari», dijo el cineasta. Los ojos de la actriz se llenaron de lágrimas. «Roberto —le reprende Ferrari—, hay ciertas cosas que delante de una mujer no es adecuado decir», respondió queriendo ser cortés, pero sin ocultar claramente que él pensaba lo mismo, pero por prudencia prefería no decirlo de forma tan vehemente.

En alguna ocasión, la mente sibilina de Ferrari admitió cualquier método con el fin de derrotar al rival, valiéndose de una mujer si era necesario. En 1957, Juan Manuel Fangio, que el año anterior había sido campeón del mundo de Fórmula 1 con Ferrari, deja la *Scuderia* para correr con Maserati. Y se muestra imparable a los mandos del Maserati 250F. Gana la prueba inaugural, el Gran Premio de Argentina, disputada en el Autódromo Óscar Gálvez de Buenos Aires el 13 de enero. Maserati copa el podio con Jean Behra y Carlos Menditegy, y Ferrari no logra nada mejor que la quinta plaza obtenida al alimón por Alfonso de Portago y José Froilán González, en los días en los que los pilotos podían compartir un coche y repartirse los puntos. Habrá que esperar cuatro meses hasta la siguiente cita, Mónaco, y durante todo ese tiempo don Enzo pensará cómo derrotar al argentino.

En Mónaco, Fangio volvió a ser el más rápido en los entrenamientos, y los pilotos de Ferrari parecían incapaces de impedir su victoria al día siguiente. Il Commendatore concibe una idea: a Fangio se le reconocía también cierta procacidad —25 años después de muerto, sus restos fueron exhumados para tomar muestras de ADN ante la reclamación de tres hijos no reconocidos, que terminaron convertidos en sus herederos legítimos—, y Ferrari decidió tentarlo. Le envía un sobre al hotel donde se hospeda, que contiene la llave de la habitación de una bella y célebre actriz francesa que se aloja en el mismo establecimiento que el argentino. Pero Fangio no se deja tentar. Ferrari no ganará una sola carrera en toda la temporada...

El paso del tiempo, la edad y una salud quebradiza no templaron el ánimo de don Enzo, que seguía tentando a Fiamma Breschi con costosos regalos y joyas para vencer su voluntad, aunque esta aseguró que lo suyo siempre fue una sana amistad y un amor platónico. Ferrari no tenía remedio. Cuentan que la salida de Clay Regazzoni del equipo de Fórmula 1 tuvo que ver con un lío de faldas, al conseguir triunfar allí donde don Enzo había fracasado. Antes de finalizar la temporada de 1976 comunicaron a Regazzoni que no continuaría en el equipo en 1977, tras haber completado su tercera campaña con los coches de Maranello. Su puesto lo ocuparía el argentino Carlos Reutemann.

Como era de suponer, el suizo no quedó nada satisfecho con la decisión, máxime teniendo en cuenta que en el momento clave de la temporada, cuando Nika Lauda sufrió el terrible accidente de Nürburgring, Regazzoni cargó con el peso del equipo él solo y aportó unos puntos cruciales para que Ferrari consiguiera el título de fabricantes mientras el austriaco estuvo convaleciente. Su despido le llenó de rabia porque le llegó cuando ya no había muchas alternativas para 1977, y terminaría corriendo con el modesto equipo Ensigh Racing —Bernie Ecclestone le hizo una propuesta para pilotar para Brabham, pero la rechazó porque prefería «correr para gente agradable»—, con el que completó una campaña de lo más discreta.

Después de estar al borde de la muerte, Niki Lauda,

con visibles heridas de las terribles quemaduras sufridas en la cabeza, acudió a la última carrera de la temporada en Japón aventajando en solo tres puntos a James Hunt. La carrera, disputada en el circuito de Fuji, se retrasó por culpa de un monumental aguacero que dejó el circuito en condiciones muy peligrosas. Los pilotos estuvieron a punto de no correr, pero la prueba iba a ser retransmitida vía satélite y se vieron obligados a hacerlo. Lauda se retiró tras la segunda vuelta. Esa temporada ya había burlado una vez a la muerte y no estaba dispuesto a volver a ponerse en esa situación, con lo que la resolución del título quedaba en manos de Hunt. Si el inglés alcanzaba al menos la tercera posición, sería campeón.

Fue una carrera agónica, porque las condiciones eran nefastas, con mucha agua y poca visibilidad. No obstante, Hunt lideró la carrera con determinación sabiendo que sin Lauda en pista era campeón. Pero dejó de llover mediada la carrera y se resistió a entrar en *boxes* a cambiar de neumáticos porque en McLaren confiaban que aun así podría mantenerse en posición de proclamarse campeón. Pero la pista se secó muy rápidamente y, de repente, a cuatro vueltas del final, pincha un neumático, lo que irremediablemente le forzó a entrar en *boxes* para cambiar de ruedas. Cuando vuelve a pista quedan tres vueltas y está sexto, lo que pone el título en manos de Lauda, e inicia una frenética carrera en la que empieza a pasar coches sin saber si son pilotos doblados o está ganando posiciones.

La suerte quiere que en su remontada se sitúe cuarto a falta de una vuelta, tras Regazzoni, que tiene en su mano la posibilidad de dar a Lauda el título y que Ferrari se corone, simplemente defendiéndose del correoso Hunt, que remontaba totalmente desmelenado con su McLaren M23. Y el suizo, herido en su orgullo, no mostró la menor oposición ante Hunt, que se colocó tercero en ese último giro, lo que le daba definitivamente el título por un solo punto, aunque él en ese momento lo ignoraba. Y así, en su carrera de despedida de Ferrari, Regazzoni le dio a Il Commendatore donde más le dolía.

LAS MUJERES QUE TOMARON OTROS CAMINOS

No cabe duda de que la Fórmula 1 era y sigue siendo el centro del automovilismo deportivo, la competición más seguida y más admirada, y por tanto el lugar donde apuntaban las mujeres piloto si querían triunfar en el deporte de las cuatro ruedas. Como hemos visto, solo una logró arañar puntos, aunque solo fuera medio, en aquella carrera de Barcelona suspendida por la tragedia en la que se repartieron únicamente la mitad de los puntos. Pero en otras competiciones de segundo nivel, también sobre monoplazas de F1, las mujeres sí tuvieron protagonismo. Fue durante la etapa de la Shellsport Internacional Series (1976-1977) y el campeonato Aurora AFX de F1 (1978-1980), puestos en marcha por John Webb, activo promotor de competiciones en Reino Unido y propietario de Brands Hatch en los años setenta, en los que la presencia de mujeres piloto fue regular y constante, y para nada testimonial. Lella Lombardi se acercó en alguna ocasión al campeonato, también la irlandesa Vivian Candy, pero la que estuvo presente en las cinco ediciones de ambos certámenes fue Divina Galica, que llegó a ser cuarta en 1976 y sexta al año siguiente, consiguiendo algunos podios. En los últimos años del Aurora, corriendo con un F2, un coche potente, no consiguió brillar tanto.

La única mujer que logró ganar una carrera a los mandos de un F1 fue la sudafricana Desiré Wilson, contemporánea de Galica en el Aurora, que en 1980, el año en que Emilio de Villota se hizo con el título en el campeonato, fue una de las protagonistas de la temporada. Wilson se impuso en Brands Hatch en abril, fue segunda en Thruxton, en mayo, con victoria del chileno Eliseo Salazar, y tercera en Mallory, en julio, donde ganó Villota, siempre pilotando su Wolf W4 de Theodore Racing. Con el apoyo de Brands Hatch Racing, en agosto alquiló un Williams FW07 con el que tomó parte en el Gran Premio de Reino Unido que se disputaba precisamente en el circuito inglés, pero no logró clasificarse.

El físico, como dijo Maria Teresa de Filippis, es determinante en el automovilismo, al menos cuando se llega al elevado nivel de exigencia que requieren los monoplazas, pero como vimos con Desiré Wilson, nada impide ganar si se está capacitada para ello, o alcanzar el podio, como hizo repetidamente Divina Galica. Se puede argumentar que eran otros tiempos. Tal vez. Más recientemente hemos visto cómo el físico no fue determinante para imponerse al volante de un monoplaza, incluso para una mujer menuda como la norteamericana Danica Patrick, que solo pesaba 45 kilos cuando se zambulló de lleno en la exigente IndyCar Series, «la F1 norteamericana», que se disputa en los circuitos ovales.

Danica debutó en la Indy en 2005, y en la prueba estelar del campeonato, las 500 Millas de Indianápolis, logró su mejor clasificación, un cuarto puesto, todo un éxito para una *rookie* («debutante») en tan significativa y compleja competición. Pero pasaron las carreras y las temporadas y le costó mejorar. Sumó algún podio más pero se tiró tres años en la IndyCar sin ganar. Son muchos los pilotos que compiten durante años sin llegar a ganar nada, ni subirse «al cajón» siquiera, pero muchos señalaban que aquello le venía grande, y que su presencia en las carreras era una cuestión de *marketing*. Además, Danica era una mujer muy atractiva, fue portada en varias revistas, y el hecho de ser bella fue un motivo más para que los críticos se cebaran con ella. Pero como dejó escrito el maravilloso poeta nicaragüense Rubén Darío, «Si los perros ladran, Sancho, es señal que cabalgamos». Es decir, que la pequeña pero correosa Danica no se vio afectada por las críticas y siguió su camino. Las mujeres son fuertes.

Por si no fuera suficiente, sus detractores también se quejaban de que su bajo peso le favorecía porque en la IndyCar el reglamento establecía un peso mínimo del coche, pero no decía nada del piloto, y los hombres eran más voluminosos que Danica. El más belicoso fue Robby Gordon, que puso el grito en el cielo ante el debut de Patrick en las 500 Millas de Indianápolis utilizando el argumento del peso. «Cuanto más ligero es el coche, más rápido va. Son matemáticas. Ponla a ella en un coche con su peso, y ponme a mí o a Tony Stewart en el coche con 200 libras [unos 90 kilos, aproximadamente] y nuestro coche será al menos 100 libras más pesado», alegó Gordon (el apellido le viene que ni pintado para este caso…), que amenazó: «No volveré a correr contra ella hasta que IRL [promotor del campeonato] haga algo para eliminar la ventaja».

Danica Patrick fue capaz de hacerse un hueco en las exigentes competiciones automovilísticas de Estados Unidos.

Este argumento es más que discutible, porque esa diferencia de 100 libras de peso por la que Gordon ponía el grito en el cielo era irrelevante, teniendo en cuenta que el peso mínimo del coche en la IndyCar en 2005 era de 1.525 libras (unos 693 kilos). Cuando la Champ Car se fusionó con la IndyCar en 2008 se revisó el reglamento técnico, estableciéndose un peso mínimo conjunto coche-piloto, lo que igualaba definitivamente a todos. Y precisamente ese año, Danica se anotó el triunfo en las 300 Millas de Japón, su única victoria en el campeonato, disputadas en el nuevo trazado de Twin Ring Motegi, propiedad de Honda, que tras la retirada de Chevrolet y Toyota la temporada anterior se había convertido en el único suministrador de motores para el campeonato. Danica Patrick se mantuvo en las IndyCar hasta 2011, estuvo a punto de probar el BAR Honda de F1, se habló de ella para el fallido equipo US F1 e incluso se especuló con su posible entrada en Haas Racing, cuando el empresario estadounidense Gene Haas compró el equipo para competir en el Mundial de F1, pero ninguno de los planes se hizo realidad.

La mujer que ha llegado más lejos en el automovilismo deportivo fue Michele Mouton, que en 1982 fue subcampeona del mundo de *rallies*. Mouton empezó de copiloto, pero en 1974 se puso al mando del volante. Hasta que en 1981 no ficha como piloto oficial de Audi, solo corría Montecarlo, Córcega y San Remo, todo no lejos de su Grasse natal, en la Provenza, no lejos del Mediterráneo. Tras haber competido con todo tipo de coches (desde un Autobianchi a un Lancia Stratos), la llegada del Audi Quattro de tracción integral le permitió disponer de un coche verdaderamente competitivo. En 1981 logró en San Remo su primera victoria, y al año siguiente se impuso en Portugal, Brasil y el Acrópolis, uno de los más duros del continente europeo, y fue subcampeona tras Walter Röhrl, y la que más victorias se anotó ese año. Se mantuvo en competición hasta 1986, y con Peugeot ganó el campeonato alemán y la Pikes Peak en 1985. Después los soberbios Grupo B fueron eliminados del mundial, y entonces Michele pensó que aquello dejaba de ser tan divertido, y decidió dejar la competición.

En las carreras de resistencia, *sport* producción y GT también hubo una recurrente presencia femenina, y en Le Mans, por supuesto. El mejor resultado histórico de una mujer en las 24 Horas lo consiguió en 1932 la francesa Odette Siko, que logró la cuarta posición haciendo equipo con Louis Charavel sobre un Alfa Romero 6C 1750 con compresor. Pero aquellas competiciones históricas, casi pioneras, no tienen comparación con los tiempos modernos en ningún sentido. Cabe destacar las diez participaciones de Anne-Charlotte Verney, con notable éxito en muchos casos, como en 1981, cuando alcanzó la sexta posición final (segunda en su clase) a los mandos de un Porsche 953 K3 que compartió con Bon Garretson y Ralph Kent-Cooke. Unos años antes, Anne-Charlotte había conseguido la victoria en su clase con un Porsche 911 Carrera RSR. Tuvo compañeros de los más variados en su periplo por Le Mans, pero uno de los pocos con los que repitió fue René Metge (1977 y 1979), antes de que este se entregara de lleno a la aventura del París-Dakar, donde lograría la victoria en tres ocasiones, en 1981, 1984 y 1986.

Michelle Mouton llegó a ser subcampeona del mundo de rallyes.

Seguro que Metge le debió hablar maravillas de la experiencia desértica, así que ni corta ni perezosa Anne-Charlotte se enroló en la edición de 1982 ejerciendo de copiloto de Mark Thatcher, el díscolo hijo de la primera ministra británica, un verdadero *bon-vivant*, amante del lujo y los placeres, y apasionado de los deportes del motor, que llegó a disputar sin gloria alguna las 24 Horas de Le Mans. Thatcher se inscribe con un Peugeot 504, en el que además de Verney viaja el mecánico Jacky Garnier.

Una vez alcanzó África, la caravana abordó seis etapas atravesando Argelia y la conflictiva zona del noreste de Mali. Su rendimiento no es muy notable, tanto por el coche como por las manos del piloto, claramente menos dotado que Anne-Charlotte. En Gao (Mali) se produce el reagrupamiento de los competidores para disfrutar el 10 de enero de una jornada de descanso, pero el equipo de Thatcher no aparece. La única referencia fiable de ellos la da Michel Bosi, competidor motociclista, que asegura haberlos visto en la etapa Tit-Timeaouine, dos días antes, todavía en territorio argelino, al parecer con problemas en el eje trasero de su coche, que habían parado a reparar. La TSO (Thierry Sabine Organisation), el organizador de la carrera, no se altera. En aquellos días, sin GPS ni los avanzados elementos de navegación que disfrutan hoy, la orientación se hacía a través de brújula y *road book*, y eran frecuentes las pérdidas y los extravíos, que solían quedar resueltos sin demasiadas complicaciones. El problema es que el que se había perdido era el hijo de Margaret Thatcher, y tanto el Foreign Office como el MI6, el servicio de inteligencia británico, levantaron las orejas cual sabueso al acecho. Para Thierry Sabine, *alma mater* y padre de la carrera, fue más agobiante la constante presión de las autoridades británicas que el hecho de tener un equipo perdido en el desierto. «Tienen agua y alimento para varios días», tranquiliza.

Sabine sabe lo que es perderse en el desierto (ver capítulo 8) y se muestra sereno, pero los Gobiernos de Reino Unido y Francia están de los nervios. Y también Argelia, que quiere poner a disposición de la TSO un avión de búsqueda que Sabine rechaza, ofendiendo al primer ministro africano. Desde el número 10 de Downing Street se pide más determinación al Eliseo, y François Mitterrand envía aviones a diferentes destinos en Argelia y Gabón. Se difunde la noticia de un secuestro por parte del Frente Polisario que la organización saharaui niega, acusando a Marruecos de propagar maliciosamente el rumor. Luego se dice que les han atacado un grupo de bandidos tuaregs. La Dama de Hierro se desploma, llora en las reuniones y suspende encuentros con dirigentes extranjeros, y su esposo vuela hasta Tamanrasset, en Argelia, para estar presente en el dispositivo de búsqueda. El día 13 de enero la TSO acepta la ayuda argelina. Estos orgullosos franceses, ¿quién mejor que los propios argelinos para escudriñar su desierto?

Mientras tanto, la loca aventura del Rally París-Dakar, que no trascendía más allá del ámbito local francés y el mundo del motor, aparece en las portadas de los periódicos y en las cabeceras de todos los noticiarios de televisión de todo el mundo. Los tabloides británicos se muestran escandalizados: «Millones de libras para rescatar a un *play boy*», titulan. Llegó a haber hasta diez aeronaves trabajando en su búsqueda. Sabine está encantado. Tiene fe en un final feliz, y disfruta por la publicidad gratuita que le proporciona el suceso. Finalmente, el 15 de enero un avión del Ejército argelino localiza al equipo. Están acampados tranquilamente junto a su coche, que había sufrido una nueva avería junto al macizo de Ahaggar, relativamente cerca de Tamanrasset. Estaban tranquilos y completamente al tanto de la búsqueda gracias a una radio, con la que escuchaban las noticias. Cuando un destacamento argelino acudió por tierra a recogerlos, todavía tuvo que soportar la altanería de Thatcher, molesto por la tardanza en recogerlos.

Tras esta experiencia, Anne-Charlotte no volvió al Dakar y siguió compitiendo en Le Mans hasta 1983, año en el que compitió por última vez, en esta ocasión con un Rondeau de Grupo C, con el que no consiguió terminar la carrera.

Hay que reconocer que el Dakar, a pesar de su complejidad y dureza, ha sido el primer escenario donde una mujer se ha impuesto de tú a tú a un hombre, midiéndose en igualdad de condiciones y demostrando ser tan capaz como cualquier competidor. La que lo consiguió fue la alemana Jutta Kleinschmidt, que en 2001 se hizo con la victoria en la carrera, además de lograr el subcampeonato del mundo de Rally Cross Country el año anterior. Antes de dedicarse a las carreras estudió física y se graduó como ingeniera, y en 1986 comenzó a competir en motos, trabajando asimismo en el departamento de diseño de vehículos de BMW hasta 1992. Estuvo compitiendo en Dakar en moto hasta 1996, llegando a compaginar las dos y las cuatro ruedas hasta que en 1997 se dedicó exclusivamente a los coches. Jutta no le hacía ascos al asfalto tampoco, pero su territorio natural era el desierto. En su primera participación automovilística en el Dakar ya gana etapas, y se convierte en un contendiente más de la carrera, sin el menor tipo de complejos.

En 2001 el Dakar atravesará Francia y España antes de embarcarse rumbo a Marruecos en Almería. Corriendo con Mitsubishi y teniendo a Andreas Schulz como copiloto, la Kleinschmidt se impone en la novena etapa, el bucle El Ghallaouiya-El Ghallaouiya, en Mauritania, haciendo una verdadera demostración y manteniendo el ritmo de la prueba sin perder comba respecto a los líderes. Mientras tanto, ahí arriba, Schlesser y Masuoka se baten salvajemente por la victoria, con el japonés mandando la carrera. ¡Cuánta razón tenía Enzo Ferrari!: «La mujer no sufre del complejo de inferioridad que, al volante, le induce a volverse agresivo». ¿Recuerdan? Pues nada, el francés y el japonés corrieron como caballos desbocados.

La penúltima etapa entre Tambacounda y Dakar, de 564 km, con una especial de 217 km, iba a ser determinante. El equipo Schlesser, con el propio Jean-Louis y José María Serviá, se saltan el orden de salida y salen a la especial para rodar por delante de Hiroshi Masuoka, con el perverso plan de que el rapidísimo Serviá hiciera de pantalla a su jefe y este pudiera recuperar terreno al japonés. La historia no acabará nada bien para ninguno. Intentando no perder tiempo ante la estrategia del equipo Schlesser, Masuoka tiene una salida de pista y sufre una importante avería en la transmisión de una de sus ruedas traseras, lo que hará que pierda mucho tiempo y ceda el liderato al francés. Los Schlesser se las prometían felices, pero una vez en el campamento de Dakar, los comisarios deportivos les ajustaron las cuentas: una hora de penalización para Schlesser y Serviá por su maniobra irregular. Como consecuencia, Jutta se colocó lideresa, y con total serenidad abordó la última etapa, un bucle con salida y llegada en Dakar que incluía una especial de solo 25 km. Los Schlesser se lucieron, pero la ventaja acumulada por Jutta Kleinschmidt le permitió convertirse en la primera mujer que lograba la victoria absoluta en el Dakar. Evidentemente, esto de los coches no es solo cosa de hombres.

CON NOMBRE DE MUJER

Resulta curioso que en un mundo tan cargado de machismo como era el automovilismo hace unas décadas abundaran las referencias femeninas en numerosas marcas automovilistas. Empezando por una de los míticos nombres de la automoción: Mercedes. Muchos creen erróneamente que Karl Benz decidió bautizar con el nombre de su esposa a sus automóviles, pero como pudimos comprobar en el capítulo 4, *Frau* Benz en realidad se llamaba Bertha. También es errónea la creencia que Mercedes era el nombre de una de sus tres hijas, que en realidad se llamaron Ellen, Clara y Thilde. Entonces, ¿de dónde salió Mercedes?

En realidad, Mercedes Adrienne Manuela Ramona von Weigl, que así se llamaba, no pertenecía a la familia Benz, pero sí tuvo una relación tangencial con el mundo del automóvil dado que su padre, Emil Jellinek, diplomático y empresario austriaco, tenía una concesión de automóviles Daimler en Francia, y solía inscribir vehículos en las carreras para darse publicidad. Resulta curioso que en aquella época se pusiera un nombre inequívocamente español a una niña austriaca. Mercedes fue llamada así en honor de la entonces princesa de Asturias, María de las Mercedes de Borbón y Habsburgo-Lorena, hija primogénita de Alfonso XII y hermana mayor del futuro rey —y gran aficionado al mundo del automovilismo… El mundo es un pañuelo— Alfonso XIII, cuya madre, la archiduquesa María Cristina de Habsburgo-Lorena, era austriaca.

La joven Mercedes Jellinek, a cuyo nombre se debe que la marca alemana tenga esta denominación comercial.

Volviendo a la historia de Mercedes, que es lo que nos interesa, en 1901 Jellinek decidió inscribir uno de sus coches en una carrera disputada en Niza, con el nombre de su hija, Mercedes, pintado sobre los radiadores del motor. El modelo, denominado Mercedes 35 PS (de Pferdestärken, «caballo de vapor»), resultó un éxito, porque se trataba de un coche con una avanzada tecnología para la época. El impacto fue tan grande que en junio de 1902 el nombre Mercedes fue registrado comercialmente. Cuando en junio de 1926 se fusionan las compañías Daimler y Benz, se decide que la nueva empresa pase a denominarse Mercedes-Benz. La entonces baronesa Mercedes von Schlosser vivirá ajena a todo esto y a lo que supondrá su nombre en el automovilismo, ya que morirá solo tres años después de forma prematura, con apenas cuarenta años de edad.

Y si Mercedes es un nombre de mujer inconfundiblemente ligado al automovilismo, ¿qué podemos decir de Lola, otro inequívoco nombre español que resultó esencial en el deporte durante décadas? Lola Racing Cars fue una compañía de ingeniería automovilística fundada por Eric Broadley en 1958. Comenzó realizando coches de Fórmula Junior, F2 y F3, y finalmente en 1962 empezó a suministrar vehículos de Fórmula 1 al equipo Yeoman Credit Racing de Reg Parnell, uno de los grandes directores deportivos de los años cincuenta, que tuvo como pilotos a Roy Salvadori y John Surtees. A lo largo de más de cincuenta años, Lola realizará todo tipo de coches para todo tipo de competiciones, con bastante éxito, participando en numerosos proyectos de alto nivel, pero puede que su mayor triunfo fuera la victoria en las 500 Millas de Indianápolis con Graham Hill, a los mandos del Lola-Ford T90.

Lyncar 006 de Emilio de Villota, recuperado años
después de su participación en la F-1.

¿Y cómo se le ocurrió a Broadley bautizar con un nombre tan flamenco su marca? Cuando comenzó a trabajar en el proyecto de su primer coche, estaba de moda el musical de Bob Fosse (*Cabaret* y *All That Jazz*) *Damn' Yankees* («Malditos yanquis»), una comedia musical con más de mil representaciones en Londres, que posteriormente fue llevada al cine en 1958 por George Abbott y el reconocido director Stanley Donen (*Cantando bajo la lluvia, Siete novias para siete hermanos, Charada, Dos en la carretera…*). El argumento de la película gira en torno a un equipo de béisbol que pasa dificultades, cuyo destino cambia de suerte cuando aparece el personaje de la diablesa Lola, Lolita Banana, cuyo número estelar era la canción *Whatever Lola Wants, Lola Gets* («Lo que Lola quiere, Lola lo consigue»). A Broadley le pareció que la canción expresaba perfectamente el espíritu de lo que quería que fuera su compañía, una empresa determinada a conseguir el éxito, y le pareció que Lola resultaba llamativo y comercial, aunque fuera una diablesa…

Curiosamente, un futuro ingeniero de Lola sí que quiso expresamente poner nombre de mujer a su coche. Martin Slater diseñaba sus propios monoplazas de Fórmula Atlantic, campeonato que se disputaba en Reino Unido desde 1971. A la hora de bautizar su coche, a Slater se le ocurrió que nada mejor que homenajear a su mujer Lynn. Quién sabe si le pesaba la soledad en la que dejaba a «su santa» durante esas noches en vela que se pasaba pensando en soluciones técnicas. Así que decidió poner su nombre a su marca, que fue conocida como Lyncar (literalmente, «el coche de Lynn»). En 1974 construyó su primer y único F1, el Lyncar 006, para el piloto *amateur* neozelandés John Nicholson, pero solo corrió dos carreras. Años después, aquel coche terminó en manos de Emilio de Villota, que lo estuvo empleando con bastante acierto durante 1976 y 1977 en el Shellsport International Championship británico —el futuro campeonato Aurora—, y llegó a conseguir con él su primera victoria en una carrera de F1 en Mallory Park.

¡MÁS RÁPIDO, MÁS RÁPIDO!

La primera reacción del ser humano al caer fascinado por el influjo de la velocidad fue intentar ir cada vez más deprisa, y cuanto más rápido, mejor. La obsesión por llegar a ser el más veloz, mucho más que cualquier otro, hizo que algunos se entregaran al emocionante desafío de ser el hombre más rápido sobre la faz de la tierra. La caza del récord de velocidad era un oficio que auguraba pocas esperanzas de tener una larga vida, especialmente cuando los registros superaron la barrera de los 200 km/h. Pocos buscadores del récord de velocidad llegaron a viejos. Muchos perecieron intentando superar su propia marca, o realizando tentativas de lo más arriesgadas, como Henry Segrave, que después de llevar el récord sobre tierra cerca de los 400 km/h, murió un año después en el intento de batir el récord de velocidad sobre agua.

La caza del récord se vivió de un modo frenético en el final del siglo XIX, cuando el conde Gaston de Chasseloup-Laubat y nuestro viejo conocido Camille Jenatzy (ver capítulo 1) se entregaron a una lucha sin cuartel por ser el primero en franquear la barrera de los 100 km/h, que en aquellos días parecía una meta sobrenatural. Entre el 18 de diciembre de 1898 y el 29 de abril de 1899, Chasseloup y Jenatzy batieron alternativamente en cinco ocasiones el récord. El escenario elegido fue siempre Achères, una pequeña localidad situada al borde de uno de los meandros del Sena, cuando el gran río ya deja París y fluye remolón hasta Le Havre, para verter sus aguas en el Atlántico.

Los vecinos de Achères, todavía poco acostumbrados a los rugientes carros sin caballos, acabaron familiarizándose con aquellos locos caballeros y sus estruendosas máquinas. Pero en este caso su presencia fue menos estridente porque tanto Chasseloup como Jenatzy emplearon propulsión eléctrica para conseguir su objetivo. Chasseloup fue el primero en establecer una marca con su Jeantaud, con el que alcanzó 63,150 km/h. Treinta días después Jenatzy se presentó en Achères con su CGA Dogcart, superando aquella marca (66,66 km/h), pero en la misma jornada Chasseloup le replicó, mejorando el registro del belga, llegando a los 70,31 km/h. Diez días más tarde, Jenatzy volvía a intentarlo alcanzando 80,35 km/h. Y cinco semanas después, Chasseloup regresaba para establecer una nueva marca, 92,78 km/h, que parecía ya definitiva.

Un pionero en la búsqueda del récord de velocidad.

Louis Ross en una de las primeras tentativas
sobre la arena de la playa de Daytona.

El persistente Jenatzy no se rindió. Regresó a Achères a las siete semanas con un nuevo prototipo eléctrico, La Jamais Contente, una especie de torpedo con ruedas sobre la que iba sentado el piloto belga, expuesto al viento y sin la menor protección aerodinámica. A nadie se le ocurrió pensar en ello, en que un hombre sentado encima de un torpedo rodante era un verdadero incordio para ganar velocidad. Por entonces, aún no se había inventado el avión —el aeroplano de los hermanos Wright no despegaría hasta 1903—, así que nadie se planteó una solución técnica suficientemente eficaz para que el piloto ofreciera menos resistencia aerodinámica. A pesar de ello, Jenatzy superó la barrera de los 100 km/h, alcanzando 105,88 km/h. Después de aquello, Chasseloup se rindió y no volvió a realizar ninguna tentativa más. Pocos meses después empezaría a sufrir los problemas de salud que desembocaron en una temprana muerte, con solo 37 años de edad, en 1903.

En aquellos días las tentativas de récord eran algo improvisadas, no había una regulación específica y cada organizador, por lo general un club automovilista local o nacional, marcaba unas normas que no tenían por qué ser seguidas por otras entidades o tener un criterio uniforme en todos los países. Más bien al contrario, cada uno hacía lo que consideraba más adecuado. Es en 1902 cuando L'Automobile Clube de France, habida cuenta de que la mayoría de las tentativas se llevaban a cabo en suelo francés, decide erigirse como árbitro regulador de los records de velocidad. Costó bastante poner orden durante mucho tiempo ante la cantidad de tentativas, registros y demás pruebas que empezaron a llevarse a cabo a un lado y otro del Atlántico, porque aunque Francia siguió capitalizando la actividad automovilista en Europa, junto con Bélgica y Reino Unido, Estados Unidos empezaba a descubrir el atractivo de las pruebas de máxima velocidad.

Las playas de Ostende, en Bélgica, no tardaron en convertirse en un lugar idóneo para las tentativas. La bajamar dejaba al descubierto un escenario natural ideal para la alta velocidad por su firme plano y sin imperfecciones, y porque el rendimiento de los motores atmosféricos a nivel de mar resultaba excelente. Los estadounidenses, siempre imaginativos, también descubrieron que los lagos helados cumplían igualmente con ese requisito, el de una superficie plana y sin imperfecciones. No era un capricho o una excentricidad esto de los lagos helados, simplemente dio la casualidad de que la ciudad donde se desarrolló una prolífica industria automovilística fue Detroit, en el Estado de Michigan, al norte del país, donde el frío y la nieve están presentes durante varios meses al año. Y así, tras varios intentos exitosos en suelo francés y belga a lo largo de 1902 y 1903, el 12 de enero de 1904 el mismísimo Henry Ford se subió a su Ford 999 Racer, con un gigantesco motor de 4 cilindros de 1.077 pulgadas cúbicas de cubicaje —17,6 litros—, sobre el helado lago de Sainte-Claire, que hace de frontera entre Detroit y Canadá.

Pragmático como de costumbre, Ford no se complicó mucho la vida y adaptó su coche a las peculiares condiciones que se iba a encontrar. Su objetivo era intentar alcanzar las 100 mph (161 km/h), pero no llegó a esa marca. Cubrió la milla lanzada en 39,4 segundos, lo que supuso una velocidad de 91,370 mph (147,050 km/h), mejorando sensiblemente la marca establecida en 1903 por el belga Arthur Duray en Dourdan (Francia), donde rodó a 136,35 km/h. Ese registro le dio gran popularidad y relevancia a Ford, que solo seis meses antes había fundado Ford Motor Company junto con otros once inversores, tras haber abandonado la Detroit Automobile Company.

Sin embargo, los señores de L'Automobile Club de France consideraron que la tentativa del norteamericano no cumplía los requisitos exigidos y no reconocieron el récord de Ford. Bueno, tanto da: hasta 1924 no se regulan debidamente los requisitos para homologar un récord de velocidad y cada uno hace de su capa un sayo. Es entonces cuando la Asociación Internacional de Clubes Reconocidos del Automóvil define los criterios para la obtención de un récord de velocidad: dos pasadas en direcciones opuestas sobre el mismo tramo, para compensar los posibles efectos del viento, que serían promediadas; un máximo de treinta minutos entre ambas pasadas; la pendiente media del recorrido no podía ser superior al 1 %; el cronometraje se realizaría con una precisión de una centésima de segundo; y finalmente, los coches deberían impulsarse por la tracción de sus ruedas. Con el tiempo la normativa se fue adaptando ligeramente a la evolución de este tipo de competiciones.

No se tardará mucho en superar la barrera de los 200 km/h. Fue el 26 de enero de 1906, en la playa de Daytona, en el Estado de Florida (EE. UU.), alcanzando los 205,440 km/h, un registro establecido por el norteamericano Fred Marriot a bordo de su Stanley Rocket, un vehículo movido a vapor. Marriot fue uno de los cuatro empleados que Stanley envió a Daytona para hacerse cargo del vehículo, y tuvo el honor de ponerse a los mandos porque era el único que tenía estudios. En 1907 Marriot abordó una segunda tentativa con un Rocket mejorado y potenciado, pero perdió el control del coche rodando a unos 220 km/h y el vehículo se partió por la mitad. Marriot sobrevivió pero tuvo graves heridas, y se le quitaron las ganas de seguir intentándolo.

El récord de 1906 fue la primera ocasión en que un automóvil con este tipo de propulsión superaba la velocidad de un ferrocarril, aunque la propulsión a vapor quedaría en desuso por las superiores prestaciones de los motores de combustión interna, además de que los vehículos de vapor eran más caros y no se ponían en marcha de forma inmediata, sino que necesitaban unos minutos de «cocción» antes de arrancar. También la peste equina tuvo algo de culpa en la caída en desgracia del automóvil a vapor. Para evitar que se multiplicaran los contagios, los numerosos abrevaderos que con frecuencia se encontraban al borde de los caminos y las carreteras para dar de beber a las caballerías fueron vaciados o eliminados. A ellos recurrían los propietarios de los vehículos de vapor para surtir de agua los depósitos de sus calderas, que necesariamente debían reponer transcurrido un tiempo de uso. Y sin agua, el coche de vapor no funcionaba.

Eso explica que su récord permaneciera invicto durante 103 años, hasta que en agosto de 2009 Charles Burnett III, con el vehículo a vapor Inspiration, superó la marca de Marriot, alcanzando los 225,06 km/h en una tentativa realizada en la Base Edwards de las Fuerzas Armadas de Estados Unidos.

La caza del récord de velocidad fue una empresa frenética hasta el momento en que Marriot establece su registro. Entre la primera tentativa de Chasseloup en diciembre de 1898 y esta nueva marca pasaron poco más de siete años, y en este corto periodo de tiempo el récord se mejoró en 18 ocasiones. El mundo se movía a gran velocidad, y lo seguiría haciendo, aunque las tentativas de récord dejaron de tener éxito. Los intentos por superar la marca de Marriot con motores de combustión interna fracasaron, aunque quedaron registradas para la historia las primeras tentativas realizadas en Brooklands, por diversas circunstancias. El 6 de noviembre de 1909 Victor Hémery alcanzó con el Benz No.1 202,680 km/h en el kilómetro lanzado, y se convirtió en el primer récord registrado con cronometraje electrónico de la historia. El 24 de junio de 1914, un mes antes de que comenzara la I Guerra Mundial, Lydston Hornsted, con un Benz No.3, marcaba 199,700 km/h en la milla lanzada, siendo su registro promediado sobre dos pasadas, siguiendo las indicaciones de la Asociación Internacional de Clubes del Automóvil Reconocidos. Luego llegó la Gran Guerra y el mundo se detuvo.

El Mystery Z con el que Henry Segrave batió el
récord de velocidad en Daytona en 1927.

Brooklands se convirtió en referente para la velocidad. Fue el primer circuito permanente construido en el mundo. Situado en Surrey (Inglaterra), se trataba de una pista oval con curvas peraltadas construida en 1907. Tenía 4.430 metros de longitud, y su pavimento era de cemento, a diferencia del célebre óvalo de Indianápolis, en Estados Unidos, levantado en 1909, que inicialmente se realizó completamente en ladrillo. En recuerdo de aquel primer trazado, cuando el pavimento fue definitivamente sustituido por asfalto —algo que no se completó hasta 1961— se conservó en la línea de meta la *Brickyard* («yarda de ladrillos»), único vestigio del ladrillo, en recuerdo del circuito original.

En Brooklands se retomó la caza de records después de la guerra, aunque será visto y no visto. El 17 de mayo de 1922 Kenelm Lee Guinness llevó su Sunbeam con motor de avión de V12 18,3 litros y 350 CV de potencia hasta los 215,25 km/h, superando holgadamente al Stanley Rocket de vapor que pilotó Marriot. Fue la última ocasión en la que se utilizaba Brooklands como escenario de una tentativa. Los competidores necesitaban cada vez un espacio más amplio donde lanzar sus vehículos a toda velocidad, así que las playas en bajamar o las amplias rectas de las nuevas carreteras se convertían en una opción más viable para realizar una tentativa.

Arpajon, al sur de París, fue un lugar habitual para la caza de records, aunque sería principalmente empleado por los motociclistas. Allí fue la última vez en la que se buscó un récord absoluto de velocidad en coche en una carretera pública. En julio de 1924, primero René Thomas, con un Délage con motor V12 de 10,6 litros y 280 CV, llegó a los 230,634 km/h. Seis días después, Ernest Eldrige, conocido como el Inglés Loco, con el FIAT Mephistophele, un verdadero demonio de coche, con su motor de 6 cilindros en línea y 21,7 litros, adaptado de un motor de aviación FIAT A12. Eldrige llegó a los 234,980 km/h.

SIR HENRY Y *SIR* MALCOLM

La dificultad de encontrar un espacio acorde con las necesidades de los nuevos vehículos terminó llevando los coches a las playas. Primero Pendine Sands, en la costa sur de Gales, con una longitud de 11 kilómetros, se convirtió en escenario habitual de las tentativas, y posteriormente Daytona, en Florida, fue el lugar recurrente durante el final de la década de los años veinte y buena parte de la década siguiente, antes de que el lago salado de Bonneville, en el Estado norteamericano de Utah, terminara convirtiéndose en el verdadero templo de la velocidad.

Henry Segrave buscaría nuevos records sobre el agua, y allí encontró la muerte a bordo del Miss England.

Inconfundible Blue Bird de Malcolm Campbell.

En ese tiempo se consagra una figura por encima de todos, Malcolm Campbell, que entre 1924 y 1935 batió en nueve ocasiones el récord de velocidad. La primera vez fue en Pendine, mejorando la marca al año siguiente. Campbell empleaba un motor Sunbeam V12 de aviación, de 18,3 litros y 350 CV de potencia, suficiente para permitirle alcanzar 242,800 km/h en 1925. Los enormes motores de aviación se habían convertido en la herramienta imprescindible si se quería volar a ras de tierra. Periódicamente, Pendine Sands se vestía de gala para recibir a los cazadores de records, y gracias a los registros conseguidos en 1924 y 1925, Campbell se había convertido en toda una leyenda, un héroe para las buenas y pacíficas gentes de Gales.

En abril de 1926, John Godfrey Parry-Thomas arrebata el cetro a Campbell, rodando a 273,700 km/h con su Babs equipado con un motor Liberty 12V de 27 litros de fabricación norteamericana. Empeñado en volver a reinar, el 4 de febrero de 1927 Campbell lleva a Pendine un nuevo vehículo que llegará a ser mítico en la historia de la caza de records, el Blue Bird, que monta un motor Napier Lion W12 de 22,3 litros, con el que busca los 300 km/h. Se quedará cerca: 281,440 km/h. Parry-Thomas quiere darle la réplica y no esperará mucho: el 3 de marzo vuelve con su Babs, mejorado, pero sufre un accidente mortal en las arenas de Pendine, siendo la primera víctima que se producía en una tentativa de récord.

Semanas después, la disputa se traslada al continente americano, que durante veinte años se convertirá en el terreno habitual de las tentativas, primero en Daytona y posteriormente en Bonneville. En las playas de Florida,

Henry Segrave se convertirá en el *alter ego* de Campbell, replicándole en varias ocasiones, incluso también sobre el agua, donde también reinaría Campbell. Pero en marzo de 1927, Segrave, con el Mystery que montaba dos motores Sunbeam V12 de 22,4 litros y desarrollaba una potencia de 1.000 CV, se convirtió en el primer hombre que superaba la barrera de los 300 km/h, alcanzando 327,970 km/h.

Las réplicas se sucedieron. En 1928, primero Campbell y semanas después el norteamericano Ray Keech superaron por un reducido margen la marca de Segrave, que en 1929 volvió a intentarlo, mejorando notablemente su registro con el Golden Arrow que, como el Blue Bird de Campbell, había pasado a utilizar un motor Napier Lion W12 de 23,9 litros. Segrave llegó a los 372,459 km/h, y el rey Jorge V, el abuelo de la reina Isabel II, lo nombró caballero por este logro. Enhorabuena, *sir* Henry.

Malcolm Campbell también cambió la tierra
por el agua con el Blue Bird K3.

Segrave era lo que en castizo se entiende por un culo inquieto. No contento con ser el más rápido en tierra, y además de hacer sus pinitos en la aviación, llegando a diseñar un biplano bimotor, también quiso ser el más rápido sobre el agua. El estadounidense Gar Wood con su bote Miss America domina sobre ese terreno, alcanzando los 160,9 km/h. La mítica marca de las 100 mph para el mundo anglosajón. Y se prestó a colaborar con Segrave para mejorar el bote del inglés, denominado Miss England. Meses después de ser nombrado caballero, Segrave preparó su tentativa para batir el récor de Wood a bordo de la Miss England II, en Windermere, en la región de Lakeland, al noroeste de Inglaterra. Tras dos pasadas en las que estableció un registro de 158,9 km/h, Segrave realizó una tercera tentativa. Tanto va el cántaro a la fuente… Miss England II se pulverizó contra las aguas del lago. Segrave viajaba con dos acompañantes, el ingeniero Victor Halliwell, que falleció en el acto por el impacto, y el mecánico Michael Willcocks, que salió despedido de la nave, fracturándose un brazo. Segrave perecería horas después de ser rescatado.

En su honor se instituyó el Segrave Trophy, destinado a reconocer los grandes logros de ciudadanos británicos relacionados con la automoción, ya sea por tierra, mar o aire. El primero en recibirlo fue, precisamente, el gran rival de Segrave, Malcolm Campbell, en 1932. También han recibido este premio figuras como Stirling Moss (1957), Lewis Hamilton (2007) y John Surtees (2013). Por cierto, en referencia a Surtees, nunca es tarde si la dicha es buena, porque poco más y el comité organizador pasa por alto al único hombre que ha sido campeón del mundo de Fórmula 1 y motociclismo, porque Big

John falleció pocos años después, en 2017, a los 83 años de edad.

La muerte de Segrave dejó sin competencia a Campbell. En los seis años siguientes no hubo hombre sobre la faz de la tierra más rápido que él. A los mandos de su fiel Blue Bird se lanzó a la caza de los 400 km/h. En 1931 se quedó cerca (396,025 km/h), y recibió el reconocimiento real otorgándole el título de caballero, como había hecho dos años antes con Segrave. Al año siguiente llegó a los 408,730 km/h. Y así, hasta 1935. Cuando el invierno avanza ya en busca de la primavera, Campbell viaja hasta las doradas playas de Daytona para ir incrementando poco a poco su registro. En 1933 su Blue Bird recibió un nuevo motor más potente, un Rolls-Royce de aviación, un V12 de 37,6 litros sobrealimentado que en 1935, en dos ocasiones, estableció la mejor marca mundial. El 3 de septiembre *sir* Malcolm alcanzó los 484,598 km/h en Bonneville, el lago salado de Utah que terminó convirtiéndose en el nuevo escenario de los records de velocidad.

Después de eso, Campbell abandonó la tierra por el agua. Siguió fiel a su Blue Bird, con su motor Rolls-Royce, y entre 1937 y 1939 batió en cuatro ocasiones el récord de velocidad, llegando el 19 de agosto de 1939 a los 228,108 km/h en el lago de Corriston (Inglaterra). Aquel fue su último gran registro. Unos días después estalló la II Guerra Mundial.

Tras abandonar la tierra, su récord permaneció dos años sin batirse. El 19 de noviembre de 1935 George Eyston, a los mandos de un Thunderbolt equipado con dos motores Rolls-Royce V12 sobrealimentados de 36,7 litros, se convirtió en el primer hombre que traspasaba la barrera de los 500 km/h, al alcanzar en Bonneville 501,160 km/h. En agosto de 1938 mejoró la marca notablemente (556,012 km/h), y días después John Cobb y su Railton con dos motores Napier Lion W12 sobrealimentados de 23,9 litros lo mejoró (563,566 km/h). Al día siguiente Eyston volvió a intentarlo y llevó el Thunderbolt hasta los 575,314 km/h.

Eyston y Cobb se convirtieron en la réplica perfecta de Segrave y Campbell. Seguramente sus disputas una década antes inspiraron sus nuevos desafíos. De hecho, ambos serían galardonados con el Segrave Trophy a lo largo de su carrera deportiva. En agosto de 1939, Cobb volvió a viajar hasta Bonneville con la intención de mejorar el registro de Eyston. El 23 de agosto alcanzó 595,040 km/h en el kilómetro lanzado. El 31 de agosto, un grupo de soldados de las SS que se hacían pasar por activistas polacos simulan un ataque al puesto fronterizo alemán de Hochlinden. La treta urdida por los alemanes da pie a la invasión de Polonia con su *blitzkrieg*, la guerra relámpago, antesala de la II Guerra Mundial. Cualquier actividad lúdico-deportiva quedará interrumpida al norte de los Pirineos, y la caza de records quedará aplazada hasta el final del conflicto.

REACTORES Y COHETES

Las guerras traen consigo mucho dolor, pero también muchos avances tecnológicos. Cuesta avanzar en el desarrollo de elementos que beneficien el progreso social, la mejora de la salud y otras ayudas para construir una sociedad mejor, pero cuando de lo que se trata es de destruir, la ciencia y la tecnología vuelan. Después de la II Guerra Mundial, muchos de los avances técnicos conseguidos se aplicaron a un uso civil, y el desarrollo de potentes motores a reacción, que no tardarían mucho tiempo en superar la barrera del sonido, fue uno de ellos.

La búsqueda del récord de velocidad terrestre se retomó donde se había dejado. John Cobb, que durante la guerra había servido en la RAF (Royal Air Force), viajó a Bonneville en septiembre de 1947 para intentar mejorar la marca que él había establecido ocho años atrás. Siguió confiando en su Railton y en el motor Napier Lion, superando la barrera de los 600 km/h al llegar a 634,397 km/h en el kilómetro lanzado.

El Spirit of America mantuvo su récord durante más de treinta años.

Se suponía que la marca de Cobb había llevado al límite a los motores de combustión interna y tracción a las ruedas, y muchos abogaban por el empleo de propulsión por reactores como alternativa para superar el récord de velocidad. No todo el mundo estaba de acuerdo y aquello generó un largo debate. Mientras tanto, las tentativas para batir la marca de Cobb fracasaban. El propio piloto asumió que sería prácticamente imposible mejorarla por medios convencionales, y se interesó por la velocidad sobre agua, como Segrave y Campbell, empleando una lancha con motor a reacción denominada Crusader. El 29 de septiembre de 1952 realizó una tentativa de récord en el célebre lago Ness, en Escocia. Con ella llegó a alcanzar los 321,9 km/h, pero la lancha tocó una estela de agua y sufrió un accidente en el que se desintegró, falleciendo Cobb en el acto, sin conseguir batir el récord.

Sin embargo, su récord de velocidad en tierra se mantendría intacto durante casi veinte años. Pero en agosto de 1963 Craig Breedlove se presentó en Bonneville con un curioso aparato, el Spirit of America, dotado con un motor de turborreactor y solo tres ruedas. Tenía la apariencia de ser un avión a reacción al que hubieran arrancado las alas, y en realidad no era más que eso: usaba el motor General Electric J47 procedente del reactor F-86 Sabre, que se hizo célebre por su intervención en la guerra de Corea. Breedlove fue capaz de rodar a 655,722 km/h, pero el registro inicialmente no fue reconocido por la FIA (Federación Internacional de Automovilismo) porque en ese momento la normativa establecía que los vehículos debían contar con cuatro ruedas. Pero la Federación Internacional de Motociclismo (FIM) sí homologó la marca, dado que los vehículos de tres ruedas (triciclos y sidecares) sí estaban dentro de su competencia.

Emulando los pasos de su padre, Donald Campbell
también batió el récord de velocidad.

No todo el mundo estaba convencido de que la propulsión a reacción se aceptaría como fórmula válida. Muchos renegaban de ella y exigían tracción a las ruedas, porque consideraban que aquellos vehículos de reacción no eran más que aviones a los que se había despojado de sus alas y no formaban parte de lo que podía entenderse como un automóvil, y otros, sencillamente, asumían que la tracción a las ruedas había quedado más que superada desde el ya lejano registro de Cobb.

Pero un hombre se empeñó en demostrar que todavía era posible que un automóvil alcanzara el récord de velocidad siguiendo el sistema de impulsión convencional por tracción a las ruedas. Fue un tal Campbell, Donald Campbell, el hijo del mismísimo *sir* Malcolm Campbell.

Campbell heredó la afición por la velocidad de su padre, pero se inició pilotando la lancha de *sir* Malcolm, que había fallecido en 1948 víctima de un derrame cerebral. En 1949 Donald rivalizó con el norteamericano Stanley Sayers, y también se convirtió en un duro adversario para Cobb, hasta que este encontró la muerte en el lago Ness. Aunque se vio afectado por la tragedia, Campbell prosiguió su caza de records sobre el agua, logrando un notable éxito durante los años cincuenta, consiguiendo seis records de velocidad (418,99 km/h en 1959) y prolongando así la leyenda del Blue Bird, la nave que empleó su padre y que él mismo, con un nuevo diseño, siguió denominando así.

Le rondaba la idea de emular el récord terrestre de su padre, así que en 1956 se puso manos a la obra para diseñar un vehículo con el que poder rendir homenaje a su padre, y contó con la colaboración de los hermanos Norris para desarrollar el Blue Bird CN-7 (CN de Campbell Norris). Eligieron un motor Bristol Proteus de turbina de gas de 4.000 CV de potencia, pero cumpliendo con el espíritu automovilístico, la turbina fue modificada para transmitir la tracción a través de un diferencial a las cuatro ruedas. Es decir, aquello funciona de la misma forma que cualquier otro coche, aunque en este caso con tracción integral. El vehículo se terminó en 1960 a tiempo para iniciar la campaña de tentativas de records en el lago Bonneville.

Pero llegaron las complicaciones. En las pruebas previas en Utah, Campbell sufrió un grave accidente con el Blue Bird, del que salió vivo de milagro, con fractura de cráneo, estallido de un tímpano y otras lesiones. Y el vehículo quedó para el arrastre, obligando a realizar una complicada reconstrucción.

En 1962 decidió cambiar de escenario y trasladar su tentativa hasta el lago Eyre, en Australia, que con 34 kilómetros de longitud ofrecía muchas más posibilidades que los 18 kilómetros disponibles en Bonneville. Pero las complicaciones siguieron presentes, ya que los problemas con los patrocinadores frustraron la tentativa. Y cuando por fin lo pudo solucionar, la naturaleza le jugó una mala pasada. Esa es la complicación de los salares, su dependencia de la temporada de lluvias. Situado en Australia Central, el lago Eyre es el lugar más bajo de la isla continente, se sitúa a quince metros bajo el nivel del mar. Es lo que se denomina un lago endorreico, cuya parte más baja está cubierta por una capa de sal, y cuya expansión depende de la temporada de lluvias, sufriendo diversos tipos de inundaciones de forma periódica. Pues 1963 fue uno de esos años en que llovió tanto que el lago se inundó más de lo previsto, y Campbell se quedó sin llevar a cabo su tentativa.

Para colmo de males, el 5 de agosto Breedlove y el Spirit of America vuelan en Bonneville a 655,722 km/h, una marca que aunque no fue reconocida por la FIA no impedía que el norteamericano se convirtiera en el hombre más rápido sobre la tierra.

Pero Campbell no se rindió. En 1964 regresó al lago Eyre para intentarlo una vez más, y esta vez lo consiguió, alcanzando 648,730 km/h, una marca que superaba el histórico registro de Cobb, que durante casi 17 años se había mantenido como el récord absoluto en el automovilismo. Sin embargo, Campbell no pudo reprimir cierta decepción al comprobar que su marca era un poco más lenta que la conseguida por Breedlove el año anterior. Entonces se planteó un doble reto: batir en un mismo año el récord de velocidad en tierra y sobre el agua, algo que ni siquiera su padre había sido capaz de conseguir. Y así, el 31 de diciembre de 1964 acometió su tentativa en el lago Dumbleyung, en Perth, Australia, donde su Blue Bird K7 navegó a 444 km/h, estableciendo un nuevo récord de velocidad sobre el agua.

Aquello le dio una gran publicidad y ayudó a impulsar una nueva y ambiciosa tentativa, con la que pretendía superar la barrera del sonido (1.225 km/h) con un coche-cohete supersónico. La marca de Breedlove convenció a Campbell de que se había llegado al límite de los vehículos con tracción a las ruedas, y decidió apostar por el impulso de la reacción. Junto con los hermanos Norris se dedicó a dar forma a un nuevo proyecto, el Blue Bird Mach 1.1, con el que pretendía llegar a rodar en tierra a 840 mph (1.532 km/h). Mientras en 1966 trabajaba en el desarrollo del vehículo, realizó en paralelo una nueva tentativa de récord sobre el agua que le sirviera de promoción y ayudara a captar recursos para el Blue Bird Mach 1.1. La mala climatología pospuso las pruebas a lo largo de ese año en varias ocasiones, hasta que el 4 de enero de 1967 se dieron las condiciones idóneas para intentar un nuevo récord.

Los Norris habían dotado al Blue Bird K7 de un nuevo motor Bristol Orfeo procedente de un caza Folland Gnat de fabricación británica. La tentativa se realizó en Coniston Water, un lago situado en Cumbria, al noroeste de Inglaterra. Cuando estaba realizando una de sus pasadas a máxima velocidad, la nave se desequilibró, chocó contra la superficie del agua y se desintegró, hundiéndose inmediatamente. Campbell fue dado por desaparecido, y durante dos semanas los buzos de la Armada rastrearon el lago sin dar con sus restos. Los periódicos locales reseñaban el carácter un tanto místico y dado a la superstición de Campbell —y era cierto: odiaba el color verde, no le gustaba el número 13 y deploraba los viernes—, y resaltaban que la tarde de la víspera el propio piloto habría predicho su muerte. Mientras hacía un solitario con las cartas, le aparecieron el as de espadas y la reina de ese palo. «María Estuardo descubrió la misma combinación de cartas y así supo que la iban a decapitar», aseguran que dijo. «Sé que uno de mi familia va a recibir el golpe. Rezo porque no sea yo», sentenció.

La barrera del sonido fue atravesada por el
Thrust SSC en 1997: 1.227,986 km/h.

Más de treinta años después, el buzo Bill Smith, inspirado por la canción *Out of This World*, de la banda británica Marilion, que contaba la leyenda de Campbell y el Blue Bird, decidió poner en marcha una iniciativa denominada Proyecto Bluebird para intentar localizarlo en el fondo de Coniston Water. Y así, en 2000, se localizaron los primeros restos de la nave, y el 28 de mayo de 2001 se encontró finalmente el cuerpo de Campbell, que pudo ser identificado gracias a pruebas de ADN.

Con la muerte de Campbell, el desarrollo del Blue Bird Mach 1.1 se vio frustrado. Aquel diseño, dotado de dos reactores Bristol Siddeley BS.605, iba a revolucionar los vehículos cazarrecords por sus características y avanzada tecnología. Romper la barrera del sonido se presentaba como un objetivo alcanzable. Breedlove, prosiguiendo con la evolución de su Spirit of America, había marcado 966,574 km/h (Mach 0.7) en Bonneville en 1965, pero tardaría más de treinta años en conseguir ese objetivo un vehículo terrestre supersónico. Andy Green, un piloto de caza de la RAF, tuvo el coraje suficiente para acometer semejante proeza con el Thrust SSC, un vehículo dotado de dos turborreactores Rolls-Royce Spey.

El 25 de septiembre de 1997, Green realizó su primera tentativa en Black Rock, en el desierto de Nevada (EE. UU.), alcanzando 1.149,303 km/h en la milla lanzada. Aquello era Mach 0.9. Faltó muy poco para conseguir el objetivo, así que veinte días después Green lo intentó de nuevo, convencido de que podría franquear la barrera del sonido. El 15 de octubre, el Thrust SSC aceleró hasta su máxima capacidad a lo largo del árido desierto de Nevada, alcanzando los 1.227,986 km/h en la milla lanzada. Mach 1, velocidad transónica. El primer y único vehículo terrestre que ha superado la barrera del sonido. Ya solo le faltaba volar.

LA TRIPLE CORONA

Hay tres nombres sagrados en el mundo de la competición automovilística: Indianápolis, Le Mans y Mónaco. La Triple Corona. Ganar en cualquiera de estos tres escenarios es un hito grandioso, reporta gloria y reconocimiento por encima del éxito que se pueda conseguir en cualquier otro circuito del mundo. Hacerlo en los tres es algo único que solo ha conseguido un piloto en toda la historia: Graham Hill.

La realidad es que hasta que Hill alcanzó ese hito, nunca antes nadie acuñó ese nombre, Triple Corona, ni planteó que existiera una relación especial entre estas tres pruebas, que eran tan diferentes entre sí. Las 500 Millas nacieron en 1911, dos años después de la construcción del Indianapolis Speedway, el circuito creado por iniciativa del empresario local Carl G. Fisher, deseoso de impulsar la industria automotriz de la zona. Aquella primitiva pista se construyó con ladrillos, material que se mantuvo como pavimento hasta 1961, cuando el trazado se asfaltó por completo, dejando solo una yarda de ladrillos, conocida como *Brickyard*, marcando la línea de meta, en recuerdo de la primitiva construcción.

Cartel anunciador del circuito de Indianápolis.

Curiosamente, la primera competición que se disputó en el Indianapolis Speedway fue una carrera motociclista, y antes de llegar a su formato archiconocido de las 500 Millas, se llevaron a cabo otra serie de competiciones, como una prueba de 100 Millas disputada en 1910. En la primera edición de las 500 Millas, que tuvo lugar el 30 de mayo de 1911, ya se definía el *American way of life*, el estilo de hacer las cosas a la manera estadounidense. Los espectadores acudían con sus propios vehículos hasta el mismo borde de la pista, donde se acomodaban a sus anchas para presenciar la carrera, mientras que otros miles se situaban en los amplísimos graderíos de la pista, con una capacidad que no se encontraba en ningún escenario europeo.

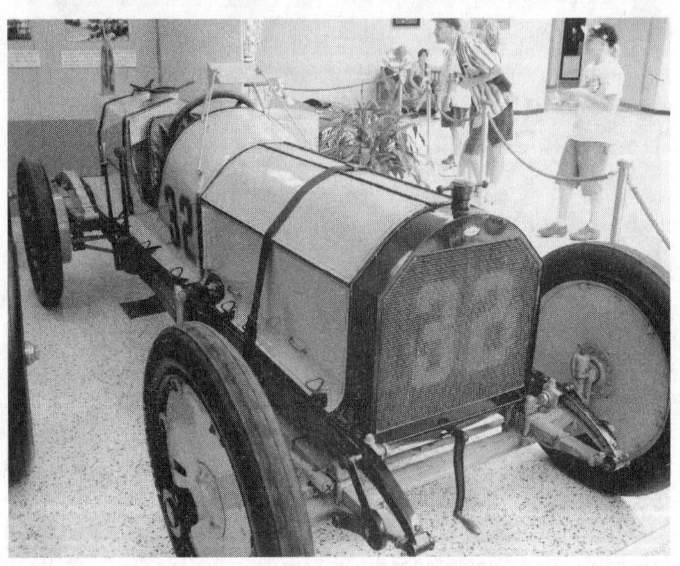

Un Marmon Wasp, uno de los primitivos bólidos de Indianápolis.

Aquella primera edición resultó de lo más peculiar. Se proclamó vencedor a Ray Harroun, que además de ser el primer ganador de las 500 Millas pasará a la historia por ser el primero en utilizar un espejo retrovisor, un accesorio que hasta entonces no se había incorporado al automóvil y que para Harroun resultó fundamental en su carrera. No obstante, investigaciones realizadas en años posteriores confirmaron que en realidad Harroun no fue el auténtico ganador. El primero en cruzar la meta fue Ralph Mulford, pero el deficiente sistema de cronometraje y un accidente producido en la parte final de la carrera —ya desde esa primera ocasión quedó de manifiesto la peligrosidad del trazado, en el que falleció William Bourque—, que entorpeció la circulación en un tramo del circuito, hicieron que no se pudiera proclamar al ganador en esa misma jornada, y no sería hasta el día siguiente cuando finalmente se otorgó el triunfo a Harroun, tras 6 horas, 42 minutos y 8 segundos de carrera, a una medida de 74,602 mph (unos 120 km/h).

No cabe duda de que las 500 Millas se convirtió en el acontecimiento automovilístico por excelencia en Estados Unidos, y no guardaba relación alguna con el concepto de la competición en Europa, el otro gran foco de la actividad automovilística. No obstante, la creciente influencia de Estados Unidos en el mundo occidental, especialmente tras la II Guerra Mundial, se hizo tan presente que todo cuanto se desarrollara en el país norteamericano tenía efecto en el resto del mundo. Así, a pesar de disputarse con una regulación técnica completamente diferente, la carrera de las 500 Millas pasó a ser incluida en el calendario del Campeonato del Mundo de Fórmula 1 cuando la competición se puso en marcha en 1950. En Estados Unidos se permitía correr con motores de 3,0 litros sobrealimentados, mientras que en la F1 se usaban motores de 4,5 litros atmosféricos, o 1,5 litros sobrealimentados. Es decir, que los coches no tenían nada que ver entre sí, y menos aún la competición, desarrollada sobre una distancia mucho mayor que los Grandes Premios de F1. Como resultado, ningún habitual del mundial competía en Indianápolis, nadie viajaba a esa cita porque además el desplazamiento hasta allí suponía un elevado coste, y a pesar de ello la carrera norteamericana se mantuvo en el calendario de Fórmula 1 hasta 1960, a mayor gloria de los pilotos locales, que fueron quienes ganaron todas las ediciones.

LE MANS

Al otro lado del Atlántico, Francia seguía siendo el epicentro del automovilismo en Europa. Aunque las competiciones se multiplicaron y ganaron reputación en diversos países, los franceses querían poner en marcha una competición especial, con una dimensión única, que se distinguiera por sí sola de todas las demás. El lugar elegido fue la ciudad de Le Mans, situada a unos 250 kilómetros al oeste de París, que fue muy activa en el terreno de la automoción desde los orígenes de esta industria. Allí desarrollaron sus célebres carruajes a vapor los hermanos Bollée, y posteriormente sus populares triciclos motorizados, así que la ciudad recibió de buen grado la posibilidad de realizar una gran competición en sus inmediaciones.

Tras la I Guerra Mundial se retomaron los grandes desafíos. Había dos especialidades que se destacaban por encima del resto: la caza del récord de velocidad y las competiciones de Gran Premio. En Le Mans se plantearon algo diferente, una carrera de 24 horas ininterrumpidas en la que se ponía a prueba la capacidad y la resistencia de hombres y máquinas. Y así en 1923 se convocó en Le Mans la primera edición del Gran Premio de Resistencia de 24 Horas, organizada por el Automobile Club de L'Ouest, y encuadrada dentro de la Rudge-Whitworth Coupe. Originariamente se concibió como un evento en el que se declararía vencedor al coche que alcanzara la distancia más larga en el conjunto de tres ediciones consecutivas de la carrera de 24 Horas. Aquello supuso una verdadera complicación porque resultó realmente difícil que un mismo equipo alcanzara ese objetivo a lo largo de tres años, de modo que en 1928 se abandonó la idea y se proclamaron ganadores individuales en cada una de las ediciones realizadas hasta entonces.

Salida de la primera edición de las 24 Horas de Le Mans, en 1923.

Siguiendo el concepto de los circuitos de la época, en Le Mans se trazó un amplio recorrido de 17,26 km por las carreteras locales, conocido como Circuito de Le Sarthe.

En 1932 se acortó su trazado hasta los 13.491 metros, adoptando ya un formato muy similar al actual, que se fue adaptando al crecimiento urbano en su entorno, aunque no ha sufrido cambios significativos, salvo la introducción de un tramo del circuito Bugatti, construido en 1965 con el objetivo de albergar el Gran Premio de Francia de Fórmula 1 y el Mundial de Motociclismo, incorporando así toda una serie de nuevas instalaciones, además de la implantación en 1990 de un par de «chicanes» en la larga recta de Les Hunaudières, de seis kilómetros de longitud, para reducir su velocidad en ese punto, donde algunos coches alcanzaban ya en los años ochenta los 400 km/h.

Mercedes 300 SLR, favorito para la trágica edición de 1955.

Antes de la II Guerra Mundial, las 24 Horas había logrado ya un reconocido prestigio, pero sería a partir de

1949, al retomarse la competición tras la guerra, cuando la fama y el prestigio de Le Mans se disparó, al convertirse en la prueba principal del Campeonato del Mundo de Sportscar, un variopinto certamen de carreras de todo tipo, desde pruebas de resistencia de larga duración a competiciones en línea por carretera, destinadas tanto a vehículos deportivos como prototipos. Los fabricantes vieron en este certamen una excelente promoción comercial para sus productos, y era muy frecuente incluir en este tipo de carreras a sus mejores pilotos, lo que elevaba notablemente el nivel de la competición.

Ni siquiera la tragedia de 1955 pudo apagar el brillo de Le Mans. El 11 de junio de ese año se celebró una nueva edición en la que la disputa entre Ferrari y Mercedes-Benz iba a centrar la atención de todos. La marca alemana todavía paladeaba el éxito obtenido en la Mille Miglia semanas atrás, donde el 300SLR, con su motor 3.0 de inyección y 8 cilindros en línea y 300 CV de potencia, se había hecho con las dos primeras plazas, propinando a Ferrari una humillante derrota. Stirling Moss y Dennis Jenkinson se llevaron la victoria, y Juan Manuel Fangio fue segundo. Mercedes decidió subir a Moss y Fangio en el mismo vehículo para luchar por la victoria en Le Mans, presentando dos equipos más, Karl Kling-Andre Simon y Pierre Levegh-John Fitch. Por su parte, Ferrari estrenó el nuevo 735 LM de 6 cilindros en línea y 360 CV de potencia, desarrollado a partir del motor de F1 empleado en la temporada anterior, alineando también tres coches: Umberto Maglioli-Phil Hill, Eugenio Castelloti-Paolo Marzotto y Maurice Trintignant-Harry Schell. Los tres se averiaron. Y los Mercedes tampoco acabaron, pero por un motivo bien diferente.

En la tercera hora de carrera se produjo la mayor tragedia en la historia del deporte del motor. El líder era Mike Hawthorn (Jaguar D Type), que acababa de adelantar al privado Lance Macklin (Austin-Healey 100 S) cuando sus mecánicos le hacen señas para que se detenga en *boxes* de inmediato. En aquellos días el *pit lane* no estaba separado de la recta principal por un muro, por lo que Hawthorn forzó la maniobra con un brusco frenazo en las mismas narices de Macklin nada más adelantarlo. Este, que aceleraba a toda velocidad por la recta, tuvo que dar un volantazo para evitar chocar con Hawthorn, y fue percutido por el Mercedes de Levegh, que llegaba por detrás a más de 200 km/h con la intención de superar a ambos en la recta. El contacto hizo que el Austin sirviera de trampolín al Mercedes, lanzando el coche de Levegh contra el graderío principal, que se encontraba abarrotado de público, donde se estrelló y se fragmentó en varios pedazos, provocando la muerte del piloto y de 84 espectadores, y 120 heridos.

Sorprendentemente, la carrera no fue interrumpida, algo que fue severamente criticado. Sin embargo, los organizadores argumentaron que de haberla suspendido, la masiva salida de los asistentes habría colapsado los accesos y dificultado el movimiento de los equipos de emergencia. Mercedes-Benz se retiró en señal de duelo, y la carrera cumplió con sus 24 Horas de recorrido, tras las cuales el dúo Hawthorn-Bueb se anotó el triunfo. A pesar de haber sido directamente el causante del accidente por su irresponsable maniobra, Hawthorn celebró la victoria, quizás un tanto perplejo, pero sin gestos de duelo ni pesar en él ni entre los de su equipo.

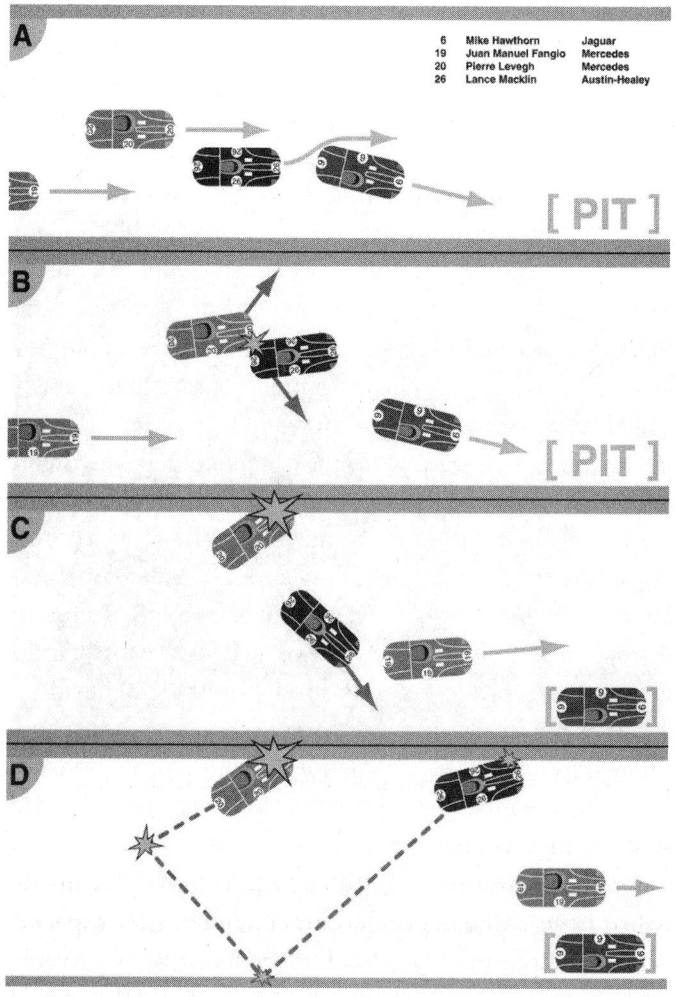

Esquema del desarrollo del accidente en Le Mans 1955.

La tragedia de Le Mans no impidió que la carrera se siguiera celebrando, pero sí que tuvo significativas consecuencias en algunos ámbitos. Suiza, uno de los escenarios habituales en las competiciones de motor desde los años veinte, prohibió las carreras de coches y motos en su territorio, y algunas autoridades locales en diferentes países pondrían freno a las carreras ante la peligrosidad que estas comenzaban a alcanzar.

Le Mans siempre supuso un desafío para pilotos y máquinas.

Dos años después, la tragedia de la Mille Miglia, que se cobró la vida de De Portago, su copiloto y diez espectadores (ver capítulo 9), sería la puntilla para las carreras en carretera abierta. Pero Le Mans, a pesar del horrible desenlace de 1955, no sufrió desdoro ni desprestigio alguno. Año tras año se consolidó como la prueba de resistencia más importante del planeta.

MÓNACO

El Gran Premio de Mónaco es la tercera pata de la santa trinidad del automovilismo. Basta con contemplar durante unos segundos el trazado monegasco para darse cuenta de cuan diferente es al resto de las pistas del calendario de Fórmula 1, a pesar de la abundancia de circuitos urbanos en el campeonato. ¿Cómo se llegó a organizar una carrera de este nivel en un pequeño territorio, de solo 2 km² de superficie —para que sirva de referencia, el Principado de Mónaco cabría dentro de los terrenos del Indianapolis Speedway—, un país prácticamente insignificante hace algo más de un siglo? Como tantas otras cosas, a veces todo sucede por mera casualidad. Es el destino.

La idea de organizar una carrera en el principado se debe a Anthony Noghès, entusiasta de los deportes del motor, cuyo padre, Alexandre Noghès, era presidente del Club Sport Velocipèdique et Automobile de Monaco. En aquellos días Mónaco no dejaba de ser un enclave turístico en el que había poco que hacer fuera de la temporada veraniega, así que Noghès creó el Automoblie Club de Monaco, y se le ocurrió organizar un *rally* automovilístico en pleno mes de enero que partiendo de diferentes capitales europeas culminara su recorrido en la capital monegasca. Así fue como nació el Rally de Montecarlo. La primera edición se disputó en 1911 y contó con veinte participantes. Tuvo un gran éxito y consiguió lo que Noghès deseaba: que se hablara de Mónaco fuera de temporada más allá de su casino, los negocios navieros y las finanzas. En 1912 la inscripción ascendió hasta los 67 participantes, y en los años sucesivos seguiría incrementándose, pero la tercera edición no pudo disputarse hasta 1924.

Henry Rougier, uno de los pioneros en la primera
edición del Rally de Montecarlo.

Tras la I Guerra Mundial, Noghès pudo recuperar la carrera, y en 1925 quiso inscribir al Automobile Club de Monaco en la Asociación Internacional de Clubes Automovilísticos Reconocidos, pero la organización se negó a admitir al club monegasco alegando que no cumplía el principal requisito exigido, que era organizar una prueba internacional en su territorio, ya que se consideraba al Rally de Montecarlo como una carrera de carácter europeo y no monegasco, dado que su desarrollo se realizaba a lo largo de toda Europa y no exclusivamente en el territorio de Mónaco. Entonces, para poder cumplir con las exigencias de la asociación, Noghès decidió organizar una carrera dentro de la propia ciudad, con todas las complicaciones que ello suponía por el escaso espacio disponible y el limitado margen de maniobra con el que contaban, al ser un espacio enclavado entre el mar y la montaña.

El circuito de Mónaco ha cambiado muy poco desde 1931.

El imaginativo Noghès trazó un circuito al borde del mar, circulando por el mismo puerto, que se adentraba en algunas de las zonas principales de la ciudad. No ha cambiado mucho desde entonces, pero la pista monegasca ha conseguido adaptarse de forma prodigiosa a la evolución del deporte automovilístico. La ayuda del piloto monegasco Louis Chiron, uno de los más destacados de la época, resultó fundamental, porque juntos consiguieron definir el trazado, y Chiron ayudó a darle publicidad en el ambiente automovilístico. Y así, finalmente, los esfuerzos de Noghès dieron su fruto y en 1929 se disputó la primera edición del Gran Premio de Mónaco, una carrera que estuvo cuajada de estrellas, en la que el británico William Grover y su potente Bugatti 35B de 2,2 litros y 8 cilindros en línea acabaron derrotando al todopoderoso Rudolf Caracciola y el Mercedes-Benz, tras una exigente carrera marcada por la lluvia que solo permitió que acabaran seis de los diecisiete participantes.

Desde entonces el Automobile Club de Monaco fue reconocido como un organizador de pleno derecho y Mónaco se convirtió en una de las carreras míticas del automovilismo, conservando la esencia de su particular trazado a lo largo de casi un siglo.

LA OFENSIVA DE COLIN CHAPMAN

Por espacio de más de treinta años las tres competiciones se desarrollaron de manera independiente entre sí, sin vínculos ni conexiones, aunque fue bastante común que muchos pilotos habituales de la Fórmula 1 y de Mónaco corrieran en Le Mans, y no resultaba tan extraño que se pudiera ganar en ambas competiciones, aunque la realidad era mucho más compleja y apenas se dieron tres casos hasta 1966. El primero de todos fue el mítico Tazio Nuvolari, que en 1932 ganó en Montecarlo a los mandos de su Alfa Romeo, y un año más tarde, con una Alfa Romeo 8C, se hacía con el triunfo en Le Mans, acompañado por Raymond Sommer. Dos décadas después, Maurice Trintignant ganaba en Le Mans en 1954 haciendo equipo con el argentino José Froilán González a los mandos de una Ferrari 375, y un año más tarde Trintignant ganaba por primera vez en Mónaco con un Ferrari D50, lo que le permitía ponerse líder del campeonato esa temporada, que fue la mejor de su carrera deportiva. El tercero fue el joven talento neozelandés Bruce McLaren, que en su día fue el piloto más joven en ganar un GP de Fórmula 1, cuando consiguió con solo 22 años el Gran Premio de Estados Unidos de 1959, disputado en Sebring. En 1962, McLaren ganó en Mónaco con un Cooper Climax V8, y cuatro años después se impuso en Le Mans a los mandos de una Ford GT40, haciendo equipo con su compatriota Chris Amon, en la espectacular ofensiva de Ford contra Ferrari, que le llevaría a interrumpir la racha de cinco victorias consecutivas del fabricante italiano, logrando Ford cuatro victorias seguidas con el GT40 de 1966 a 1969, y Ferrari nunca más volvería a ganar en Le Mans.

La ofensiva de Colin Chapman llevó a Lotus a la conquista de Indianápolis, y desató el interés de los pilotos de Fórmula 1.

Fue una furiosa venganza de Henry Ford II, enojado por la respuesta de Enzo Ferrari, que en 1963 habían iniciado contactos ante la posibilidad de que el fabricante norteamericano comprara Ferrari, y tras gastar una auténtica millonada en auditorías y negociaciones, fue despachado con cierto desaire por Il Commendatore, lo que provocó un enorme malestar en Ford. Plasmó su rabia en la fabricación de un coche que acabara con el dominio de Ferrari en Le Mans, el mítico Ford GT40, que tras tres intentos logró la victoria en 1966.

Pero más allá de estos casos nadie más se acercó a la gesta de ganar en Mónaco y Le Mans, y mucho menos sumar a esos triunfos el de Indianápolis, donde parecía imperar la doctrina Monroe, dictada por aquel presidente estadounidense a principios del siglo XIX: «América, para los americanos». Para los pilotos europeos de Fórmula 1, correr en Indianápolis era algo que nadie se planteaba, y menos aún hablar de la Triple Corona. Nadie contemplaba ese título honorífico.

Sin embargo, en 1963 se lleva a cabo lo que se denominó como la ofensiva británica en las 500 Millas de Indianápolis. Por iniciativa de Colin Chapman, uno de los grandes ingenieros en la historia del automovilismo deportivo, ganar en Indianápolis se convirtió en un objetivo atractivo. Chapman tenía sus motivaciones. Quería ser el primero en imponerse con un coche con motor trasero, algo que ya era norma común en la Fórmula 1, a pesar de lo que siempre dijo Enzo Ferrari de esa configuración: «Los caballos tiran del carro, y no al revés». Desde 1959, el motor trasero era una configuración ganadora, como lo demostró Jack Brabham al imponer su Cooper Climax T51 al Ferrari 246 de Tony Brooks, de motor delantero.

En Indianápolis seguían empleando esa configuración, propia del periodo anterior a la II Guerra Mundial, y Chapman se empeñó en adaptar su concepto de Fórmula 1 a las 500 Millas. El responsable de esa determinación no fue otro que el norteamericano Dan Gurney, piloto e ingeniero que llevaba enrolado en el Mundial de F1 desde 1959 en diferentes escuderías. En 1962 Gurney invitó a Chapman a que lo acompañara en esa carrera, y aunque el norteamericano no pudo concluir, su iniciativa resultó un éxito porque provocó el interés del genio británico por la carrera.

Chapman fue testigo del triunfo de Rodger Ward con un Watson Offenhauser, el clásico *roadster* de motor delantero, grande y pesado, pero al mismo tiempo muy potente, un coche que le permitió batir el récord de velocidad media en las 500 Millas, alcanzando las 140,293 mph (224,468 km/h). El concepto de la carrera entusiasmó a Chapman, pero sobre todo la idea de aplicar sus ideas a tan peculiar competición supuso todo un desafío para él, así que se planteó construir un Lotus especial para la cita norteamericana, un coche más ligero y manejable, que estaría equipado con un motor trasero adaptado para la ocasión. Champan, famoso por su carácter innovador y sus diseños revolucionarios, no fue en absoluto un pionero en Indianápolis. Un año antes, Jack Brabham había corrido con un Cooper Coventry Climax de solo 168 pulgadas cúbicas (2.750 cc), cuando el reglamento admitía motores de hasta 256 pulgadas cúbicas, y alcanzó una meritoria novena posición.

Pero Chapman siempre pensaba a lo grande. Desarrolló un coche con bastidor monocasco de aluminio derivado del Lotus 25 de Fórmula 1, y persuadió a Ford para equipar en él un motor V8 procedente del Fairlane, un potente modelo comercial, cuyo propulsor estaba realizado en aluminio y contaba con una cilindrada de 4,2 litros que se adaptaba a la reglamentación de Indianápolis. Así consiguió un coche potente y ligero. Aquel coche fue bautizado como Lotus 29, y debutó en Indianápolis en 1963, con Jim Clark como piloto. Su estreno fue excelente, porque el piloto escocés, que ese año además se proclamaría campeón del mundo de Fórmula 1, consiguió la segunda plaza tras Parnelli Jones, que corría con el efectivo Watson Offenhauser.

Fue un triunfo polémico porque el coche de Jones tenía una fuga de aceite que provocó un accidente, y los comisarios de la USAC (United States Auto Club), el organizador del campeonato, iban a desplegar la bandera negra a Jones, lo que suponía su parada obligatoria y su exclusión de la carrera. J.C. Agajanian, propietario del equipo, al ver que se preparaban para descalificar a su piloto, convenció a los comisarios deportivos de que la fuga no ponía en riesgo a nadie y no le sancionaron. Chapman se enojó muchísimo con esta decisión, y acusó a USAC de actuar de forma parcial en beneficio de Jones y el equipo de Agajanian. Brock Yates, uno de los periodistas del motor más prestigiosos de Estados Unidos, aseguró que si en vez de estar segundo Clark con el Lotus hubiera estado un piloto norteamericano, Jones habría sido descalificado.

Quizás esta oscura maniobra aumentó el convencimiento de Chapman de que podía triunfar con su concepto. Además, el buen resultado de Clark animó a otros pilotos británicos a acercarse a Indianápolis. Graham

Hill acudió también en 1963, pero no logró clasificarse. En 1964 Clark se hizo con la *pole* a los mandos del Lotus 34, una evolución del Lotus 29, del que Chapman fabricó nada menos que seis unidades para la carrera. Fue una edición trágica que forzó por primera vez la detención de la prueba, debido al grave accidente sufrido en la tercera vuelta, cuando Dave MacDonald chocó contra el muro interior y su coche se incendió, provocando un accidente colectivo. Eddie Sachs no pudo impedir chocar contra el coche en llamas, y su vehículo también se incendió, falleciendo en el acto. MacDonald fue evacuado a un hospital, donde fallecería poco después.

Tras la tragedia se optó por reanudar la carrera —*show must go on...*—, y Clark dominaba con autoridad hasta que en la vuelta 48 un fallo del neumático provocó la rotura de la suspensión y su inevitable abandono. Chapman había conseguido que Dunlop le prepara un compuesto especial muy blando para asegurarse la *pole*, pero la reglamentación de Indianápolis obligaba a utilizar en carrera el mismo tipo de neumático usado para la clasificación, así que Clark tuvo que correr con ese compuesto excesivamente blando que no aguantó y se degradó hasta provocar el fallo.

La tenacidad de Chapman no tenía freno. Incluso persuadió a Clark para que en 1965 renunciara a correr en Mónaco para poder estar en Indianápolis, dado que se disputaban en la misma fecha. Aquello supuso para Clark, que había ganado la prueba inaugural del Mundial de F1 en Sudáfrica, asumir un doble desafío, dado que su ausencia iba a permitir a Graham Hill, que ganaría en Mónaco con su BRM —una de sus cinco victorias allí—, pasar a liderar el campeonato.

No fue un camino de rosas para Chapman, cuyo prestigio había permitido que algunos pilotos norteamericanos se interesaran por su coche, llegando a alinear nada menos que seis unidades del Lotus 38 en esa edición de las 200 Millas. En entrenamientos, A.J. Foyt tuvo un accidente al romperse un soporte de magnesio del chasis, y la USAC mantuvo varios días retenidos a los coches de Lotus y Lola mientras se realizaban los ajustes necesarios para garantizar su seguridad. Cuando volvieron a la acción, los Lotus arrasaron, y Foyt logró la *pole position*. Durante la carrera, Clark rodó de manera impecable en Indianápolis, liderando 190 de las 200 vueltas de la carrera, y el único que le pudo plantar cara fue Foyt, durante un puñado de vueltas, pero a mitad de carrera el cambio de su coche se estropeó y se tuvo que retirar. El dominio de Clark fue aplastante y se anotó el triunfo de manera incontestable, convirtiéndose en el primer piloto no estadounidense que ganaba en Indianápolis desde 1920, cuando el francés Gaston Chevrolet se impuso en la carrera. Chevrolet, que falleció ese mismo año en un accidente en el Beverly Hills Speedway, era el hermano menor de Louis-Joseph Chevrolet, que emigró a Estados Unidos a principio de siglo para fundar en 1911 la marca Chevrolet, que con el tiempo se convertiría en uno de los fabricantes estadounidenses más genuinos.

El triunfo de Clark marcó el cambio de era en Indianápolis, porque por primera vez se imponía un coche con motor trasero. Además, desencadenó la invasión británica de Indianápolis. Al año siguiente, junto con el campeón escocés de Lotus, también acudieron Graham Hill y Jackie Stewart, ambos con un Lola T90, equipado con el inevitable motor Ford V8. Los tres dieron muestras más que sobradas de su calidad y del cambio de ciclo al que se enfrentaba la carrera. En esta ocasión la victoria fue para Hill, por delante de Clark, y con el debutante Stewart situado en una honrosa sexta posición. Estos resultados propiciaron que los pilotos de Fórmula 1 miraran con otros ojos a las 500 Millas. De hecho, en 1967 corrieron en Indianápolis nada menos que siete pilotos de Fórmula 1, empezando por el futuro campeón de esa temporada, Denis Hulme, además de los ya habituales Clark, Hill, Gurney y Stewart, y los novatos Jochem Rindt y Pedro Rodríguez, aunque el mexicano no superó la clasificación para la carrera. Fue una edición amarga para todos, que abandonaron por averías, salvo Hulme, que acabó cuarto en su debut, y en la que A.J. Foyt logró su tercera victoria.

TRIPLE CORONA

La victoria de Hill marcó un hito: era la primera vez que un ganador en Mónaco vencía en Indianápolis. En ese momento quizás nadie reparó en el hecho, pero puede que algún entendido llegara a comentar: «Ya solo le falta vencer en Le Mans para ganar las carreras automovilísticas más singulares del planeta». Pero, que sepamos, nadie reparó en ello, al menos en ese momento.

Eso mismo se pensó al otro lado del Atlántico cuando Foyt, tres semanas después de ganar las 500 Millas, se anotaba la victoria en Le Mans a bordo del Ford GT40 con Dan Gurney como compañero. Sin embargo, Foyt nunca disputó una carrera de Fórmula 1 ni compitió en Mónaco, así que el genial piloto norteamericano nunca sería aspirante a ese honorífico trono. Cerca quedó Jochen Rindt. El piloto austriaco, haciendo equipo con el norteamericano Masten Gregory, dio a Ferrari su última victoria en Le Mans en 1965. Disputó dos ediciones de las 500 Millas en 1967 y 1968, con prometedores resultados pero sin triunfar, y en 1970 logró la victoria en el Gran Premio de Mónaco. Pero su muerte en el Gran Premio de Italia de Fórmula 1, pese a lo cual se pudo coronar a título póstumo campeón del mundo, frustrará cualquier posibilidad de acercarse a la Triple Corona.

En 1968 el interés por Indianápolis entre los habituales de la F1 decae de forma súbita. El 7 de abril fallece Jim Clark en Hockenheim, durante una prueba del Campeonato de Europa de Fórmula 2. Clark lideraba el Mundial de F1 tras su victoria en la prueba inaugural, disputada en Kyalami (Sudáfrica), el 1 de enero. El accidente sumió a Chapman en un profundo desánimo, e impactó terriblemente a los pilotos de su generación. Su compañero Hill pasó a liderar el mundial tras su victoria en la siguiente cita, el Jarama, en la primera visita de la Fórmula 1 al recién inaugurado trazado madrileño, y su cuarto triunfo en Mónaco, tercera prueba del año. Esas dos victorias lo embocaron hacia su segundo título, que remató en el periplo norteamericano de Canadá, Estados Unidos y México, últimas carreras de la temporada.

En 1969 Hill logró su quinta victoria en Mónaco, que además se convirtió en su último triunfo en la Fórmula 1. Después de aquel éxito, nunca más volvió a subir a un podio del mundial, y poco a poco sus resultados y su estrella empezaron a declinar. Se mantuvo con Lotus hasta 1971, cuando pasó a correr con Brabham, siempre con el sempiterno motor Ford Cosworth DFV V8 que venía empleando desde 1967 en Lotus. A pesar de los discretos resultados, Hill, que había pasado de los 40 años y llevaba compitiendo en la Fórmula 1 desde 1958, se resistía a dejar las carreras. Necesitaba un nuevo incentivo, un nuevo éxito que diera lustre a su figura, y lo encontró, casi de forma inesperada, en las 24 Horas de Le Mans.

Graham Hill, el único piloto que ha logrado la triple corona: Montecarlo, Indianápolis y Le Mans.

Hill había corrido en Le Mans entre 1958 y 1966. Su mejor resultado fue la segunda posición conseguida en 1964 haciendo equipo con Jo Bonnier sobre un Ferrari 330 P. Al año siguiente fue décimo, pero después de 1966 no había vuelto a la carrera francesa. Sin embargo, en 1972 le surgió la oportunidad de regresar con un coche competitivo. La oferta le llegó de Matra-Simca, que llevaba desde 1966 participando en Le Mans con más disgustos que alegrías. La escudería francesa obtuvo su única satisfacción en 1969, cuando clasificó tres coches entre los siete primeros: Jean-Pierre Beltoise-Pierre Courage fueron cuartos; Jean Guichet-Nino Vaccarella, quintos; y Giovanni Galli-Robin Widdows, séptimos. En todas sus demás participaciones entre 1966 y 1971, los Matra acabaron fuera de carrera por avería.

Con semejantes precedentes nada hacía pensar que la firma francesa fuera capaz de luchar por la victoria, pero de cara a 1972 hizo un esfuerzo extraordinario, concentrándose única y exclusivamente en esta carrera y abandonando la participación en el resto de las pruebas del Mundial de Resistencia. Matra desarrolló un nuevo modelo, el MS670, dotado de un motor V12 de 3,0 litros que rendía 450 CV y era capaz de rodar a 310 km/h en la recta de Mulsanne, en Les Hunaudières. Matra puso en pista tres unidades del MS670, dos dotadas de la nueva aerodinámica de cola larga para los equipos Jean-Pierre Beltoise-Chris Amon y François Cevert-Howden Ganley, y uno de cola corta para Henri Pescarolo-Graham Hill, mientras que el cuarto coche, encomendado a la pareja Jean-Pierre Jabouille-David Hobbs fue una evolución del modelo anterior, el 660C.

En ausencia de Ferrari, que aunque había sido el más

rápido en las pruebas previas terminó retirando su equipo oficial de la carrera, porque no tenía un coche suficientemente competitivo para las carreras de 24 Horas y ya se había asegurado el título de la categoría, Matra se hizo con autoridad con las tres primeras posiciones en los entrenamientos, con Cevert marcando la *pole*, y el dúo Pescarolo-Hill en segunda posición, siendo el francés el que marcaba los registros de referencia. Todo apuntaba en esa edición a una exaltación de lo francés. La prensa impulsaba ese sentimiento nacionalista con memorables crónicas a mayor gloria de Matra, y una cobertura profusa y tan amplia como nunca antes se había visto, dado el convencimiento de que esta iba a ser, por fin, la edición de la gloria francesa. Desde 1950 no ganaba un equipo francés sobre un coche francés, aunque en esta ocasión el éxito estaría compartido, porque los cuatro pilotos franceses presentes en los cuatro Matra, que se encargarían de hacer el primer relevo desde la salida, hacían pareja con pilotos foráneos. Para más inri, por primera vez un presidente de la República se encargaría de dar la salida a la carrera. Y allí se plantó Georges Pompidou, listo para tener el honor de dar comienzo a la prueba.

Fue una carrera apasionante, con continuas alternativas entre los Matra y el Lola de Bonnier-Van Lennep, hasta que Bonnier sufrió un reventón a 320 km/h que le hizo retrasarse. La lluvia intermitente que aparecía y desaparecía cuando menos se esperaba y una serie de diversos incidentes, como alguna colisión con coches de la clase GT o fallos de combustible, pusieron emoción al paso de las horas, pero Matra dominaba la carrera con tres de sus coches en las tres primeras posiciones. Durante la noche, Pescarolo-Hill y Cevert-Ganley lograron mantenerse en la misma vuelta, alternando posiciones en función de su estrategia de repostaje, con un margen de tres vueltas sobre un grupo de tres Alfa Romeo, cuyos motores terminaron sucumbiendo, dejando de nuevo a los tres Matra en las primeras posiciones.

El Matra MS670 con el que Hill culminó su triple
corona ganando en Le Mans en 1972.

El Lola de Bonnier-Van Lennep recuperó terreno durante la noche a pesar de diversos problemas de frenos, y se situó octavo. Rayando las primeras luces del domingo, Bonnier llegó demasiado rápido sobre el Ferrari GTB4 de Florian Vetsch al intentar adelantarle en el tramo entre Mulsanne e Indianápolis, uno de los puntos más veloces del trazado, y ambos coches se tocaron. El Lola despegó, volando más de cien metros sobre la barrera y el bosque. El impacto fue brutal y Bonnier, aunque fue rescatado con vida, falleció poco después. Era uno de los pilotos más admirados del automovilismo, con trece participaciones en Le Mans, un veterano que llevaba en competición desde los años cincuenta, y presidía la Asociación de Pilotos de Gran Premio.

La lluvia hizo acto de presencia varias veces antes del final de la carrera, y pilló a Cevert con neumáticos *slicks*, por lo que sufrió una salida de pista. El retraso acumulado permitió a Pescarolo-Hill disfrutar de una cómoda ventaja, y lograron presentarse bajo la bandera de cuadros con once vueltas de ventaja sobre Cevert-Ganley. Matra había conseguido su objetivo, la victoria, y Hill alcanzaba la hazaña de ser el primer hombre que triunfaba en Mónaco, Indianápolis y Le Mans. Y todavía hoy lo sigue siendo. Entonces y solo entonces se acuñó el término Triple Corona.

Para Hill fue una jornada amarga. Pasó de la satisfacción por el éxito conseguido al dolor. Tuvo presente la gravedad del accidente de Bonnier, pero conociendo la estrecha relación que existía entre ambos el equipo decidió ocultarle su fallecimiento. Cuando Hill conoció el fatal desenlace quedó profundamente afectado. Eran buenos amigos, habían compartido coche en 1964, cuando alcanzaron la segunda plaza en Le Mans, y mantenían una larga relación y un reconocido estatus como los pilotos decanos de la Fórmula 1. Hill ya no volvió a Le Mans y su carrera deportiva prosiguió de forma discreta en la F1, creando su propio equipo a partir de 1973, el Embassy Hill, llegando a desarrollar su propio coche, el Hill GH1 en 1975. Pero ese año, tras unas pruebas realizadas en Francia, estrelló su avión pereciendo junto con otros cinco miembros del equipo.

Fernando Alonso ha sido el último piloto que ha intentado
hacerse con la triple corona. Corrió en Indianápolis
tras haber ganado en Montecarlo y Le Mans.

Tras la gesta de Hill, el sueño de la Triple Corona
ha estado presente en algunos pilotos. Mario Andretti,
ganador de las 200 Millas en 1969 y participante en
Le Mans en varias ocasiones entre 1966 y 2000 —fue
segundo en 1995 y tercero en 1983—, se convirtió en un
habitual de la Fórmula 1 entre 1975 y 1981, pero nunca
se le dio bien Mónaco, donde su mejor resultado fue la
quinta plaza conseguida en 1977. Otro tanto hay que
decir de Emerson Fittipaldi. El brasileño nunca ganó en
Mónaco y no corrió en las 24 Horas de Le Mans, pero
cuando dejó la Fórmula 1 siguió compitiendo en Estados
Unidos, donde ganaría las 500 Millas de Indianápolis

en dos ocasiones. Jacques Villeneuve, el hijo del mítico Gilles, ganó en Indianápolis en 1995 antes de ir a la Fórmula 1, donde lograría ser campeón en 1997, pero nunca ganó en Mónaco. Tras dejar la Fórmula 1 en 2007, disputó en dos ocasiones las 24 Horas de Le Mans, logrando ser segundo en 2008.

Los últimos pilotos que han respondido al desafío de la Triple Corona han sido Juan Pablo Montoya y Fernando Alonso. El piloto colombiano se fue a Estados Unidos después de ganar el campeonato de F3000 Internacional en 1998, ganó el campeonato CART en su debut en 1999 y se impuso en las 500 Millas de Indianápolis al año siguiente a pesar de ser un debutante. A partir de 2001 compitió en Fórmula 1, y lograría vencer en Mónaco en 2003. Se mantuvo en la F1 hasta 2006, y después volvió a competir en Estados Unidos, donde repetiría triunfo en Indianápolis en 2015.

Alonso, campeón del mundo de Fórmula 1 en 2005 y 2006, sumó dos victorias en Mónaco en 2006 y 2007, y durante años permaneció bastante centrado en la F1 como para plantearse el asalto a la Triple Corona. La complejidad de la competición actual y su extraordinaria especialización es una dificultad añadida a esta complicada labor de abordar competiciones tan diferentes como F1, Indianápolis y Le Mans, por no hablar de las cuestiones contractuales y los intereses particulares de marcas y patrocinadores. Se hacía necesaria la conjunción de varios planetas para poder abordar un desafío semejante. Pero en 2017 se dio la circunstancia de que corriendo con McLaren Honda en F1, surgió la posibilidad de competir en Indianápolis con el equipo McLaren-Honda-Andretti. Con gran despliegue mediático, Alonso realizó su tentativa, se ganó su sitio en la parrilla e hizo una carrera más que digna, rondando las posiciones de cabeza, hasta que el motor se rompió. En 2018 ganó las 24 Horas de Le Mans con Toyota —y repitió triunfo al año siguiente—, con lo que tenía a su alcance la Triple Corona ganando en Indianápolis.

Su segundo asalto a las 500 Millas resultó una decepción, porque se quedó fuera de la clasificación por 0"013, y volvió a casa sin poder disputar la carrera. En 2020, en una atípica edición desplazada al mes de agosto debido a la pandemia causada por el COVID-19, Alonso realizó su tercer intento en Indianápolis, consiguiendo terminar por primera vez. Fue 19.º, a una vuelta del ganador Takuma Sato, pero consiguió completar la carrera. El sueño de la Triple Corona sigue ahí, a su alcance. Nadie lo tiene más cerca que él, aunque sus nuevos desafíos personales, como el Rally Dakar o su regreso a la Fórmula 1, hacen que sea más complicado. Pero el reto de Indianápolis no tiene edad, y la Triple Corona tampoco: Graham Hill la conquistó con 43 años, y Alonso cumplió 40 el 29 de julio de 2021.

ABRID PASO A LOS VALIENTES…
Y A LOS LOCOS

Se dice que para ser piloto de competición hay que ser muy valiente para lanzarse a esas velocidades… o estar muy loco. Quizás, en el pasado, en los tiempos heroicos donde pesaba más la intuición que la técnica, el coraje y la gallardía más que la experiencia, puede que fuera así, pero hoy en día lo importante es tener talento, buenas dotes técnicas y mucho sentido común. Y, por supuesto, una buena dosis de valor, ese que te permite entrar en sexta a fondo en la rapidísima curva de Blachimont, en Spa-Francorchamps, a 300 km/h. Antes apretaban los dientes y cerraban los ojos, un instante, en el momento de «tirarse» a la curva; ahora es cuestión de convencimiento y confianza en los buenos reglajes obtenidos de acuerdo con el trabajo realizado junto con tu ingeniero de pista. Si la telemetría dice que se puede hacer, el corazón y la cabeza no lo discuten.

Cuando las carreras estaban alejadas de la tecnología y se impulsaban a base de pasión, sucedía de todo. Un exceso de arrojo se pagaba caro. Lo importante era conocer los límites e intentar franquear esa barrera invisible el menor número de veces posible a lo largo de tu vida. Solo así un piloto se aseguraba llegar a viejo. Pero no todo el mundo tenía la sangre fría para actuar así. Ni siquiera hoy, porque el automovilismo sigue cargado de épica, y sus protagonistas son los nuevos héroes contemporáneos que derrochan valor hasta el extremo de poner en juego su propia vida.

A lo largo de la historia del automovilismo deportivo hemos encontrado toda clase de pilotos, personajes de lo más curiosos. Como a los soldados, a un piloto el valor se le supone, pero a veces había que reconfortar el ánimo de alguna manera. Un tipo de lo más particular fue Giovanni Bracco, un *gentleman driver* que vivió días de gloria tras la II Guerra Mundial. A pesar de sus ajustados recursos fue capaz de plantar cara a los equipos oficiales de la época en carreras como la Targa-Florio o la mítica Mille Miglia, donde conseguiría sus mayores éxitos. Decían de él que era abstemio, como muchos otros pilotos, que solo bebía vino (*sic*), incluso en plena carrera. Fue célebre su victoria en la Mille Miglia de 1952, en la que protagonizó una remontada espectacular con su Ferrari 250S para terminar arrebatando la victoria al todopoderoso equipo Mercedes, que por primera vez ponía en pista su extraordinario 300SL, el primer «alas de gaviota» de la marca.

Un año antes, Alemania había sido readmitida en las competiciones internacionales, y la industria automovilística alemana quiso volver a desplegar todo el potencial de su tecnología. La Mille Miglia era una de las carreras más prestigiosas del momento. Los fabricantes italianos acaparaban toda la atención del automovilismo deportivo, y conseguir derrotarles en su propio terreno tendría una repercusión sensacional, así que Mercedes-Benz puso todos sus recursos al servicio del departamento de competición para que el 300SL alcanzara la victoria.

El equipo BMW cruza victorioso la meta en la Mille Miglia de 1940.

La fórmula alemana era bastante sencilla: recurrir a la experiencia del pasado. Veinte años atrás, en 1931, Mercedes-Benz se anotó el triunfo en la Mille Miglia con Rudolf Caracciola, bajo la dirección de Rudolf Neubauer. El fabricante alemán volvió a confiar en la experiencia del veterano director deportivo, y también recurrió a las buenas manos de Caracciola, que a sus 51 años aún se mostraba suficientemente hábil. Mercedes preparó tres coches, uno para Caracciola, que tendría como copiloto a Paul Kurrie, y los otros dos para Karl Kling y Hermann Lang, dos experimentados pilotos a los que, como tantos otros de su generación, la guerra había roto su carrera deportiva.

Mercedes invirtió en preparar la carrera un dineral impensable para la época. En los dos meses previos a la carrera, que se disputó entre el 3 y 4 de mayo, realizó al menos en diez ocasiones el recorrido de la Mille Miglia, con un gasto en combustible de unas 2.000 libras esterlinas de la época, según reportaban las crónicas del *Daily Press*, lo que equivaldría a unos 50.000 euros al cambio actual. Solo en gasolina. Un esfuerzo descomunal. Ferrari tenía prevista una réplica variada y alternativa, con el potente 4,2 litros V12 de 300 CV pilotado por Piero Taruffi como punta de lanza, junto con nada menos que seis coches oficiales de la marca, pilotados entre otros por Marzotto y Castelotti, mientras que al bueno de Bracco, que en 1951 había sido segundo con un modesto pero aparente Lancia Aurelia, un V6 de 1,9 litros de solo 70 CV de potencia, se le auguraba un papel secundario con su Ferrari privado.

La lluvia acompañó la carrera desde el pórtico de salida en Brescia. Fue el hábil Bracco el que supo manejarse en tan adversas circunstancias para lograr un sorprendente liderato, que durante muchos kilómetros disputó a Kling, hasta que Taruffi impuso la lógica de su potente Ferrari y pasó a controlar la carrera ya en Roma, en el punto extremo del recorrido, donde la ruta tomaría rumbo norte para regresar a Brescia. No parecía que fuera a ser una edición propicia para Ferrari, porque el coche de Taruffi sufrió una avería, y en el de Biondetti, el múltiple ganador de la carrera, se produjo un incendio que forzó su retirada. De esta forma, Kling disfrutaba de dos minutos de ventaja a su paso por Florencia, y por delante tenían dos colosales desafíos, La Futa y La Raticossa, dos célebres puertos de montaña camino de Bolonia.

El poderío de Mercedes no pudo doblegar el temperamento de Bracco.

Hacía frío y llovía, lo que complicaba más la conducción. Bracco llevaba consigo una botella de Chianti, el célebre tinto toscano, a la que de cuando en cuando le daba un tiento, para entonarse y entrar en calor. Saliendo de Florencia, Bracco le aseguró a Alfonso Rolfo, su copiloto: «En Bolonia, estaremos en cabeza». Dicho y hecho. Consumió el Chianti, recuperó la diferencia y fue capaz de aumentarla hasta plantarse en Brescia con cuatro minutos y medio de ventaja sobre Kling, a quien le costó bastante asimilar la victoria de Bracco, inexplicable a todas luces para la pragmática mentalidad teutona y su despliegue tecnológico. El corazón había batido una vez más al cerebro. Mercedes se pudo resarcir de esta derrota unas semanas después con su brillante victoria en las 24 Horas de Le Mans, con Hermann Lung y Fritz Riess, sobre otro 300SL, bajo la denominación de W194, y ese mismo año Kling se anotó la Carrera Panamericana, con Hans Klenk como copiloto. Enzo Ferrari calificó la victoria de Bracco como «el éxito más espectacular de todos mis corredores», y en honor a aquel triunfo rebautizó ese modelo de coche como Ferrari 250 MM, de Mille Miglia.

Insólita imagen de Giovanni Bracco a los mandos de un Bandini 1100 en Nueva York.

Aunque se habló y se escribió mucho de aquella botella de Chianti —otros aseguraban que era coñac—, Bracco siempre lo negó. Evidentemente, nadie se puede imaginar a alguien completamente beodo acometiendo el comprometido Passo della Futa, pero era bien sabida esa costumbre de Bracco de entonarse antes de una carrera. Lo que nadie puso en duda fue su capacidad como fumador, a pesar de sufrir una dolencia pulmonar. Como tantos otros pilotos de la época, consumidores compulsivos de tabaco, el propio Bracco aseguró que llegó a fumar noventa cigarrillos en la última jornada de la carrera. Es conocido el efecto estimulante de la nicotina en determinados entornos, y en el caso de Bracco fue un perfecto aliado para ayudarle a mantener la concentración y la tensión en los resbaladizos tramos de carretera que le llevaron hasta Brescia, camino de su mayor gloria deportiva.

EL SECUESTRO DE FANGIO

A veces las carreras han dado pie a situaciones de lo más particulares. Desde sus inicios, incluso en su etapa más primitiva, la Fórmula 1 ha sido un verdadero escaparate para darse a conocer, y eso que en aquellos días lejanos todavía no se había desarrollado el *marketing* deportivo. En esa época, la F1 propiciaba básicamente la promoción de las marcas allí implicadas. Por ejemplo, para Ferrari sus éxitos en las carreras eran la mejor publicidad para sus coches deportivos. Algunos avezados directivos de compañías vinculadas al automovilismo, como suministradores de accesorios y equipamiento, no dudaron en contratar a las estrellas de la Fórmula 1 para promocionar sus productos, pero por entonces no se estilaba pintar un coche con el logotipo de una marca comercial. Los colores de los coches tenían relación con su nacionalidad: rojo para Italia; verde para Reino Unido; azul para Francia; gris para Alemania...

La fama de los pilotos de Fórmula 1 ya entonces permitía asegurarse una notable publicidad, propiciando una segura promoción del producto. Eso debieron pensar los revolucionarios cubanos cuando decidieron secuestrar a Juan Manuel Fangio, el gran campeón de los primeros tiempos de la F1, aprovechando que acudió a La Habana para disputar el Gran Premio de Cuba de 1958.

En aquellos días, Cuba vivía bajo la dictadura de Fulgencio Batista, y la cercana isla se había convertido en habitual destino vacacional para adinerados turistas norteamericanos. Con el fin de ofrecer otro aliciente más y labrarse una mejor imagen internacional, el Gobierno de Batista encargó al Habana Automóvil Club que pusiera en marcha una carrera en 1957 sobre un circuito diseñado en la avenida del Malecón, la zona más célebre y conocida de la capital cubana. Aquella primera edición fue un éxito absoluto. Acudieron pilotos de primer nivel, fue una competición digna de un Gran Premio del Mundial, y Juan Manuel Fangio se anotó la victoria con un Maserati 300 S, por delante de Carroll Shelby, con un Ferrari 410, y Alfonso de Portago, con un Ferrari 860.

La vida en La Habana se desarrollaba como si nada, o al menos eso pretendía el régimen de Batista. Pero Cuba estaba inmersa en una guerra. Desde 1953 el Movimiento 26 de Julio, liderado por Fidel Castro, había iniciado acciones armadas con el fin de derrocar al dictador Batista. Las primeras tentativas no fueron exitosas y los guerrilleros tuvieron que replegarse. A finales de 1956 volvieron a Cuba, desembarcando al sur de la isla, haciéndose fuertes en Sierra Maestra, una pequeña cordillera. Durante 1957 se suceden las acciones armadas, con escaso éxito, pero poco a poco se sumarán nuevos combatientes al grupo de Castro, e incluso consiguen que se subleve la base naval de Cienfuegos, que fue arrasada por la aviación de Batista. En La Habana la vida seguía como si tal cosa, como si no fuera con ellos, a pesar de algunas escaramuzas, y mientras los revolucionarios iban ganando terreno y apoyos por todo el país, Batista y los suyos mostraban al exterior una apariencia de normalidad que era completamente irreal.

En ese contexto, el Habana Automóvil Club prosiguió con sus carreras, programando para el 23 de febrero de 1958 la segunda edición del Gran Premio de Cuba. La guerra, el conflicto, estaba lejos, allá en el este, a 600 kilómetros de la capital. Los pilotos llegaron a La Habana unos días antes, y realizaron sus primeras jornadas de pruebas con absoluta normalidad. Fangio era la gran estrella. Con sus cinco títulos mundiales a cuestas era venerado absolutamente por todo el mundo, y además su carácter abierto facilitaba el acceso al campeón. Eran otros tiempos, lejos aún del fenómeno fan, a medio camino entre la abducción y la histeria.

Tras la jornada de entrenamientos definitiva, la víspera de la carrera Fangio se trasladó al Hotel Lincoln —uno de los mejores establecimientos de La Habana—, donde se alojaba, como la mayoría de los pilotos. Por la noche bajó al *hall* del hotel, donde se encontró con otros pilotos y sus mecánicos, y mantuvo una animada charla con Stirling Moss y Alessandro di Tomasso. El ambiente de las carreras era muy distendido, y las relaciones entre los competidores eran bastante cercanas. Allí estaban en animada charla haciendo tiempo para la cena, y Fangio aprovechó ese momento de relax para insistir a Bertochi, el responsable técnico de Maserati, de los problemas del coche, que en determinada situación era difícil de controlar. En esas estaban cuando les interrumpió un muchacho joven, alto y moreno, de pelo ensortijado, que se llamaba Manuel Uziel. Un aficionado local, seguramente. Pues no. Con aparente serenidad, pero muy agitado en su interior, sacó una pistola del calibre 45 y encañonó a Fangio: «Disculpe, Juan, me va a tener que acompañar», dijo con exquisita educación. Fangio se sonrió, hasta que comprobó que no era una broma. Di Tomasso hizo un amago de levantarse, y Moss se movió incómodo en su asiento. El secuestrador los amenazó y consiguió aplacar cualquier intento de resistencia.

A punta de pistola, el joven revolucionario se llevó a Fangio hasta la calle, donde le aguardaba un Plymouth negro con otros cómplices. Fue en ese momento, viendo a los otros hombres armados y al comando que cubría su fuga en la calle, cuando Fangio se dio cuenta de que verdaderamente aquello iba en serio y se trataba de un secuestro. Durante los primeros momentos, Fangio llegó a pensar que era una broma de su representante, Marcelo Giambertone, en respuesta a otra chanza que Fangio le había preparado al llegar a Cuba. Unos días antes de la carrera, Giambertone, que colaboraba en la organización de la carrera, acudió junto con Fangio a una recepción organizada por el ministro de las Fuerzas Armadas, el general Fernández Miranda. Giambertone llegó a la recepción antes que Fangio y le indicaron que tenía una llamada telefónica. Acudió a un gabinete donde dos soldados lo encañonaron, le pidieron el pasaporte y le obligaron a quitarse corbata, cinturón y zapatos. «Buscábamos a un espía de Castro que se hacía pasar por *manager* de Fangio, y lo hemos encontrado», le dijeron. Giambertone no daba crédito a lo que estaba sucediendo. Estaba aterrado, petrificado, incapaz de articular palabra frente a los dos fusileros, hasta que las carcajadas procedentes de una sala continua le devolvieron a la realidad. Se abrió la puerta y aparecieron Fangio y Miranda tronchándose de risa. Por eso en los primeros momentos del secuestro, Fangio se lo tomó con una sorprendente serenidad, porque pensaba que Giambertone se la estaba devolviendo.

Pero no, eran unos secuestradores de verdad. Se tumbó en el suelo del coche y acató las órdenes de sus captores, que en su marcha por La Habana llegaron a pasar incluso un control policial, sin que los agentes cayeran en la cuenta de que dejaban pasar un coche cargado de guerrilleros.

Para intentar ocultar su rastro, el comando cambió un par de veces de coches y anduvo callejeando por La Habana durante casi una hora. Terminaron acomodando a Fangio en uno de los asientos, pero ni siquiera le vendaron los ojos, con lo que el campeón argentino podía contemplar la ruta que tomaban. Finalmente lo llevaron a una casa, donde estuvo poco tiempo. Parte de sus captores se fueron y aparecieron otros, que se lo llevaron de nuevo, en esta ocasión a uno de los barrios más elitistas de La Habana, el Vedado. Al llegar a la nueva ubicación se encontró con una casa repleta de gente, que festejaba el éxito de la operación y que incluso se atrevían a pedirle autógrafos. Incluso Fangio les hizo saber que aún no había cenado, y le prepararon un plato de patatas fritas con huevo. El trato recibido fue exquisito, y los captores le aseguraron que no debía temer por su vida: no querían nada a cambio, simplemente querían dar un gran golpe publicitario, y lo habían conseguido.

En el hotel, tras el desconcierto inicial, no tardaron en darse cuenta de que el secuestro de Fangio iba en serio, y enseguida las agencias de noticias internacionales empezaron a difundir la información, ratificada por un comunicado de los propios secuestradores: «Habla el 26 de Julio... Tenemos secuestrado a Fangio... No se alarmen, no hay peligro para su persona. Seguiremos informando».

Tras la agitación de las primeras horas, Fangio pasó una noche serena en la casa del Vedado. Pudo dormir con tranquilidad. A la mañana siguiente apareció en la casa Faustino Pérez, uno de los dirigentes del Movimiento 26 de Julio, cargado con la prensa. Todos los diarios se hacían eco del secuestro. Fangio pidió que avisaran a su familia de que se encontraba bien, y Pérez se encargó personalmente de hacerlo. Después tuvieron la oportunidad de ver por televisión el Gran Premio de Cuba, que era retransmitido en directo. La carrera resultó un absoluto desastre: en la quinta vuelta chocaron dos coches y se estrellaron contra el público, falleciendo seis espectadores y provocando además cuarenta heridos, por lo que la prueba fue suspendida.

Fangio se sinceró con los guerrilleros: «Miren, señores, quizás ustedes me hicieron un favor», les dijo. Y les reveló las dificultades que encontró en el coche y la desconfianza que sentía al pilotarlo. Fangio había ganado en 1957 su quinto título mundial, con Maserati, sin embargo la marca italiana no tenía un coche competitivo para 1958, pero pidió al argentino, que tenía ya 46 años, que aguardara una temporada más hasta tener lista la nueva montura. Fangio acudió al primer Gran Premio de 1958 del Mundial, disputado en casa, en Buenos Aires, donde logró la *pole* y fue cuarto en carrera, conduciendo un Maserati privado. La siguiente cita era La Habana, no puntuable para el campeonato. Y allí pusieron a su disposición un Maserati 450 S propiedad de un norteamericano, que había corrido una prueba en Venezuela. Fangio había logrado el mejor tiempo en los entrenamientos, pero desconfiaba del coche, que resultaba inestable y en ocasiones perdía la dirección. De esos problemas hablaba con Bertochi, el jefe de mecánicos de Maserati, para buscar una solución, cuando irrumpió en el Hotel Lincoln Manuel Uziel. A Fangio no le apetecía lo más mínimo correr en esas circunstancias, así que, como les dijo a sus captores, puede que estos, sin saberlo, le hubieran hecho un favor.

El Gran Premio de Cuba de 1957 intentaba
lavar la imagen del dictador Batista.

Conseguido el objetivo, los guerrilleros tuvieron que afrontar un nuevo desafío: la puesta en libertad de Fangio. No fue una tarea sencilla. Temían que si los descubrían, el propio Batista ordenara la muerte de Fangio para culpar a Fidel Castro y los suyos, por lo que resolvieron ser muy cuidadosos con la operación. Decidieron liberarlo en una iglesia, pero Fangio les pidió que lo entregaran al embajador argentino en Cuba, quien, cosas de la vida, era primo del Che Guevara. El lunes temprano, 27 horas después de su secuestro, acompañado por una mujer y dos muchachos, Fangio llegó a la Embajada Argentina, donde recobró la libertad. El argentino recalcó ante los medios el excelente trato recibido y la afectuosa relación con los captores.

Desde La Habana viajó a Miami para descansar unos días, y luego se desplazó a Nueva York, donde fue objeto de todo tipo de reconocimientos. Le pagaron mil dólares por acudir al programa *The Ed Sullivan Show*, el programa estrella de la CBS que se emitía en directo en la noche del domingo. Fangio se lo tomó con ironía: «Había ganado cinco mundiales de Fórmula 1, había ganado dos veces las 12 Horas de Sebring, pero el secuestro en Cuba es lo que me hizo famoso en Estados Unidos...».

Muchos años después, en circunstancias completamente diferentes, Fangio se reencontró con sus captores. Tras dejar la competición, el as argentino desarrolló todo tipo de actividades, muchas vinculadas a las carreras, participando además en pruebas de exhibición de vehículos clásicos, principalmente los Mercedes-Benz con los que tantos éxitos cosechó. También alcanzó un puesto de representación dentro de la compañía en Sudamérica, y como tal en 1981 acudió a Cuba para cerrar un contrato con el Gobierno de Castro, que iba a adquirir una flota de camiones Mercedes-Benz. Lo recibió Faustino Pérez, el guerrillero encargado de organizar su secuestro, con el que Fangio seguía manteniendo una buena relación, que con el pasar del tiempo se había convertido en el ministro de Industria de Cuba. ¡Las vueltas que da la vida!

VISIONARIOS

En el mundo de las carreras, los pilotos son las principales estrellas del espectáculo, pero a veces tanto o más importantes que ellos son determinadas figuras que, casi sin que nadie se dé cuenta, emergen para alcanzar un protagonismo singular. Los ingenieros de carreras son algunas de esas personas, pero también hay visionarios que tuvieron una adelantada percepción de la competición, visionarios que se dieron cuenta del potencial que ofrecía el mundo de las carreras. Uno de esos visionarios es Bernie Ecclestone.

Este venerable y menudo caballero, de gesto adusto, aspecto arisco y carácter impetuoso hace ya unos años que abandonó su relación con la Fórmula 1, pero nadie pone en duda que este gran circo es como es gracias a él, porque fue capaz de elevar el campeonato a un nivel que nadie había sido capaz de imaginar. Y lo curioso es que lo hizo casi por casualidad, sin proponérselo. Simplemente fue capaz de identificar una oportunidad y tuvo el temple y la determinación de llevar adelante una idea, mientras que otros, a los que les ofreció compartir la oportunidad, no quisieron o no se atrevieron a hacerlo.

Todo empieza con los problemas organizativos del Gran Premio de Bélgica, que tradicionalmente se celebraba en el rapidísimo y peligroso circuito de Spa-Francorchamps, un trazado que discurría en un triángulo de carreteras entre Spa, Francorchamps y

Stavelot, en el corazón de las Ardenas. La peligrosidad de la pista hizo que los pilotos la pusieran en cuestión de forma recurrente desde mediados de los años sesenta, hasta que en 1969 la carrera no se llevó a cabo por problemas de seguridad, y ante la ausencia de una pista alternativa, Bélgica se quedó fuera del calendario de F1. Las mejoras introducidas en 1970 permitieron que Spa regresara, pero en 1971 se repitió el mismo problema, los pilotos se plantaron y Bélgica se quedó sin carrera. El Royal Automobile Club de Belgique (RACB) tenía un problema, porque los pilotos se negaban a correr en Spa, y los estatus deportivos de la época establecían que si un país designado en el calendario del campeonato estaba dos años sin organizar un Gran Premio, perdía su derecho a solicitar una prueba. Así que el RACB tuvo que espabilarse para encontrar una solución de cara a 1972.

Incluso se barajó la posibilidad de hacer el Gran Premio de Bélgica de 1972 en el circuito británico de Oulton Park... A grandes males, grandes remedios. No sería por falta de lugares. Bélgica también tenía la pista de Zolder, pero aún no contaba con suficiente infraestructura para acoger una prueba de la dimensión de la Fórmula 1, de modo que el RACB terminó emplazando la carrera en el circuito de Nivelles-Baulers, situado en las proximidades de Bruselas. Era un trazado modélico y vanguardista, porque contaba con amplios espacios de seguridad y unas escapatorias de gran superficie, nunca antes vistas en un circuito de velocidad, que alejaban a los espectadores de la pista y daban cierta sensación de frialdad a la carrera por la ausencia de proximidad entre los coches y el público, como sucedía en el resto de los trazados, incluso en otros circuitos permanentes.

Bernie Ecclestone, aquí junto a un jovencísimo Michael Schumacher, fue un visionario del deporte del motor.

Lo cierto es que la carrera de 1972 se celebró sin problemas y en 1973, como Zolder ya había completado sus instalaciones, el Gran Premio de Bélgica se trasladó allí, formando parte de un acuerdo político para sortear el conflicto entre valones y flamencos, y que hubiera alternativa entre las dos zonas. Pero esa carrera en Zolder resultó un desastre por las malas condiciones de la pista, que provocó numerosos accidentes, así que mientras se solucionaban los problemas en Zolder (zona flamenca) se pensó que una solución oportuna para 1974 era repetir en Nivelles (zona valona), y todos contentos.

Pero en Nivelles las cosas pintaban mal por diversos conflictos internos, desde problemas económicos del promotor local a una fuerte oposición de una plataforma contra el ruido del circuito. ¡Qué adelantados estos belgas! En otros escenarios europeos, este problema tardaría veinte años en aparecer.

Es aquí cuando aparece Bernie Ecclestone, que había prosperado en el mundillo de la Fórmula 1 tras veinte años de actividad en las carreras. Llegó a ser piloto *amateur*, e incluso en una ocasión intentó clasificarse, sin éxito, para el Gran Premio de Mónaco, comprendiendo que su sitio no estaba tras el volante. En 1957 —solo tenía 27 años— comenzó a actuar como representante de pilotos, ejerciendo de *manager* de Stuart Lewis-Evans, piloto que perdería la vida tras un accidente en el Gran Premio de Marruecos de 1958. Aquello le dejó tan traumatizado que dejó las carreras y se concentró en los negocios, mostrando una prodigiosa capacidad en este terreno. No obstante, de aquellos años de carreras guardaba buenas relaciones y no perdió el contacto, especialmente con Roy Salvadori, ganador de las 24 Horas de Le Mans en 1959, que tuvo destacadas actuaciones en la Fórmula 1 y acabó siendo el director deportivo del equipo Cooper. Salvadori lo animó a que se convirtiera en el *manager* de Jochen Rindt, adquiriendo incluso una parte del equipo Lotus de Fórmula 2 de Rindt. Desgraciadamente, la tragedia le volvió a golpear cuando el piloto austriaco se mató en Monza en 1970, y a pesar de su muerte se coronó de forma póstuma como campeón del mundo de F1.

Ecclestone ya era un hombre duro y curtido. Siguió en las carreras, y en 1971 adquirió el equipo Brabham, y a partir de ese momento se implicó más y más en la organización del campeonato, propiciando la creación de una organización de equipos de Fórmula 1, conocida como

F1CA (Formula 1 Constructors Association). Ecclestone defendió los derechos de los equipos frente a los organizadores, y eso le llevaba continuamente a situaciones de tensión con los promotores locales, dispuesto a defender los intereses de los equipos porque tenía claro que la Fórmula 1 podía llegar a ser un gran negocio. A los demás propietarios de los equipos, muchos de ellos los propios ingenieros de las marcas o antiguos pilotos reconvertidos en directores deportivos, les venía bien la figura de Ecclestone resolviendo sus problemas. Le dejaban hacer siempre que no les salpicara, y así Bernie fue ganando poder en el *paddock* de la Fórmula 1, tanto por su ambición personal, que nunca fue escasa, como por la dejadez del resto, que no veían más allá de la pista.

Cuando en 1974 surgió la posibilidad de que el Gran Premio de Bélgica regresara a Nivelles, Ecclestone, desde la F1CA se implicó de lleno, actuando *de facto* como promotor de la carrera ante cierta pasividad del RACB. Buscó patrocinadores y consiguió recursos de Marlboro, Texaco y Bang & Olufsen, con los que se cubría el alquiler de la pista y la contratación de todo el personal necesario para poder realizar la carrera. Un verdadero dineral. Pero hacía falta más, porque había que pagar a los equipos para que corrieran allí, así como los premios de los pilotos. La venta de entradas y programas, además de la publicidad estática de la pista, suponían una importante fuente de ingresos, pero seguía sin ser suficiente. Hacía falta una aportación extra, y Ecclestone propuso a Colin Chapman (Lotus), Ken Tyrrell (Tyrrell) y Ted Mayer (McLaren) que aportaran una cantidad para la organización —lo cual siempre suponía un riesgo—, compartiendo el beneficio que se pudiera obtener.

Los miembros de la F1CA no tenían muchas ganas de ejercer de promotores y mucho menos interés en exponerse a perder dinero, así que le dijeron a Ecclestone que no. Este no se lo pensó dos veces: asumió los costes con la garantía personal de su patrimonio. Y no solo eso, hizo un esfuerzo extra y el equipo Brabham puso en pista un tercer coche para el piloto local Teddy Pilette, con el fin de atraer la atención de los aficionados belgas. El resultado fue sensacional, acudieron 70.000 espectadores, que pasaron por taquilla y compraron programas, una forma habitual en aquellos días de estar al tanto de lo que era la Fórmula 1. Ecclestone tuvo dinero suficiente para hacer frente a todos los pagos, dio a los equipos lo que les correspondía e incluso obtuvo beneficios.

Aquello le abrió los ojos. El dinero en la Fórmula 1 no estaba en la pista, no se conseguía con patrocinios, ni con victorias, ni vendiendo coches competitivos, ni gestionando la carrera deportiva de los pilotos. El negocio de verdad estaba en la organización del campeonato, y así, con la larga y certera visión de conjunto de Ecclestone, la F1CA pasó a ser la FOCA (Formula One Constructors Association) ese mismo año de 1974, constituida por Williams, Lotus, March, Tyrrell, McLaren y Brabham. La organización asumió un poder muy grande que le llevó a enfrentarse con la Federación Internacional de Automovilismo (FIA), convirtiéndose la disputa en una cuestión personal entre el propio Ecclestone y el presidente de la FIA, el autoritario Jean-Marie Balestre. En paralelo a la FOCA, Ecclestone puso en marcha la FOPA (Formula One Promotions and Administration), asociación que reunía a los promotores de carreras de Fórmula 1, una entidad que, en la práctica, era él mismo, dado que tras el éxito cosechado en Nivelles, Ecclestone había comenzado a asumir esa posición en otras pruebas.

Tenía un equipo, representaba a los equipos y representaba a los organizadores, todo frente al poder deportivo de la federación internacional, un organismo arcaico que seguía anclado en otro tiempo. El mundo avanzaba pero la administración deportiva no. Ecclestone tenía bajo control lo que sucedía en la pista, pero a finales de los años setenta la televisión ya había entrado en juego, y en muchos países se retransmitían con regularidad carreras de Fórmula 1. La primera retransmisión televisiva vía satélite de una carrera de F1 fue el Gran Premio de Japón de 1976, una agónica carrera marcada por el diluvio caído sobre el circuito de Fuji y el desenlace del título que se disputaban Niki Lauda y James Hunt. Consciente del impacto mediático que podía suponer esa carrera —la historia de aquella edición del mundial y su desenlace es digna de enmarcarse—, Ecclestone, con su perspicaz intuición, se encargó personalmente de gestionar la retransmisión. Curiosamente, la organización pagó para que la carrera fuera retransmitida por la BBC, que en 1976 solo había retransmitido dos carreras: Mónaco y el Gran Premio de Gran Bretaña. Y resultó ser un éxito porque la prueba de Japón reunió todos los ingredientes de un gran espectáculo: drama, tensión, suspense y emoción, y para colmo James Hunt se coronó campeón.

Hunt fue un verdadero regalo para los medios de comunicación, por su irreverencia y su verborrea, con frecuencia excesiva. Pero aquello encantaba al público británico. Así que la Fórmula 1 se convirtió en un deporte atractivo para la televisión. Ecclestone sabía que con la carrera de Fuji había picado el anzuelo y se dispuso a recoger sedal. Cuando la BBC mostró su interés por la retransmisión de todo el campeonato, Ecclestone le dijo que no cobrarían por ello, sino que tendrían que pagar para poder hacerlo. Comenzó la guerra por los derechos de televisión, y mostró a sus compañeros de la FOCA una nueva vía de ingresos nunca antes explotada. Cuando asumió la dirección ejecutiva de FOCA en 1978, Ecclestone se aseguró el control de la negociación de los derechos de televisión, que también quería controlar la FIA. Fue firme en sus negociaciones y supo repartir los beneficios: un 47 % para los equipos, un 30 % para la FIA y el 23 % restante para la FOPA, lo que venía a ser el propio Ecclestone.

Y así siguió, ganando poder con el paso del tiempo y haciendo más grande el negocio de la Fórmula 1, con una visión anticipada. Quién se lo iba a decir, que todo empezó porque los belgas no sabían qué hacer para salvar su carrera…

BON VIVANTS Y PLAYBOYS

En las carreras encontramos una fauna de lo más variopinta. Hay gente que entra en el mundo de la competición por pasión, y otros que llegan para hacer de este negocio su profesión. Y los hay que simplemente estuvieron dentro por capricho, por pura diversión, sin un plan definido, improvisando. La Fórmula 1 no ha tenido mayor *bon vivant* que Thomas Alexander Fermor-Hesketh, tercer barón Hesketh, por todos conocido como lord Hesketh. Su desahogada posición le permitió disfrutar de todos los lujos y caprichos imaginables, pero fue el automovilismo el mayor de todos, y así, con solo 22 años, puso en marcha Hesketh Racing, un equipo de carreras con grandes pretensiones y escasa organización. Lord Hesketh se asoció con Anthony Horsley, vendedor de coches de segunda mano que intentaba hacerse un hueco en el mundo de las carreras, compitiendo en Fórmula 3 en Europa durante 1972. Hesketh no tenía otra pretensión que la de divertirse con las carreras, pero la escasa experiencia de Horsley hizo que los resultados fueran bastante pobres. Este se convenció que lo suyo no era pilotar, así que se hizo cargo de la dirección del equipo.

Poco le importaban al aristócrata los malos resultados. Nadaba en dinero en esos momentos. Su organización, carente de orden, hacía gala de un desenfado que rayaba la desvergüenza: viajaban en Rolls-Royce a las carreras, se alojaban en hoteles de cinco estrellas, y fuera cual fuera el resultado —por lo general, malo— siempre descorchaban una botella de champán al terminar la carrera. Todo empezó a cambiar en lo deportivo cuando se unió a su equipo el prometedor James Hunt, un verdadero talento de la velocidad pero con un carácter complicado: impulsivo, deslenguado, juerguista, y excesivamente agresivo en pista, lo que le llevaba a sufrir frecuentes accidentes. Hunt the Shunt, lo apodaban, algo que se podría traducir como «Accidente Hunt».

Hunt le vino a Hesketh como anillo al dedo, porque parecía el piloto perfecto para la filosofía de Hesketh Racing, cuya máxima era la diversión por encima de todo. En 1973 comenzaron pensando en competir en Fórmula 2, pero vieron que el escalón inferior no era mucho más barato que hacerlo en F1, así que decidieron dar el salto a la máxima categoría, a pesar de ser, con diferencia, el equipo más pequeño e inexperto enrolado en el campeonato. Alquilaron un Surtees TS9 para la Carrera de los Campeones de Brands Hatch, una prueba internacional de bastante renombre en aquellos momentos, donde Hunt logró un prodigioso tercer puesto. Aquello les encendió, y lord Hesketh compró un March 731 y contrató a un ingeniero, presentándose en Mónaco para disputar su primer Gran Premio de Fórmula 1. Hunt lo hizo muy bien hasta que el motor se rompió, y siguió dejando buena nota de su talento: cuarto en Silverstone, tercero en Zandvoort... Cerró la temporada con una segunda posición en Watkins Glen, en Estados Unidos.

Una combinación explosiva: James Hunt y el equipo Hesketh.

Lord Hesketh estaba convencido de que Hunt sería algún día campeón del mundo, e incluso llegó a pensar que lo sería con Hesketh Racing, y lo sorprendente es que a pesar de su desordenada organización y el caótico ritmo de vida de su piloto, lleno de excesos, Hunt se fue haciendo un hueco entre los mejores, llegando a ser cuarto en 1975, logrando además una victoria. Los lunes después de las carreras la resaca era el estado general en Hesketh Racing como consecuencia de su fin de fiesta del Gran Premio, aderezado con todo el sexo imaginable y demás complementos... Cuando se piensa en los deportistas profesionales contemporáneos, con su exquisita y metódica preparación física, el trabajo de su dietista, de su psicólogo deportivo, sus horas de trabajo en el simulador del equipo, mentar a James Hunt es algo así como hablar del Anticristo.

James Hunt no modificó sus hábitos ni
siquiera tras fichar por McLaren.

«Sexo… el desayuno de los campeones», llevaba bordado en un escudo en su mono James Hunt, una burla hacia sus rivales, acostumbrados a guardar abstinencia durante el fin de semana del Gran Premio. «Si yo fuera un atleta profesional serio, tendría que irme a dormir a las diez. Pero como soy un piloto, puedo estar con una chica acaso una hora más y eso puede marcar la diferencia», decía sin sonrojo. *Playboy* le hizo socio honorario. No modificó ese hábito de vida ni siquiera cuando fichó por McLaren en 1976, ofreciéndole un contrato de 200.000 dólares, una verdadera fortuna para él. Lord Hesketh, lógicamente, lo tuvo que dejar ir porque no podía competir con la escudería de Woking en ningún aspecto, ni en lo deportivo ni en lo económico, porque después de varios años de derroche, ya no estaban para tirar cohetes. De hecho, con un descaro sorprendente, en alguna ocasión Horsley se ofreció a retirar a alguno de sus pilotos de la parrilla para que pudiera acceder alguno de los reservas, a cambio de una generosa cantidad. Eso hizo en una ocasión con Emilio de Villota en Silverstone: cuando el piloto español se quedó como primer reserva para la carrera, Horsley se ofreció a dejar libre su plaza a cambio de 6.000 libras.

McLaren era la antítesis de Hesketh Racing, e intentó obligar a Hunt por contrato a modificar sus costumbres, incluso la de ir descalzo, una costumbre algo insana y que no cumplía con la etiqueta del pulcro ambiente de la Fórmula 1, que poco a poco comenzaba a profesionalizarse. Pero Hunt siguió a su aire. Sexo, alcohol, drogas… Siguió viviendo rebelde, como el primer día, pero nada alteró su competitividad. Ese año peleó con Niki Lauda por el título hasta la última carrera, el Gran Premio de Japón. Lejos de amilanarse por la tensión, Hunt aprovechó la coincidencia de que McLaren se alojara en el mismo hotel que varias tripulaciones de British Airways para dar rienda suelta a su procacidad. Se cuenta que durante el fin de semana mantuvo relaciones con 33 azafatas… Quizás fuese una exageración, pero lo que sí es verdad es que la mañana de la carrera, Patrick Head, el ingeniero de McLaren, al entrar en el *box* del equipo se encontró a Hunt «desayunando» con una azafata japonesa…

Al final de aquella jornada, Hunt fue campeón del mundo, aunque él, cuando se bajó del coche no lo sabía y arremetió contra Teddy Mayer, el director del equipo, al que llegó a soltarle un puñetazo que no lo alcanzó, enojado porque el equipo había tardado en mandarle a *boxes* para cambiar los neumáticos. Cuando por fin se calmó y le explicaron que era campeón por un solo punto, no pudo reprimirse: «Me voy a emborrachar ahora mismo», dijo, mientras se encendía un cigarrillo. El primer trago fue el *magnum* de champán que descorchó en el podio…

GENTE CURIOSA

Lo cierto es que a lo largo de su historia, la Fórmula 1 ha visto pasar todo tipo de gente. Los pilotos de F1 son tipos curiosos, sobre todo en el pasado. No había mucha diferencia entre los profesionales que dedicaban su vida a competir y los *gentlemen drivers* que, aprovechando una desahogada existencia, pasaban el rato jugando a las carreras. Se trataban por igual, compartían las mismas vivencias y los mismos riesgos. La pista los igualaba. Con el pasar del tiempo y la paulatina profesionalidad de la competición, aquellos caballeros ociosos fueron desapareciendo y la Fórmula 1 se convirtió en un deporte donde apenas había cabida para los *amateurs*, aunque todavía habría tiempo de encontrarse con ellos.

La estrella del motociclismo Mike Hailwood buscó
repetir sus éxitos de las dos ruedas en la Fórmula 1.

Podía ser cualquier tipo de persona, con cierta implicación en el mundo del automovilismo. Nadie llegaba a la Fórmula 1 sin haber hecho antes sus pinitos sobre cuatro ruedas. Algunos llegaron desde las motos, como John Surtees, múltiple campeón del mundo de motociclismo en las categorías de 500 y 350, que en su etapa final en MV Agusta llegó a compaginar las motos con alguna carrera de F1. A Surtees el conde Domenico Agusta le exigía dedicación exclusiva a MV, porque durante sus primeros años, cuando acababa el mundial, Surtees corría en Reino Unido con sus Norton privadas que él mismo se encargaba de preparar, pero aquello no era del agrado del aristócrata, que le exigió por contrato para 1960 que solo corriera con MV Agusta. «Pero en mi contrato no decía nada de pilotar coches», argumentó con ironía Surtees.

Ya en 1959 —cuando llevaba ganados ya cinco de sus siete títulos mundiales— había empezado a correr con Vanwall y Aston Martin, y no tardaron en llegarle ofertas del mundo de las cuatro ruedas. Ken Tyrrell puso a su disposición un Fórmula 500 y ganó en Goodwood, y al año siguiente debutó en la Fórmula 1 con Lotus, en Mónaco, nada menos, llegando a correr cuatro grandes premios esa temporada al tiempo en que se encaminaba hacia un nuevo doblete motociclista, ganando los títulos de 350 y 500 por tercera vez consecutiva. Fue segundo en Silverstone, hizo la *pole* en Oporto, en el Gran Premio de Portugal, pero se retiró por una avería, y sufrió su primer accidente serio en Riverside, en el GP de Estados Unidos. Con solo 26 años y siete títulos mundiales a sus espaldas, Surtees dejó definitivamente las motos para dedicarse a la F1, donde terminaría triunfando en 1964, con Ferrari, para convertirse y seguir siendo, a pesar del paso del tiempo, en el único hombre que ha sido campeón del mundo tanto en automovilismo como en motociclismo.

Como Surtees, otros campeones motociclistas también intentaron probar suerte en la F1. Mike Hailwood, nueve veces campeón en las motos en 250, 350 y 500 cc, y autor de 76 victorias en GP, hizo sus pinitos en la F500 y la F2 antes de centrarse en la F1, donde tuvo diversa suerte. Antes de dejar las motos hizo algunas carreras con un Lotus del equipo de Reg Parnell, entre 1963 y 1965. Retirado de las motos en 1968 —Honda anunció por sorpresa que dejaba el campeonato—, en 1971 acabó enrolándose en el Team Surtees, con el que ganaría el Campeonato de Europa de F2 en 1972, convertido para entonces en un habitual del Mundial de Fórmula 1.

Hailwood era un tipo con un carácter especial. Tuvo un fuerte accidente con Clay Regazzoni en el Gran Premio de Sudáfrica de 1973, y el BRM del suizo se incendió, atrapando al piloto. Hailwood no dudó en meterse entre las llamas para ayudar a Regazzoni a desabrochar su cinturón, consiguiendo salvarle la vida. Sin querer darle mayor importancia a su gesto, regresó andando al *paddock* de Kyalami tal cual estaba, hecho un tizón, con su mono y sus botas humeando. Su determinación le valió ser recompensado con la George Medal, la segunda condecoración de mayor nivel en el orden civil en el Reino Unido. Con una humildad extraordinaria a pesar de su condición —era hijo de un multimillonario, Stanley Hailwood, que en sus comienzos en las carreras motociclistas le llevaba a las carreras en un Bentley conducido por un chófer—, Hailwood quiso quitar importancia a su acto: «Los bomberos hacen esto todos los días y nadie les da una condecoración», dijo. Un año después, un grave accidente en Nürburgring lo apartó de las carreras de coches.

También probaron suerte en los coches el campeonísimo Giacomo Agostini, el piloto más laureado en la historia del motociclismo, que sin embargo no llegó a destacar en el automovilismo, con resultados irregulares en F2 y el campeonato Aurora de F1, en Reino Unido, y Johnny Cecotto, que fue en su momento el campeón del mundo de motociclismo más joven de la historia, al ganar con 19 años el Mundial de 350 en 1975. Su precocidad le llevó a la F1 de forma muy temprana, tras dejar las motos en 1980, se estrenó en el mundial de monoplazas en 1983, con Theodore Racing, de forma discreta, y al año siguiente corrió con Toleman, donde tuvo como compañero a Ayrton Senna. Un grave accidente en Brands Hatch, donde se fracturó ambas piernas, puso fin a su carrera como piloto de F1.

Ángel Nieto también estuvo tentado por el automovilismo,
pero no pasó de una mera prueba de un F-2.

No es fácil el paso de las dos a las cuatro ruedas. Y además de complejo es costoso. En las motos los pilotos de nivel podían ganarse bien la vida, pero nada comparado con lo que se podía llegar a conseguir en el automovilismo. Ángel Nieto era consciente de ello, sobre todo en sus inicios, cuando el motociclismo seguía siendo, a pesar de sus éxitos, un deporte poco reconocido. Nieto sentía curiosidad por los coches, y pensaba que estaba capacitado para las cuatro ruedas. Cuando en 1970, tras ganar su segundo título mundial, lo eligieron deportista del año, ya comenzó a mostrar interés por el automovilismo: «Creo que sobre las cuatro ruedas tengo grandes posibilidades, y quizás más porvenir que en las motos», dijo. Nieto, que como decía mi abuela, era «largo», estaba sondeando a la concurrencia. Incluso llegó a correr una prueba de la Copa Renault TS en el Jarama, en la que fue cuarto. En 1971, fue de nuevo campeón tras un emocionante final en el Circuito del Jarama, en un Gran Premio de España que se convirtió en el mayor acontecimiento deportivo ajeno al fútbol que se hubiera realizado hasta la fecha en España.

Con un nuevo título en sus manos, Nieto realizó la inevitable peregrinación al Palacio del Pardo, para compartir los logros de la gloria junto al general Franco, rodeado de toda la parafernalia militarista de la época, empezando por el propio presidente de la Real Federación Motociclista Española, Luis Soriano, que era un reconocido cargo de Falange en Madrid. La audiencia se desarrolló conforme al estricto y rancio protocolo de la época, con los hombres del régimen haciendo gala del éxito de su gestión y Nieto convertido en poco más que un convidado de piedra. Cuando lo invitaron a tomar la palabra, Nieto anunció su intención de abandonar el motociclismo para dedicarse al automovilismo, porque con las motos no se ganaba suficiente dinero.

Soriano y todo el cuadro de uniformes, bandas y medallas quedaron estupefactos. No se podía permitir perder a uno de los principales deportistas españoles, era un riesgo demasiado elevado para una federación que empezaba a distinguirse de las demás precisamente gracias a los logros de Nieto. Sin perder un minuto, se llevó a Nieto al despacho de Torcuato Fernández-Miranda, por entonces secretario general del movimiento, y allí mismo consiguió que la Delegación Nacional de Deporte, primitivo antecedente del Consejo Superior de Deportes, asignara una subvención extraordinaria a la federación, que esta consignaría como recompensa por los títulos mundiales conseguidos y los que se pudieran conseguir, con lo que Nieto se vio en cierto modo compensado, y Soriano conjuró su fuga hacia el automovilismo. O eso se creía…

Slim Borgudd, batería de Abba, tenía entre sus aficiones
el automovilismo, y llegó a competir en Fórmula 1.

Un año después, con el doblete conseguido en 50 y 125, contaba ya con cinco títulos mundiales. Su futuro estaba en duda, porque Derbi anunció su retirada del mundial, y negociaba con Morbidelli su continuidad en el Mundial de 125. Ese invierno, por mediación de Ben Heiderich, que en ese momento era importador para España de Porsche, Nieto tiene la oportunidad de probar en Goodwood el March de F2 con el que Niki Lauda ha participado en el Campeonato de Europa. No lo hizo mal, dejó buena impresión en el equipo, que llegaron a proponerle que corriera con ellos en 1973. Sin embargo, para su sorpresa, descubrió que correr con el equipo suponía que en vez de cobrar por competir tenía que pagar para disfrutar del asiento, y aquello le espantó, terminó cerrando definitivamente su contrato con Morbidelli. La prensa, sobre todo la de Barcelona, le «sacudió» de lo lindo: «*Ángel Nieto prefiere a "don Dinero" antes que a los coches*», titulaba *El Mundo Deportivo*…

Durante una temporada Abba patrocinó el equipo
ATS y se dejó ver por los circuitos de F-1.

No es fácil asumir un cambio de rol semejante: de ser la estrella que todo el mundo admira a convertirse en uno más. Sin embargo, cuando las cosas se hacen por pura diversión, por el simple capricho de hacerlas y te lo puedes permitir, lo de menos es el coste que te suponga. Eso es lo que debió mover al sueco Slim Borgudd a llevar su pasión por el automovilismo al máximo nivel, hasta llegar a la Fórmula 1, y eso que se inició en las carreras a una edad ya avanzada. Tenía casi 25 años cuando decidió competir. Hasta entonces su principal actividad era la música, porque Borgudd era batería y, ocasionalmente, vocalista, y formó parte de varios grupos como Made in Sweden y Solar Plexus, pero donde fue mundialmente conocido fue como batería del mítico grupo Abba. Borgudd compaginó su actividad profesional con el mundo de las carreras, hasta convertirse en mucho más que un piloto *amateur*.

En 1976 saltó de las competiciones suecas a los

monoplazas, compitiendo en el Campeonato de Europa de F3, sin llegar a conseguir alcanzar la Fórmula 2. Sin embargo, en 1981 tiene la oportunidad de subirse al ATS de F1. Se trata de un equipo modesto que corría con el sempiterno motor Cosworth V8, piedra angular de todas las iniciativas privadas en Fórmula 1 durante años. Su estreno le llega a los 34 años, lo que lo convierte en uno de los pilotos más veteranos en debutar en F1. La llegada de Borgudd al equipo trajo consigo la presencia del logo de Abba en la carrocería del ATS. El grupo sueco no aportó ni un solo dólar al equipo alemán, pero su presencia ayudó a atraer la atención sobre la escudería, sirviendo de reclamo para nuevos patrocinadores. La verdad es que el bagaje de Borgudd fue pobre: 13.º en su debut, falla en la clasificación en las cuatro siguientes carreras. Sin embargo, en su sexta participación se gana un puesto en la parrilla de Silverstone, y acaba sexto. Fue una carrera por eliminación en la que solo acabaron ocho pilotos por culpa de todo tipo de averías. Todo un éxito en una etapa en la que solo se concedían puntos a los seis primeros clasificados.

El resultado fue tan inesperado como estimulante. Dos semanas después, en Hockenheim, en el Gran Premio de casa, el equipo ATS llegó con una motivación especial, e incluso los cuatro miembros de Abba aparecieron como invitados en la carpa del equipo contribuyendo a dar un *glamour* especial a la carrera. Todo gracias a la pasión de Borgudd. La temporada fue discreta, no puntuó en ninguna carrera más y su único resultado después fue la décima posición en Holanda. En 1982 Abba se disolvió, y ese mismo año Borgudd finalizó abruptamente su carrera en la F1 tras las tres primeras carreras del año corriendo con Tyrrell. Acabó las tres primeras, más que dignamente, pero sin un patrocinador de por medio, con la banda disuelta y sin posibilidad de repetir la jugada del año anterior con ATS, el sueño de la F1 llegó a su fin, aunque Borgudd siguió compitiendo, ya como exbatería del famoso grupo.

EL ARTE DE HACER COCHES

Diseñar un coche es un verdadero arte. En los inicios de la historia de la automoción los ingenieros de motores fueron los grandes protagonistas, la mecánica era lo importante, lo único, y todo lo demás en el coche resultaba accesorio. De hecho, no había muchas diferencias entre el modelo de una marca y su competencia. El motor se montaba sobre una plataforma que servía de chasis, y sobre ella se fijaba un habitáculo, generalmente abierto, que se cubría con un techo abatible de lona. Visto uno, vistos todos. En los años veinte del siglo XX, los coches adoptan su formato de caja con ruedas. El primer modelo completamente cerrado en el que todos los pasajeros se sentaban fue el Essex Sedán de 1922, un estilo de carrocería que a lo largo de esa década todos los fabricantes adoptaron. El Lancia Lambda de 1925 fue el primer coche que adaptó el sistema de chasis-carrocería como una solución unitaria, lo que permitió reducir el volumen y la altura de los coches, para mayor confort y mejor manejabilidad.

Es en aquellos días cuando emerge la pequeña figura de Battista «Pinin» Farina, que con el pasar de los años y más de un siglo después, se puede considerar como el primer gran diseñador de la historia de la automoción.

El pequeño Pinin, diminutivo de Giussepino —por su padre— en piamontés, y corto de talla (solo medía 1,52 m), abandonó la escuela elemental para trabajar en el taller de su hermano mayor, Giovanni, que en 1906 había abierto un taller de carrocerías, Stabilimenti Farina. Pinin enseguida se mostró como un hábil carrocero, y terminó haciéndose cargo de la gestión de la empresa. Pero en 1930 se independizó. Su esposa heredó de una tía rica y decidió montar su propio negocio: Societè Anonima Carrozzeria Pinin Farina, teniendo como socios a Vincenzo Lancia, el fundador de la marca automovilística, y Gaspare Bona, un afamado piloto de la época.

Lo curioso de Pininfarina —que en 1961 consiguió la autorización de la Administración italiana para modificar su apellido y el de su descendencia, pasando a llamarse Battista Pininfarina— es que a pesar de ser considerado por todos como el primer gran diseñador de coches, él realmente no era un diseñador al uso. Su formación en el taller de carrocería de su hermano Giovanni era la de un mero carrocero que se dedicaba a trabajar pieza a pieza, sin un diseño predeterminado del vehículo. Y es que en aquellos tiempos había poco que hacer: estructuras planas y formatos cuadrados. Pininfarina moldeaba cada elemento de acuerdo con su intuición y su gusto, que era indudable. Posteriormente, cuando el arte de fabricar coches evolucionó, adaptó su metodología de trabajo a las nuevas situaciones.

Imaginaba y dibujaba un automóvil a partir de las medidas del chasis. Cuando recibía un encargo, los delineantes de Pininfarina desarrollaban varios proyectos, realizando de cada uno cinco planos a escala 1:10 (planta, alzado, perfil, vista delantera y vista trasera), que fijaban en las paredes de una estancia de la oficina, en la que trabajaba el patrón. Este evaluaba todos los proyectos realizados y elegía el que consideraba más adecuado. Se volvían a realizar los mismos cinco planos, ya a escala 1:5, que se enviaban al cliente, y una vez que este daba el visto bueno al proyecto, entonces se dibujaba un plano a escala 1:1 con todos sus detalles, a partir del cual los carroceros de la empresa daban forma a una maqueta. Es en este momento en el que Pininfarina se implicaba personalmente, realizando modificaciones particulares, con indicaciones muy precisas a los carroceros fruto de su experiencia personal, de sus años moldeando chapa en el taller de Giovanni.

Battista Pininfarin, padre del diseño automovilístico, y su hijo Sergio, continuador de su obra.

Uno de los maestros del diseño fue Bertone.

Esa forma de trabajar fue común entre los primeros grandes carroceros. Nuccio Bertone, otro de los grandes nombres del diseño de automóviles, se incorporó en 1934 a Carrozzeria Bertone, la compañía carrocera fundada por su padre, Giovanni, en 1912. Bertone nunca dibujó un diseño, pero tenía el conocimiento de las formas, los volúmenes, su estética. Quizás el mayor diseño de Bertone fuera el célebre Lamborghini Miura (1966), el primer superdeportivo realizado por el fabricante de tractores Ferruccio Lamborghini, que impulsó en respuesta al desplante de Enzo Ferrari (ver capítulo 3), que marcará un antes y un después en el contexto de los coches de estas características. Aunque era un diseño Bertone, la compañía supo destacar a su autor, el joven

Marcello Gandini, de solo 25 años, como también hizo antes con otros trabajadores de la casa, como Giorgetto Giuggiaro, que trabajó para Bertone antes de fundar en 1963 su propio estudio independiente, o Franco Scaglione.

«LO FEO NO VENDE»

El polo opuesto a esta cuadrilla de carroceros lo representó Raymond Loewy, cuyos diseños están presentes en todos los rincones del mundo. Loewy era un diseñador puro y duro, emigró de Francia para establecerse en Estados Unidos, donde encontró el ambiente adecuado para dar rienda suelta a su talento y su creatividad, combinando la sociedad comercial y consumista estadounidense con el sentido práctico que inspiraban sus creaciones. Loewy quiso dar utilidad a sus productos, pero además, por más cotidianos que fueran, quiso que resultaran atractivos. «Lo feo no vende», era su lema, y consiguió volver atractivo algo tan anodino como una tostadora o un frigorífico. De su ingenio salieron diseños icónicos, como la cajetilla de tabaco de Lucky Strike, refrigeradores para Coca Cola, frigoríficos Sears, multicopistas Gestetner, modernas locomotoras de la Pennsylvania Rail Road, que prescindían del apartavacas, etc. Incluso fue fundamental su contribución para estilizar la reconocida botella de Coca Cola, realizada por The Glass Root Company en 1915, haciéndola más atractiva y desarrollando nuevos formatos, lo que hace que, erróneamente, se le atribuya a él dicho diseño, cuando en realidad lo que sí realizó él personalmente para Coca Cola fue la botella de Fanta.

Si fue capaz de hacer todo eso, ¿cómo no desarrollar un producto atractivo para la industria de la automoción? Sorprendentemente, no fue tan sencillo que la conservadora industria del automóvil norteamericana aceptara las vanguardistas ideas de Loewy, que se regía bajo el denominado principio MAYA (*Most Advanced Yet Acceptable*, es decir, «lo más avanzado posible, pero aun así aceptable»), una idea que terminaría calando como un principio básico en cualquier producción industrial.

A los fabricantes norteamericanos se les hacía difícil aceptar las ideas de Loewy. Estamos hablando de la década de los años treinta del pasado siglo. Frente a la opulencia y el exhibicionismo propio de esa sociedad, Loewy, francés de nacimiento aunque nacionalizado norteamericano, proponía vehículos más ligeros y pequeños, menos voluminosos, que consumieran menos y resultaran más prácticos, y propuso descargarlos de su parafernalia, como las aparatosas rejillas de ventilación frontales. «Las rejillas son para las alcantarillas», llegó a decir. Con la Iglesia hemos topado, Sancho… Para convencer a la compañía Hupp de sus ideas, tuvo que comprar él mismo un modelo K «Cyclefender» y modificarlo personalmente para poder persuadirles de las ventajas de sus diseños. Así nació el Hupp J Aero-Dynamic en 1934. El modelo K era el clásico coche de gánster, con plataforma, grandes guardabarros sobre las ruedas, enorme rejilla central tras la que se ocultaba el radiador y faros a ambos lados de este. Cuando terminó su trabajo de remodelación y diseño, el J Aero-Dynamic se parecía al modelo K como un huevo a una castaña.

Hupmobile Model J Aero, diseño de Raymond Loewy.

Loewy eliminó la plataforma, recortó la carrocería reduciendo su longitud y su altura, embutió los faros dentro del capó e inclinó el morro del coche para mejorar su aerodinámica, y además con esa posición inclinada apenas 15 grados no restó superficie de ventilación al radiador, con lo que el coche pasó a tener unas líneas más estilizadas. A pesar de las innovaciones aportadas por Loewy, Hupp no pudo superar las dificultades derivadas de las disputas entre los diferentes accionistas, y en 1937 suspendió su producción.

Studebaker fue la única compañía que realmente confió en la audacia de Loewy, que en 1939 produjo su primer modelo Champion, un coche que con continuas evoluciones se convirtió en uno de los más populares en Estados Unidos, ya que se mantuvo en producción hasta 1958. Después llegaron modelos como el elegante y deportivo Starliner, el *coupe* Starlight, ambos en los años cincuenta, o el vanguardista Avanti, desarrollado en 1962, un deportivo que fue el último intento de la marca por mantenerse en la industria de la automoción, ya que pocos años después terminó cerrando su última planta, la fábrica de Ontario (Canadá), en 1966. Como con tantos genios incomprendidos, los diseños de Loewy en el terreno de la automoción han alcanzado mayor reconocimiento una vez pasado el tiempo.

EL ESCULTOR DE ARCILLA

De una forma similar a Pininfarina, Bertone o Ghia, comenzó su carrera profesional Flaminio Bertoni, un joven dibujante de talento nacido en Varese (Italia), apasionado de las bellas artes, un hombre renacentista en el sentido de que dominaba todas las disciplinas, tanto las artísticas como las técnicas. Le apasionaban los volúmenes, la escultura, y se declaraba admirador de Leonardo y Miguel Ángel. La temprana muerte de su padre cuando él tenía solo 15 años le forzó a buscar un trabajo con el que contribuir económicamente en su casa, y entró a trabajar en Carrozzeria Macchi, de Varese. Allí empezó en el taller de carpintería, pero enseguida pasó al departamento de hojalatería, familiarizándose, como Pininfarina, Bertone, y también como Giacinto Ghia, otro de los pioneros del diseño, en el arte de moldear los volúmenes. Bertoni, a diferencia de los demás, siguió formándose mientras trabajaba y se matriculó en la Escuela de Bellas Artes de Varese.

Prototipos del TPV realizado por Flaminio
Bertoni, anticipo del Citroën 2CV.

Viendo todos estos ejemplos podemos entender por qué, siempre que se habla de diseño en el mundo del automóvil, miramos instintivamente a Italia. Bertoni estableció su propio estudio de diseño, pero las circunstancias de la vida le llevaron lejos de Varese. Se enamoró de Giovanna, y con ella huyó a París cuando su familia rechazó su relación. Allí se instalaron en 1931. No abandonó su pasión por el diseño y la tecnología. De hecho, para un diseñador y un inventor como Bertoni, París era un lugar tan bueno como el industrial norte de Italia, el corazón de la automoción transalpina, porque la capital francesa seguía siendo el epicentro del mundo del automóvil.

Bertoni desarrolló una patente de un elevalunas eléctrico que presentó a André Citroën. El patrón de la marca del chevrón no dudó en contratarlo de inmediato. Esta decisión resultará fundamental para el futuro de la marca, y los diseños de Bertoni harán de los Citroën vehículos verdaderamente originales, trabajando estrechamente con el ingeniero aeronáutico André Lefebvre. Juntos desarrollaron proyectos innovadores y ambiciosos, que no siempre encajaban con las ideas de André Citroën. Sin embargo, Bertoni tuvo la audacia de presentar sus proyectos de una forma innovadora y diferente, aprovechando sus dotes de escultor. En vez de mostrar un plano bidimensional, moldeó una maqueta de arcilla a escala, que permitía mostrar el proyecto con sus volúmenes y sus formas. Aquello cautivó a Citroën, y marcó una nueva forma de plasmar los proyectos. No tardó en conocerse ese nuevo método de trabajo y, desde entonces, la maqueta de arcilla se convirtió en un paso obligado en el proceso de diseño para todos los diseñadores.

Citroën acabará siendo adquirida por Michelin tras entrar en bancarrota en 1934, y Pierre Michelin se convirtió en su presidente. A su muerte, en 1937, Pierre Jules Boulanger, director de la Oficina de Estudios de Citroën, accedió a la presidencia, al tiempo que también dirigía Michelin. Acuciado por los problemas económicos de Citroën, Boulanger concibió la idea de desarrollar un vehículo sencillo y accesible que contribuyera a motorizar las zonas rurales, que no resultara costoso de producir y que pudiera venderse de forma masiva.

El talento de Bertoni y Lefebvre se puso al servicio de la idea de Boulanger, desarrollando el proyecto TPV (Trés Petite Voiture, que podemos traducir literalmente como «coche muy pequeño»), un vehículo que pocos años después conoceríamos como el 2CV. Boulanger lo planteó así: «Un coche capaz de transportar cuatro pasajeros y cincuenta kilos de patatas a 60 km/h, que solo consuma tres litros de gasolina cada 100 kilómetros, que lo pueda manejar tanto una mujer como un conductor inexperto, y que no importe el aspecto que tenga». Los diseñadores respondieron con un concepto muy básico: carrocería de aluminio ondulado, techo de lona, cristales de mica, todo para reducir al máximo su peso, y un pequeño motor de 375 cc de 8 CV de potencia, que se arrancaba con manivela. Incluso tenía un solo faro con el objetivo de minimizar costes. Se había realizado una preserie de 250 unidades cuando estalló la II Guerra Mundial el 3 de septiembre de 1939. La *Blitzkrieg*, la guerra relámpago del Ejército alemán, que avanzó sobre Francia a velocidad vertiginosa —en mayo de 1940 las tropas nazis cruzan la frontera, y el 15 de junio Hitler se pasea por el Campo de Marte y contempla la Torre Eiffel— forzó a Citroën a ocultar sus primeros 2CV.

La Alemania de Hitler fue conocedora del proyecto gracias al Gobierno cómplice de Vichy, lo que despertó su curiosidad. Las autoridades alemanas quisieron conocer más detalles, ofreciendo a cambio información sobre el KDF-Wagen —el futuro Volkswagen Escarabajo (ver capítulo 10)—, sin éxito. Ferdinand Porsche quiso conocer a Boulanger, pero este rechazó cualquier contacto personal con él, y nunca aceptó tratar directamente con los alemanes, aceptando solo que la Administración de Vichy sirviera de interlocutor. El fabricante francés continuó trabajando en su diseño en la clandestinidad, y cuando París fue liberada y Francia acabó con la ocupación, el proyecto TPV se convirtió en uno de los elementos cruciales para la motorización del país en la posguerra, por eso en 1949 el 2CV estuvo listo para iniciar su comercialización.

La otra gran obra de Bertoni, el Citroén DS19.

La colaboración entre Bertoni y Lefebvre prosiguió bajo el paraguas de Citroën, ofreciendo todo tipo de diseños. En las antípodas del 2CV se situó un vehículo verdaderamente singular, por su diseño vanguardista e innovador: el Citroën DS19, popularmente conocido como el Tiburón. Apareció en el Salón del Automóvil de París de 1955, rompiendo con la estética de los vehículos de su época. El día de su estreno, Citroën recibió 12.000 pedidos en firme. Su impacto fue tan grande que al vencer el siglo XX, un grupo de expertos en diseño eligió al DS como «mejor objeto de diseño mundial durante el siglo XX». Ahí es nada. De hecho, para los propios diseñadores, el DS era impecable. Se mantuvo en producción de 1955 a 1975, y entonces Citroën se planteó que había llegado el momento de sacar un nuevo modelo. A Sergio Pininfarina, que se hizo cargo del estudio de diseño de su padre tras su fallecimiento, le preguntaron que cómo debería ser el nuevo DS de la siguiente década, y simplemente dijo: «Deberían dejarlo tal cual está». Para Giuggiaro, el DS fue «el único ejemplar de automóvil reamente concebido sin ataduras», dijo, por lo que resultaba «simplemente imposible de imitar».

La evolución del DS19, por sus nuevas formas delanteras, se ganó el apelativo de «El tiburón».

Para definir las formas del DS, Bertoni se inspiró en los peces, y el primer diseño resultó excesivamente largo, prácticamente seis metros de longitud. No habría forma de aparcarlo en ningún sitio porque las medidas de los aparcamientos de la época eran mucho más reducidas. Cuando el modelo definitivo vio la luz, el éxito resultó inmediato. Pero el siempre insatisfecho Bertoni no terminó de estar contento con el diseño, y siguió afinando sus formas. En diciembre de 1963 pidió que le llevaran un morro completo de DS a su oficina, y allí, moldeando con plastilina, recortando plexiglás y trabajando con el martillo que con tanta destreza empleó en sus lejanos días en el departamento de hojalatería de Macchi, dio forma a un nuevo morro, el del verdadero «tiburón», que le otorgó las formas definitivas del modelo que se comercializó a partir de 1967. Bertoni no lo vería llegar a la serie. En febrero de 1964 se sintió indispuesto durante una reunión con unos amigos. Se avisó a una ambulancia, que resultó ser, como no podía ser de otra forma en Francia, un modelo DS adaptado a ese servicio. Trasladado rápidamente a un hospital, falleció víctima de un derrame cerebral, a los 63 años.

ARTE SOBRE LA CARROCERÍA

El indudable atractivo del DS y su elevada estética resultaron irresistibles, incluso para los genios del arte. En el invierno de 1958 un joven periodista mexicano, Manuel Mejido, que residía en París, quiso entrevistar a Pablo Picasso. El genio cubista era reacio a conceder entrevistas y huía de la prensa como de la peste. Vivía refugiado en Cannes, en la Costa Azul francesa, en su villa La Californie, que era su casa-taller, y acceder a él era una tarea prácticamente imposible. Pero Mejido era un joven audaz. Le prestaron un flamante Citroën DS para viajar de París a Antibes, y sin el menor reparo se presentó en la puerta de La Californie en nombre del Centro Republicano Español de México, una organización que había ayudado a muchos republicanos españoles que se exiliaron en el país azteca tras la Guerra Civil. Mejido se acompañaba de dos jóvenes colombianos, estudiantes del Instituto de Altos Estudios Cinematográficos, y una chica francesa.

Argumentaron que llegaban para realizar un documental para el Centro Republicano. Esa treta, un engaño fruto del atrevimiento de la juventud, no fue descubierta por nadie del entorno del pintor, y Picasso, que estuvo hondamente relacionado con la República Española, no pudo negarse a recibir a un representante de los exiliados españoles en México, así que Mejido aparcó el DS a las puertas de la finca y él y sus acompañantes pudieron conocer al maestro, que les concedió quince minutos.

No obstante, a Picasso le resultó extraña la situación. «¿Tú eres el secretario de la embajada, o qué?», preguntó a Mejido, y este supo escabullirse con habilidad, citando como referencia un conocido español de Picasso, Eneko Belausteguigoitia, presidente del Centro Español, como autor del encargo de la entrevista. Y Picasso dio por buena la respuesta. Incluso Mejido le convenció para que permitiera a los estudiantes colombianos plantar su cámara en el jardín, grabándoles mientras hablaban. Charlaron de su obra, de la República, de los exiliados en México. Una entrevista completa. Picasso hizo un alto y, sin muchas explicaciones, se retiró, dejando a los invitados en el jardín, sin saber qué hacer. La espera se prolongó, una hora, quizá más. De repente, apareció el maestro.

—Llevas aquí dos horas. ¿Acaso no tienes nada que hacer? —preguntó Picasso a Mejido—. Yo trabajo siempre. Hasta dormido sueño con el color y los tonos, con las líneas, la composición de un cuadro… —E hizo un gesto para que se retiraran.

Al salir de La Californie, Mejido se encontró una pintura sobre el costado izquierdo del DS. La chapa había sido rayada y sobre ella, con pintura blanca, se habían dibujado unas figuras: unas flores, un árbol, una familia. Picasso soltó una carcajada.

Las guirnaldas de la paz, una improvisada obra de
Picasso sobre la carrocería de un Citroën DS.

—Pinté en tu automóvil *Las guirnaldas de la paz* —dijo Picasso.

—Son maravillosas. Pero no las firmó, maestro —respondió Mejido.

—¿Tú que quieres: la pintura de Picasso o la firma de Picasso? —preguntó el genio, con cierto rigor.

—Las dos, maestro. Juntas hacen mejor combinación —replicó Mejido, con feliz inspiración y una lucidez sorprendente para responder.

Y así Picasso tomó la brocha y firmó en la parte trasera: «Picasso».

El regreso hasta París fue emocionante. Mejido rumió durante todo el viaje cómo hacerse con el coche para poder venderlo y sacarse un buen dinero que le vendría más que bien para mantenerse durante una buena temporada, porque la vida de un joven periodista que intentaba abrirse paso en el exigente mundo de la prensa parisina no resultaba nada fácil. Decidió vender el coche a una galería de arte porque, al fin y al cabo, el DS se había convertido en una obra de Picasso, nada menos. Consiguió que le dieran 6.000 dólares por él, una cantidad que en 1958 representaba todo un dineral. Al cambio actual, esos 6.000 dólares equivalen a unos 45.000 euros. Mejido entregó mil dólares al dueño del DS, a quien contó una extraña historia para justificar la venta del coche, sin que su dueño llegara a ver el vehículo. De todos modos, el propietario del coche era un ciudadano español que vivía de modo irregular en la Casa de México de París, así que tampoco hizo muchas preguntas.

El rastro del DS con *Las guirnaldas de la paz* se perdió, pero en 1998 se renovó la vinculación entre Picasso y Citroën cuando la firma francesa llegó a un acuerdo con la familia Picasso —el maestro murió en 1973— para bautizar con su nombre un nuevo modelo, el Xsara Picasso. ¿Tiene que ver este acuerdo con *Las guirnaldas de la paz*? Citroën argumentó que la elección del nombre del artista para este nuevo modelo simplemente pretendía que fuera una asociación de ideas, que se vinculara el espíritu de vanguardia que representó Picasso al romper con las formas convencionales desarrollando el cubismo (*Las señoritas de Aviñón*, 1907) con este nuevo modelo, un vehículo a medio camino entre un turismo y un monovolumen que también quería romper con los esquemas convencionales de la automoción. Lo demás son conjeturas.

Esto de que los genios de la pintura estamparan su arte sobre la carrocería de un coche no resultó tan extraño como se pudiera imaginar. En 1971 la revista *Autopista* puso en marcha una ambiciosa prueba, a cargo de lo que denominaba su «Redacción Volante», su primitivo equipo de pruebas, que se dedicaba a realizar artículos técnicos sometiendo a pruebas de larga duración a todo tipo de vehículos. Uno de los más ambiciosos que llevó a cabo fue la comparativa «100.000 kilómetros sin averías» que realizó con un SEAT 124, un Simca 1200 y un Renault 12. Con ellos atravesaron España de cabo a rabo, recorriendo todos los rincones de la geografía nacional. En una de esas, los probadores de *Autopista*, al paso por la Costa Brava, llegaron hasta Cadaqués, donde vivía Salvador Dalí, y tuvieron la ocurrencia de presentarse en la residencia del genial autor del surrealismo.

Nissan recompensó a Dalí con una Datsun 180B por
su participación en una campaña publicitaria.

Dalí, a quien siempre le atrajeron los automóviles hasta el punto de haberlos representado en algunas de sus obras, como *Bañista* (1924), *Sociedad paranoico-crítica* (1935) o *Automóviles vestidos* (1941), recibió con gusto la inesperada visita, y sorprendió a los periodistas estampando su firma sobre los capós de los tres automóviles. Ahí es nada. Se completaron los 100.000 kilómetros de pruebas con exquisito cuidado, evitando cualquier incidente que pudiera dañar las ya valiosas carrocerías, cuyos capós permanecerían expuestos como auténticas obras de arte en la sede madrileña de Motorpress Ibérica, empresa editora de *Autopista*.

No fue el último contacto de Dalí con los automóviles. Un año después, la firma japonesa Datsun quería introducir en el mercado norteamericano su nuevo modelo 610 Wagon, y a los creativos de la marca se les ocurrió encargar a varios artistas la creatividad de su publicidad. Dalí pintó un Datsun sobre un reloj deformado, un conocido recurso originario de su obra *La persistencia de la memoria* (1931), y como parte del pago Nissan, casa matriz propietaria de Datsun, le entregó un 180B Wagon, que tras pasar por manos del servicio del pintor quedó abandonado en un pajar. Dalí lo adquirió de nuevo y encargó su restauración, quedando expuesto en el Castillo de Púbol, como una pieza más de su exposición.

En ocasiones, un automóvil puede ser el mejor lienzo para mostrar una obra de arte. Y a veces el uso del arte es una excelente plataforma publicitaria. Eso debió pensar Hervé Poulain, marchante de arte y piloto *amateur*, que en 1975 tuvo la genial idea de encargar a Alexander Calder, el célebre escultor que concibió la idea de los móviles (esculturas cinéticas colgantes), la decoración del BMW 3.0 CSL, con el que iba a competir en las 24 Horas de Le Mans. Participación que acabó en la novena hora de carrera tras la rotura de una transmisión. Calder fue el primero de una larga lista de artistas que decoraron coches para el fabricante alemán, siendo el iniciador de lo que terminó conociéndose como la BMW Art Car Collection, que desde 1975 hasta nuestros días ha dado lugar a 19 piezas únicas, 19 modelos de BMW convertidos en obras de arte rodantes por obra y gracia de los mejores artistas contemporáneos: Roy Lichtenstein, David Hockey, Jeff Koons, César Manrique, Franz Stella… Pero hay uno que destaca por encima de todos: Andy Warhol.

BMW M1 decorado por Andy Warhol para las 24 Horas de Le Mans.

El padre del Pop Art también fue requerido por BMW para que decorara uno de sus coches, concretamente el BMW M1 Procar, un 6 cilindros de 3.500 cc y 470 CV de potencia, que el fabricante había inscrito en las 24 Horas de Le Mans, con Manfred Winklehock, Marcel Mignot y el avispado Hervé Poulain como pilotos. Además de una bella obra de arte, el M1 tuvo una actuación brillante, porque logró la sexta posición en la carrera y quedó segundo dentro de su grupo. La historia de este coche enlaza el concepto del diseño automovilístico con el arte, porque el M1 fue concebido en el estudio Italdesign de Giorgetto Giuggiaro, uno de los grandes genios en el arte de hacer coches.

Warhol, manos a la obra sobre el BMW M1.

En palabras de Warhol, la intención de su obra era «dar una vívida representación de velocidad. Si un automóvil es realmente rápido, todos los contornos y colores se volverán borrosos», dijo. Lo cierto es que al primer golpe de vista, da la sensación de que el flamante BMW M1 acaba de estamparse contra el escaparate de una tienda de pinturas… Dicho con todo el respeto hacia Warhol y su arte. Del impoluto blanco original de su carrocería no queda nada que no esté cubierto por brochazos rojos, amarillos, turquesas, verdes… y marcas ya imborrables que el artista dejó sobre la pintura fresca. Dicen que apenas empleó media hora en dar vida a su obra, pero la verdad es que antes de enfundarse en un mono y empuñar la brocha para realizar su trabajo, Warhol desarrolló su idea sobre unas maquetas a escala, con lo que el resultado no es un trabajo de mera improvisación, como a veces se llegó a sugerir, sino un concienzudo estudio. Y se encargó personalmente de todo el proceso, desde los primeros estudios sobre las maquetas hasta la ejecución final de la obra.

Cuando el M1 cruzó la meta de Le Mans completando las 24 Horas con ese notable éxito, Warhol no ocultó su satisfacción: «Me encanta ese coche. Ha resultado mejor que la obra de arte», dijo.

EL COCHE MÁS BELLO DEL MUNDO

No cabe duda de que el trabajo de todos los diseñadores de la industria del automóvil tiene como premisas buscar unas formas bellas, atractivas y prácticas. Ya lo dijo Loewy: «Lo feo no vende». Por tanto hay que aspirar a la máxima belleza posible, si se puede. En algunos modelos prima la practicidad sobre cualquier otra característica; en otros, las prestaciones son prioritarias; unos pocos están hechos solo para soñar, para recrearse en sus formas. Y nunca resulta sencillo decidir cuál es el más bello, aunque el jurado de los premios Compasso d'Oro del diseño sí que lo tienen claro. Este célebre galardón, instituido en 1954, que se entrega cada dos años por el Observatorio Permanente de ADI (Associazione per il Disegno Industriale), ha destacado en ocasiones a algunos diseños automovilísticos, pero no resulta muy habitual. Desde su puesta en marcha hace casi setenta años, solo ha incluido once automóviles entre los galardonados con su reconocimiento.

En la última edición del premio, que tuvo lugar en 2020, sí hubo un coche que fue reconocido como el vehículo más bello del mundo: el Ferrari Monza SP1. En su justificación, el jurado destacó el coche por «su capacidad de proyectarse hacia el futuro, atesorando la memoria y sin caer en lo *vintage*». Una frase rotunda. Diseño es innovación, y lo *vintage*, que recoge formas del pasado, resulta redundante y carente de originalidad, aunque no se le pueda negar su atractivo.

Su belleza es indudable, pero hay algo de arcaico y anacrónico en él, partiendo de la base de que se trata de una *barchetta*. Desde el *monoposto*, que reduce su capacidad a un solo ocupante, el conductor, hasta su ausencia de parabrisas y de techo, que no impiden que haya sido homologado para poder emplearse sin casco, ¿quién es el guapo que lucirá palmito al volante de este demonio de 810 CV de potencia? Seguramente alguien al que no le ha impactado una abeja sobre la piel a 120 km/h… porque eso duele. ¿Quién tiene tanto ego como para no querer compartirlo con nadie? Y los 1,6 millones de euros que cuesta, que eso también hay que tenerlo en cuenta, claro. Uno de los primeros propietarios fue el futbolista sueco Zlatan Ibrahimovich, bien conocido tanto por su talento con un balón como por no tener abuela, que diría un castizo, porque él mismo se echa todas las flores necesarias. Otro que disfruta del Monza SP1 para él solito es Cristiano Ronaldo.

Pero ¿por qué consideran al Ferrari Monza SP1 como el coche más bello del mundo? Pues porque se considera que es el que más se aproxima a la proporción áurea, ese número algebraico irracional, que desde la antigüedad se considera la fórmula de la perfección. La belleza es una percepción subjetiva, difícil de medir, diríamos que no es cuantificable, pero resulta que alguien muy estudioso ha sido capaz de cuantificar hasta dónde se acerca una serie de automóviles míticos a ese canon de belleza absoluta. Se han tomado 197 modelos míticos y se han analizado catorce medidas de referencia en cada uno de ellos para calcular su número áureo, y así es como se ha elegido al Monza SP1 como el más bello del mundo, porque alcanza un 61,75 % de la proporción áurea.

Ferrari Monza SP1 fue elegido como el coche más bello del mundo.

No deja de resultar curioso que el coche más bello tan tras sesudo estudio sea uno de los últimos modelos producidos por Ferrari, ya que el Monza SP1 salió a la venta en 2019. Echando un vistazo a la lista de los diez modelos cuyas formas se aproximan a la proporción aurea, y por tanto son los que podemos considerar como los más bellos, no deja de sorprender que todos los modelos de esa lista sobresaliente sean coches producidos entre 1962 y 1974, como si nadie hubiera sido capaz de diseñar y fabricar un vehículo de suficiente belleza a lo largo de los 45 años que separan la aparición del Alfa Romero Alfetta, al que se le otorga una proporción áurea del 58,53 %, y el citado Monza SP1. Es bello, una verdadera obra de arte, pero como tal, es muy subjetivo.

EL COCHE Y LA CULTURA POPULAR

Seguramente no haya un objeto más popular, en el sentido de estar integrado en la vida cotidiana de la gente, que el automóvil. Se ha convertido en uno más de la familia, hasta el punto de alzar la voz para decir que, por mi coche, ma-to. El coche ha tenido un importante eco en la cultura popular, y ha quedado ampliamente reflejado en la pintura, en la literatura o en el cine. Especialmente en el llamado séptimo arte, porque el desarrollo y la expansión del cine, hasta la entrada en escena de las plataformas de contenidos digitales, durante muchos años fue en paralelo a la expansión del automóvil.

El coche siempre fue un objeto evidente, un compañero continuado en cualquier escena de cine, y más en el cine negro estadounidense. ¿Qué habría sido de las películas policiacas de los años treinta y posteriores sin la presencia intimidante de los coches de los *gansters*, el clásico modelo Cyclefender, alto y aparatoso como un bisonte, con esa plataforma desde la que cualquier matón podía repartir satisfactoriamente plomo a discreción con su ametralladora Thompson? Imagine el lector que ese género lo hubiera desarrollado el cine francés. Con un Citroën 19, sin plataforma y con su reducido habitáculo, el hampa no habría tenido la misma soltura para ejercer su profesión.

James Dean en una carrera a los mandos de su Porsche 356 Speedster, semanas antes de su fatídico accidente.

Durante mucho tiempo, el automóvil acompañó a la película sin ser el centro de la misma. Cary Grant comparte con el coche una escena crucial en *Con la muerte en los talones* (1959), la formidable película del genio del suspense, Alfred Hitchcock, cuando «los malos» lo emborrachan y lo meten en un Mercedes-Benz con la insana intención de despeñarlo. Pero ya sabemos que Grant tenía muchos recursos y salió airoso, pero esos pocos minutos beodo al volante de aquel coche convirtieron al automóvil en protagonista de la escena. El gran director Stanley Kramer, autor entre otras de la memorable *Adivina quién viene a cenar esta noche*, dirigió en 1963 la desternillante comedia *El mundo está loco, loco, loco, loco*, en la que por primera vez las escenas de acción alcanzan un nivel de complejidad y ejecución extraordinarias. Kramer contó con un elenco de actores coral, en el que destacaba Spencer Tracy —Kramer le dirigió en sus dos últimas interpretaciones, esta película y *Adivina…*—, y aunque la trama giraba en torno a la alocada búsqueda de un tesoro, el automóvil era el eje de todo, desarrollando atrevidas escenas de persecución que habría que encuadrar entre las más notables de la historia de la cinematografía.

Quizás la prematura muerte de la emergente estrella cinematográfica James Dean en un accidente automovilístico hizo pensar a las aseguradoras norteamericanas que mezclar cine y velocidad no era una buena idea. En su segunda película —solo llegó a realizar tres—, *Rebelde sin causa* (1955), dirigida por Nicholas Ray, Dean encarna a un joven atormentado y conflictivo, un muchacho de familia bien que, inexplicablemente, se encuentra siempre en el ojo del huracán. En una de las escenas clave de la película, el personaje de Dean reta a otro joven en una carrera suicida: el reto consistía en ver cuál de los dos frenaba primero o saltaba de su coche antes de que el vehículo llegara al borde de un barranco. En el desafío, el rival muere. Aunque empezó rodándose en blanco y negro, el éxito de *Al este del edén*, la primera película protagonizada por Dean dos años antes, hizo que se parara la producción para iniciar de nuevo el rodaje en color, realizándose en el tiempo récord de dos meses. Por entonces, el actor estaba completamente atrapado por la pasión por la velocidad. La víspera de empezar el rodaje de *Rebelde sin causa*, Dean disputó sus dos primeras carreras —donde fue primero y segundo clasificado en la clasificación *amateur*, respectivamente— en Palm Springs, con un Porsche 356 Speedster, y terminado el rodaje en mayo, disputó una nueva carrera, antes de meterse en su tercera película, *Gigante*.

Porsche 550 Spyder idéntico al que conducía
James Dean en su mortal accidente.

Aunque a la Warner no le hacían gracia los riesgos que tomaba Dean con su participación en las carreras, este siguió compitiendo. Los papeles de joven rebelde de carácter indomable correspondían perfectamente con su carácter. Más que interpretar, sus actuaciones eran un reflejo de su personalidad. Terminado el rodaje de *Gigante*, James Dean siguió con sus planes deportivos, pero una avería en el Speedster le animó a cambiar de montura, y decidió comprarse un espectacular Porsche 550 Spyder, un coche aún más potente, un deportivo biplaza con motor de 1,5 litros y 110 CV de potencia, que solo pesaba 550 kilos y superaba los 220 km/h de velocidad punta. Una verdadera bomba. Porsche solo fabricó noventa unidades.

Las virtudes del endemoniado vehículo quedaron tan evidentes que Dean encargó que rotularan sobre la parte trasera la frase «*Little Bastard*» («Pequeño Bastardo»). Al actor le entusiasmaba ese coche, con su brillante carrocería en color gris metalizado y sus asientos en cuero rojo. Lo lució con orgullo y así se lo enseñó al actor británico Alex Guinness, que se mostró aterrado por las prestaciones del coche: «Me parece siniestro. Si te montas en ese coche, te encontrarán muerto en una semana». Semejante profecía parecía más propia de un personaje del reverso tenebroso de la Fuerza que del futuro intérprete de Obi-Wan Kenobi.

Una semana después, el 30 de septiembre de 1955, Dean se dirige a una carrera en Salinas (California), conduciendo el propio Porsche por carretera, a pesar de que tenía dispuesto un remolque para transportarlo. De camino le pusieron una multa por exceso de velocidad, y poco después de realizar una parada para repostar, al llegar a un cruce de carreteras, la enorme velocidad a la que conduce hace que no consiga evitar el choque contra un mastodóntico Ford Custom Tudor que se disponía a abordar el desvío. El poderoso frontal del Ford con su aparatoso paragolpes machacó al Pequeño Bastardo. James Dean fallecía 45 minutos después camino del hospital de El Paso, y nacía un mito del cine.

Y un mito genera dinero. Los restos del Pequeño Bastardo, que no pasaba de ser una auténtica chatarra, fueron exhibidos en una exposición en Nueva Orleans. No había otro atractivo en ello que el morbo de ver el engendro con el que perdió la vida una estrella de cine, algo sumamente edificante. Recuerdo que en mi primer viaje a Catar encontré al borde de la carretera un siniestro de Cadillac subido en una pasarela junto a un gran cartel que, por supuesto, no entendí. Me explicaron que formaba parte de una campaña del Ministerio de Transportes catarí para combatir los accidentes de tráfico. Lo de exponer el coche de James Dean era algo perturbador. En 1959 el coche se cayó del podio donde se exhibía. Fue un segundo accidente que lo destrozó aún más. Su propietario, un tal Georges Barris —con el tiempo se convirtió en un reconocido customizador, llegando a diseñar tanto el Batmóvil como el Coche Fantástico—, lo recuperó y lo envió a California, quién sabe sin con la intención de seguir exhibiéndolo. Nos quedaremos con las ganas, porque el coche desapareció por el camino, aunque, de cuando en cuando, fueron apareciendo piezas atribuidas al vehículo, que acabaron subastadas a precios millonarios. Hay que alimentar la leyenda, que nos da bien de comer…

Mercury Custom de Los Escorpiones, los «malos» de Grease.

El estilo «malote» siempre ha sido algo muy típico de la adolescencia norteamericana de los años cincuenta.

Rebelde sin causa retrató el lado más dramático de la escena, pero el musical *Grease* (1978) trabajó el mismo argumento con un enfoque tremendamente lúdico. Chico conoce chica, disputas entre bandas, te quiero y no te quiero y final feliz. Todo un clásico del maniqueísmo perenne de las producciones estadounidenses. En *Grease* se contempla el coche como un elemento utilitario del día a día, pero también como vía de escape, como un modo de romper normas y establecer jerarquías. Sin llegar a la tragedia de la película de James Dean, John Travolta se juega «la hoja rosa», la documentación del coche, con el matón del instituto, el líder de los Escorpiones, en una carrera a todo o nada en un canal de Los Ángeles. Por cierto, viéndoles las caras salta a la vista que todos son malos estudiantes e incluso repetidores… No es de extrañar. Travolta utilizó un cochambroso Ford de 1948 reconvertido en un atractivo Ford De Luxe, su Grease Lighting, rápido como el rayo, que soportó las acometidas del Mercury Custom de los Escorpiones —con sus tapacubos con cuchillas de inspiración Ben-Hur—, y aunque no pasaron de ser coches de producción normal, debidamente acicalados para la película, el éxito de la cinta propició que se cotizaran como atractivas piezas de colección, llegando a alcanzar el Mercury de los Escorpiones medio millón de dólares en una subasta realizada en 2015.

EL COCHE, PROTAGONISTA

El momento en el que verdaderamente el coche empieza a formar parte del argumento con entidad propia es en

Bullit (1968), película policiaca dirigida por Peter Yates y protagonizada por Steve McQueen. Sin duda fue la combinación perfecta, el actor más apasionado por el mundo del motor, que en numerosas ocasiones puso su talento y sus habilidades sobre un coche o una moto al servicio del cine, como vimos en *La gran evasión* (1963) o *Le Mans* (1971). En *Bullit* se emplearon por primera vez cámaras subjetivas para situar al espectador en el espacio del protagonista. El momento culminante de la película fueron los diez minutos de adrenalina y tensión en los que el teniente Frank Bullit (McQueen), al volante de su Ford Mustang GT verde oscuro —color *Highland Green*, según el catálogo de Ford—, persigue al Dodge Charger negro del malo por las colinas de San Francisco, haciendo volar los coches sobre los raíles del turístico tranvía de la ciudad del arcoíris. Aunque McQueen realizó la mayor parte de la acción, en las escenas más peligrosas tuvo que ceder el volante por exigencias de la producción y no por propio gusto al especialista Saas Bedig, uno de los *stunts* más reconocidos en el Hollywood de la época.

Bullit, que fue recompensada con el Óscar al mejor montaje, se convertirá en uno de esos mitos del cine, un clásico, no tanto por la trama o la interpretación como por sus protagonistas, por el mítico McQueen y el no menos mítico Ford Mustang, que en 2020 fue vendido en una subasta realizada en Florida por un precio de 3,4 millones de dólares, en su estado original y sin restaurar. La productora pagó por él 3.500 dólares en su momento, y una vez terminado el rodaje lo vendió a Sean Kiernan, que lo estuvo usando hasta 1981. McQueen intentó comprar el coche en varias ocasiones, pero no lo consiguió. Se dio por perdido, pero coincidiendo con el cincuenta aniversario de la película, el hijo de Kiernan decidió ponerlo a la venta, y finalmente lo subastó. Una segunda unidad, la empleada por Bedig y su equipo de especialistas, fue localizada en México, pero ya no conservaba el color original y se habían realizado diversas modificaciones.

Cartel de Bullit, la gran película de acción
donde Steve McQueen se luce.

Steve McQueen siempre tuvo interés en hacer una película centrada en el mundo de las carreras. El antecedente fue la célebre *Grand Prix*, rodada en 1966 por John Frankenheimer, una película que contaba con grandes de la época como James Garner, Yves Montand y Eve-Marie Saint, y situaba la acción en el mundo de la Fórmula 1. Se rodó en 1965 dentro del mismo campeonato, durante las carreras de Mónaco, Spa, Brands Hatch y Monza, cuatro espectaculares escenarios de rodaje, combinando escenas de competición reales y tomas subjetivas realizadas con cámaras situadas en determinados coches, con la más avanzada tecnología de la época, con la participación de muchos de los pilotos del momento, algunos llegando a interpretar también un pequeño papel. *Grand Prix* tuvo un notable éxito y fue premiada con tres Óscar de la Academia de Hollywood: montaje, sonido y efectos sonoros.

El éxito de *Grand Prix* terminó de convencer a Steve McQueen de que podía funcionar una película enmarcada en el mundo de las carreras de coches. Concibió la idea en 1965, y se puso manos a la obra para desarrollarla con su productora, Solar Productions. La idea original se llamaba *The Day of Champion* («El día del campeón»), pero era tan compleja y con un presupuesto tan alto que necesitaba buscar socios para llevarla adelante, planteando una coproducción con CBS y Cinema Center Films. McQueen quiso enmarcar la película en el ambiente de las 24 Horas de Le Mans, una carrera que siempre fascinó al actor, pero encontró muchas complicaciones para llevarla a cabo, y una de ellas, inesperada, fue el Mayo del 68 francés, que hizo posponer la producción.

Ford Mustang GT, el coche de Bullit.

Finalmente se abordó en 1969. Se envió un equipo de rodaje para esa edición, llegando a grabar 9.000 metros de película, y se decidió que la producción continuara ya en 1970, con un equipo inscrito dentro de la carrera para poder colocar cámaras subjetivas en el coche. Así, Solar Productions inscribió un Porsche 908 pilotado por Herbert Lierge y Jonathan Williams. Lógicamente, McQueen también quiso participar en la carrera y llegó a apalabrar un Porsche 917 con Jackie Stewart, el campeón del mundo de Fórmula 1, como compañero. Cuando apenas quedaba una semana para la carrera, la CBS se opuso a que McQueen compitiera tras recibir un comunicado de la aseguradora de la película que confirmaba que la muerte del actor en un accidente durante la carrera no estaba contemplada en la póliza del rodaje. Otros tuvieron mejor suerte que él. Unos años después otro de los grandes mitos de Hollywood, Paul Newman, que descubrió el automovilismo deportivo pasados ya los cuarenta, no solo no encontró inconvenientes por parte de las productoras, sino que además se implicó de lleno en la competición, llegando a ser segundo en las 24 Horas de Le Mans de 1979.

James Garner al volante de un Fórmula 1
durante el rodaje de Grand Prix.

A regañadientes, McQueen tuvo que aceptar que no podría correr en Le Mans si quería que la película se llevase a cabo, y así, fuera del coche, controló aún más todo lo que tenía que ver con la producción. Aunque no fue el director, nada se hacía sin consultarlo con él, y aquello supuso un auténtico caos.

El director original de la película era el reconocido John Sturges, que había dirigido a McQueen en *Los siete magníficos* y *La gran evasión*, y aunque había buena relación entre ellos se produjo un choque por el diferente enfoque que cada uno quería dar a la producción. McQueen quería reflejar el espíritu de Le Mans con todos sus ingredientes, la velocidad, el riesgo, la tensión… Sturges pensaba en un drama con la carrera de fondo, en buena medida inspirado por *Un hombre y una mujer* (1966), la película realizada por Claude Lelouch que también tenía de trasfondo Le Mans pero que se centraba en la experiencia vital de una pareja. La producción de *Le Mans* avanzó a pesar de las desavenencias entre el director y McQueen.

El rodaje fue realmente complejo. Además de las cámaras subjetivas con las que cargaba el Porsche de Solar Productions, que impidieron que, a pesar de terminar la carrera fuera clasificado por no cumplir la distancia mínima requerida —tuvo que realizar más paradas de las necesarias para sustituir los rollos de película y realizar varios ajustes—, el equipo instaló 16 cámaras fijas en el circuito y se llegaron a iluminar dos curvas para poder rodar durante la noche. Después de la carrera, durante varias semanas, el equipo de producción se instaló en un campamento anexo al circuito. Eran casi doscientas personas. Allí siguieron trabajando en escenas específicas, empleando algunos tramos del circuito, que no fue desmontado tras la carrera para que pudieran proseguir con el rodaje. Solar Productions contó con la colaboración de Porsche, que cedió cuatro unidades 917 y dos 908. Además tenían cuatro Ferraris 512 cedidos por el importador Jacques Swaters. Enzo Ferrari se negó a colaborar con la producción cuando se enteró de que sus coches no ganaban la carrera… Y también se compró un Ford GT40, el coche ganador de 1966 a 1969. Además se contrató a Saas Bedig, el *stunt* de *Bullit*, como coordinador del equipo de especialistas para la escena más delicada de la película, un accidente espectacular que llevó bastante tiempo diseñar y realizar.

Una imagen del rodaje de Le Mans, la película de
McQueen sobre la mítica carrera francesa.

McQueen no pudo correr en Le Mans, pero se dio la satisfacción de probar todos los coches. Además, se contó con la colaboración de muchos pilotos profesionales, entre ellos el ganador de esa edición, Richard Attwood, junto con Derek Bell, Jackie Ickx, Jo Siffert, Mike Hailwood, Rolf Stommelen, Gerard Larrousse, etc. Casi casi como una carrera de verdad.

El conflicto entre McQueen y Sturges prosiguió. Se trabajaba sin guion, día a día. El actor rechazaba todas las propuestas de guion que le presentaban, hasta que Sturges se hartó y se fue. «McQueen se ha vuelto loco», dijo. Por momentos, la película parecía destinada a no realizarse, porque al conflicto del guion se sumaron complicaciones como un serio accidente de Derek Bell, en el que se incendió el coche y el piloto británico sufrió quemaduras, o el susto sufrido por el propio McQueen, que estuvo a punto de chocar a máxima velocidad con un camión de producción que trabajaba en el circuito. Finalmente, las productoras buscaron un nuevo director, un inexperto Lee H. Katzin, que apenas había realizado cinco películas, y McQueen aceptó su metodología de trabajo para poder concluir la producción.

Aunque el paso del tiempo ha convertido a *Le Mans* en una película de culto, el extraordinario montaje y la excelente producción no recibieron la merecida recompensa de crítica y público en su estreno. Los críticos la menospreciaron al considerarla más un documental que una película, y el gran público tampoco la entendió. Le costó asimilar que Steve McQueen tardara 28 minutos en decir una sola palabra. Sin embargo, cuando abría la boca resultaba solemne. En un momento clave de la película preguntan a Michael Delaney, el personaje interpretado por McQueen, la razón por la que era tan importante ser más rápido que el rival. Y Delaney responde: «Hay muchas cosas en la vida que se hacen mal. Por eso es tan importante hacer algo bien. Cuando estás compitiendo, estás vivo. Los periodos entre carreras son solo momentos de espera». Estas dos últimas frases han sido el *leitmotiv* de muchos competidores, y de una legión interminable de mitómanos.

Pero del mito no se vive. El fracaso de *Le Mans* arruinó a Steve McQueen, que tuvo que liquidar Solar Productions para hacer frente a las pérdidas. El único país donde la película fue recibida con éxito fue en Japón. Qué país: es indescifrable, siempre una fuente de sorpresas.

En los tiempos modernos, la dinámica de las películas de acción basadas en las carreras ha cambiado, haciendo de la competición un elemento narrativo con el que sostener una historia. Así fue en la celebrada *Días de trueno* (1990), de Tony Scott, enmarcada dentro de las competiciones de la NASCAR norteamericana. Con un elenco de campanillas (Tom Cruise, Robert Duvall, Nicole Kidman), es una historia de héroes y antihéroes, de villanos, de una mujer atraída por el magnetismo de los pilotos, de odio por el rival… Una historia muy norteamericana.

La última gran referencia en cuanto a carreras quizás sea *Rush* (2013), dirigida por Ron Howard, un realizador con una larga y destacada trayectoria: *Splash, Cocoon, Willow, Llamaradas, Apollo 13, Cinderella Man, El código Da Vinci, Ángeles y demonios*… Con semejante trayectoria iba a resultar imposible que esta película no resultara un éxito, porque se encarga de retratar de un modo real y fidedigno la disputa por el título de Fórmula 1 de 1976 que sostuvieron James Hunt y Niki Lauda. Tanto los actores protagonistas, Chris Hemsworth y Daniel Brühl, como el guion y toda la película en su conjunto son creíbles, aunque carecen del brillo y la épica del relato construido por Steve McQueen en *Le Mans*. Otro tanto habría que decir también de la reciente *Le Mans '66* (2019), dirigida por James Mangold, un hombre con oficio, que recrea de la mano de Matt Damon y Christian Bale la épica aventura de Ford en su proyecto de desarrollar un coche desde la nada para acabar con el dominio de Ferrari en Le Mans. Como *Rush*, es una cinta completa, bien realizada, bien ambientada, lo tiene todo, pero carece del embrujo y la épica de las historias inventadas, porque su desarrollo lo toma de la realidad. Y recrear algo sabido y conocido, y más cuando se trata de una historia que tiene su propia épica, no tiene la misma gracia que imaginar una historia de la nada.

MÁS ALLÁ DE LAS CARRERAS

Las carreras automovilísticas, por su carga de dramatismo e intensidad, son un excelente marco para cualquier guion. Y hay películas de todo tipo. Blake Edwards, el genial creador de *La pantera rosa* y tantas otras comedias, realizó en 1965 *La carrera del siglo*, una divertida película salpicada de estrellas —Jack Lemmon, Tony Curtis, Natalie Wood y Peter Falk, entre otros— en la que recreaba la primera gran carrera del siglo, la epopeya Nueva York-París de 1908 (ver capítulo 7), en una cinta cargada de momentos desternillantes y un elaborado guion, que llegó a disfrutar de doce nominaciones a los Óscar, aunque solo logró uno secundario. El éxito de esta película dio pie a una notable secuela, una producción de dibujos animados de Hanna-Barbera que se emitiría en la televisión norteamericana a través de la CBS: *Wacky Races*, que en España fue conocida como *Los autos locos*. ¿Quién no se acuerda de la encantadora Penélope Glamour, del atento Pedro Bello, del malvado Pierre Nodoyuna y su fiel Patán? ¿Cómo no recordar sus disparatados automóviles, el Alambique Veloz, el Troncomóvil, la Antigualla Blindada…? Tiernos recuerdos de la infancia.

Aquellos autos locos eran fruto de una innegable imaginación, pero pocos, muy pocos, han sido capaces de reflejar con semejante fidelidad el mundo de la automoción como Hergé, el autor de Tintín. Georges Proper Remi, que era su verdadero nombre, fue mucho más que un dibujante e historietista. Hergé fue un fiel retratista de su época, de lo cotidiano, que reflejó hasta el más mínimo detalle en todos y cada uno de los álbumes de su célebre personaje, y fue especialmente cuidadoso en todo lo que tenía que ver con automóviles y toda clase de vehículos y maquinaria. En una ocasión, los editores británicos de Tintín no terminaban de mostrarse satisfechos con algunas viñetas de *Tintín y la isla negra*, en las que aparecía un Triumph Herald que no se ajustaba al diseño original. Hergé mandó a Londres a uno de sus colaboradores para que le aportara documentación. Este regresó cargado con infinidad de catálogos de automóviles, y así Hergé modificó el dibujo original.

Esta dedicación tan desmedida por el detalle tiene su explicación. Hergé era un gran apasionado de los automóviles, le gustaba conducir y fue propietario de varios deportivos. A finales de los años treinta, cuando ya había publicado varios álbumes de Tintín y el personaje del avispado periodista es el centro de la actividad de Hergé, este realiza varios anuncios para Ford. Esa familiaridad con los diseños de la marca norteamericana puede explicar el porqué de la abundante presencia de modelos de este fabricante en las aventuras de Tintín. Como cualquier artista, a Hergé le fascinaba el diseño italiano, y los coches, claro. Cuando tuvo conocimiento de que Lancia pondría en el mercado su nuevo modelo Aprilia (1939), se las ingenió para que el importador belga de la marca pusiera a su alcance una de las primeras unidades, y a cambio, Hergé incluyó el coche en el álbum *Tintín en el país del oro negro*. Incluso llegó a retratar coches de su propiedad, como un Porsche 356 en la escena final de *Stock de coque*, y un Opel Olympia en *El cetro de Ottokar*.

La pasión de Hergé por los automóviles le llevó a retratar a algunos ídolos de juventud en los álbumes de Tintín. Cuando realiza *El loto azul* (1934), una aventura ambientada en China, decide inmortalizar a Malcolm Campbell, uno de los más célebres *cazarrecords* de la historia (ver capítulo 14), formando parte de uno de los reportajes que Tintín contempla en un noticiario cinematográfico. Esta anécdota revela hasta qué punto llegó a ser detallista el dibujante belga.

Un Ford T en la portada de «Tintín en el Congo».

Se han documentado un total de 215 automóviles diferentes a lo largo de los 24 álbumes de *Las aventuras de Tintín* publicados entre 1930 y 1986. El primer coche que apareció en una portada fue un Ford T en *Tintín en el Congo* (1931), pero también lo vimos al volante de un Jeep en la cubierta de *Tintín en el país del oro negro* (1950) y en *Objetivo: la Luna* (1953). Hergé no se dedicaba solo a reproducir de manera fidedigna determinados modelos bien conocidos por todos, en ocasiones también disfrutó de la exclusividad de algunos fabricantes que pusieron a su disposición los planos de prototipos únicos que finalmente no llegaron a producir, como sucedió con el Lincoln Torpedo que Hergé dibujó en *Los cigarros del faraón*, un modelo que el fabricante norteamericano no llegó a fabricar.

Hay personajes de ficción a los que no podríamos imaginar sin un automóvil, y uno de ellos es Bond, James Bond, que está indiscutiblemente ligado a la muy británica Aston Martin, aunque recordemos que ahora es propiedad de la norteamericana Ford. Sin embargo, el almirante Bond no siempre ha hecho gala de patriotismo en el terreno automovilístico. El célebre Aston Martin DB5 que ha acompañado a Bond hasta la penúltima producción no apareció hasta la tercera película de la saga, *Goldfinger*. En la primera, *Agente 007 contra el Dr. No* (1962), Sean Connery conduce un Chevrolet Bel Air convertible de 1957. En *Desde Rusia con amor* (1963), se pone a los mandos de un ilustre Bentley 3.5 de 1935. Finalmente en 1964, maneja el Aston Martin con ocasión de *Goldfinger*, y lucirá el deportivo británico en las siguientes entregas de la saga, con la excepción de *La espía que me amó* (1977), ya con Roger Moore como protagonista, que en esta ocasión conducirá un Lotus Spirit, y *Solo para sus ojos* (1981), donde disfruta de un Lotus Spirit Turbo.

El Bond encarnado por primera vez por Timothy Dalton en *Alta tensión* (1987) vuelve a recuperar esa esencia de rancio imperio regresando a Aston Martin, para conducir un V8 Vantage, y aunque en las siguientes entregas el Aston Martin DB5 sigue apareciendo, la producción descubre el gancho de la publicidad, vendiendo las escenas más sabrosas a BMW, que en las siguientes películas, *GoldenEye, El mañana nunca muere* y *El mundo nunca es suficiente*, con Pierce Brosnan como protagonista, luce diferentes modelos de la marca alemana, con algún que otro comentario mordaz sobre el fabricante muniqués para no herir los británicos corazones de sus seguidores.

En *El mundo nunca es suficiente* (1999) asistimos a la despedida de Q, el hombre que estaba detrás de todos los inventos y mecanismos con los que Bond llevaba décadas salvando el pellejo de los ataques de los malvados agentes externos, desde Spectre hasta traficantes y terroristas, y que estuvo presente en todas las películas. En un diálogo victorianamente emotivo, el octogenario Q viene a decir a Bond que ha llegado el momento de decir adiós, y le deja en manos de su desconcertante sucesor, encarnado por el genial John Cleese —cuyo talento, desgraciadamente, no puede lucirse en un guion tan previsible y escaso de gracia—, no sin antes darle dos paternales consejos: «Nunca dejes que te vean sangrar», le dice. «¿Y el segundo?», pregunta Bond. «Ten siempre listo un plan de escape», y desaparece por una trampilla mecánica haciendo su gran mutis por el foro. Imagino que en el estreno de la película la escena estaría acompañada por una sonora ovación. Qué menos. Solo un mes después del estreno de la película, Desmond Llewelyn, el actor que encarnó a Q durante décadas, fallecía a los 85 años de edad en un accidente de tráfico al estrellarse con el

Renault Megane que él mismo conducía contra otro vehículo en una localidad inglesa.

Las películas de James Bond fueron un escaparate tan extraordinario que BMW aprovechó *GoldenEye* para el lanzamiento mundial de su novedoso Z3, y cuando finalizó su relación con la marca alemana, el patrocinio de Ford permitió el regreso de Aston Martin al primer plano —como decíamos antes, una marca muy británica, sí, pero de propiedad norteamericana, es lo que tiene la concentración industrial y la globalidad—, aunque también aprovechó *Casino Royale* (2006) con el algo insulso Daniel Craig, para promocionar el lanzamiento mundial del nuevo Ford Mondeo.

El Aston Martin de Bond, James Bond.

En *Spectre* (2015), la última entrega de la saga, Aston Martin hizo un despliegue de sus diferentes modelos, a mayor gloria del orgullo británico: el inevitable DB5 clásico, todo un lujo para los tiempos que corren, y el moderno y avanzado DB10, diseñado expresamente para la película en colaboración con su propio director, el aclamado Sam Mendes. Como si de un auténtico *casting* se tratara, ya no bastaba con un gran coche, uno cualquiera de la amplia oferta disponible en el mercado. El automóvil pasaba a tener un estatus propio en la producción, una posición diferenciada, un papel protagonista, como un actor, como una estrella. Ya no era un objeto que completaba una escena.

En ocasiones, aunque el cine refleje una historia de relaciones humanas, el coche puede representar un símbolo. Eso sucede con *Gran Torino*, maravillosa película dirigida y protagonizada por Clint Eastwood, en la que encarna a un iracundo y rabioso norteamericano que ve cómo la sociedad que ha construido se desmorona, cómo su barrio se llena de inmigrantes, y todo cuanto le rodea se transforma. Su entorno cambia, pero su Ford Gran Torino, que celosamente guarda en su garaje, permanece como la esencia inmutable de América —con esa concepción estadounidense de tomar una parte por el todo—, y solo cuando ve amenazada su existencia, cuando un joven vecino intenta robarle el coche, reacciona y es, por fin, consciente de la realidad que le rodea.

No es de extrañar que el coche se vea tan popularmente reflejado en la películas norteamericanas porque, ¿qué sería de esa nación sin el automóvil? Además de ser una herramienta de trabajo, de ser un modo de transporte, es también una forma de vida: autocines, McAuto, incluso hay predicadores motorizados que congregan a su descarriada parroquia en aparcamientos, predicando la palabra del Señor sin necesidad de bajarse del automóvil… Entonces, ¿cómo no proyectar en el coche toda su personalidad? Sus alegrías y sus tristezas, su amor y su odio. También su miedo. Steven Spielberg lo reflejó en su segunda película, su primera producción de gran calado, la que permitió que su nombre empezara a sonar. *El diablo sobre ruedas* (1971) —un título muy libre y que nada tiene que ver con el original, *Duel* («Duelo»)— fue una película llena de tensión, que refleja lo absurdo de la condición humana. Un sencillo hombre de clase media al volante de su Plymouth Valiant adelanta a un desvencijado camión cisterna en una solitaria carretera. Un hecho cotidiano, sin más. Pero sorprendentemente, el camión aparece de nuevo y adelanta al Plymouth, dando paso a una serie de maniobras entre ambos: el coche intenta superar de nuevo al camión, este se resiste, pero por más que intenta alejarse del camión, incluso deteniéndose a comer en un bar de carretera, el camión lo espera, como un demonio que te acosa en sueños, como una pesadilla, hasta llegar a desquiciar por completo a nuestro protagonista, del que consigue sacar lo peor de su condición humana. Casi como cualquiera de nosotros en un atasco… Durante casi noventa minutos, Spielberg nos mantiene en tensión. Y como casi siempre sucede en las películas de este extraordinario director, el bien se impone, no sin dolor.

EL FUTURO

«¿Cómo será el automóvil del futuro?», nos preguntábamos en su momento. Ahora, sin embargo, pensamos en cómo será el futuro del automóvil. El cine también lo hizo. El australiano George Miller irrumpió en 1979 con

Mad Max, anticipándose a la moda de relatos distópicos que en la actualidad se ha convertido en un recurso tan frecuente como aburrido. A lo largo de tres películas *Mad Max* (1979), *Mad Max 2* (1981) y *Mad Max: más allá de la Cúpula del Trueno* (1985), Miller construyó un mundo posapocalíptico en el que un puñado de humanos sobreviven a la hecatombe nuclear, consumiendo los pocos recursos que les quedan, y uno de ellos, la gasolina, se convierte en uno de los bienes más preciados. La exhibición de todo tipo de vehículos, algunos casi irreconocibles por la transformación a la que han sido sometidos, en situaciones de lo más críticas, es un recurso continuo, salpicado de todo tipo de peripecias en las que los *stunts*, los especialistas de cine, debieron jugarse, literalmente, el pellejo en más de una ocasión.

La saga Mad Max exploró un tiempo distópico
a volante de coches modificados.

El DMC-12 Delorean, un diseño de Giuggiaro, alcanzó
fama mundial gracias a Regreso al futuro.

Más plácida fue la mirada al futuro que realizó Robert
Zemeckis en *Regreso al futuro*, una saga en la que el
eje principal de todo es un llamativo y original coche,
el DMC DeLorean, que alcanzó fama mundial con la
película, aunque para cuando se inició la producción de la
saga cinematográfica (1985) la empresa ya había iniciado
un declive que le llevaría a su extinción. Su fundador,
John DeLorean, fue un ingeniero que había desarrollado
toda su carrera en General Motors (GM), y que llegó a
alcanzar la vicepresidencia de la compañía a temprana
edad gracias a sus éxitos, en buena medida por el acierto
con el desarrollo del Pontiac GTO, lo que le auguraba un
gran futuro dentro de GM. Pero lo que DeLorean quería
era crear su propia marca, y así, en 1973, dejó General
Motors para fundar su propia empresa: DeLorean Motor

Company (DMC). Malos tiempos para una decisión así, justo antes de que estallara la crisis del petróleo que puso a la sociedad occidental patas arriba, cuando los países árabes de la OPEP (Organización de Países Exportadores de Petróleo) decidieron no exportar más petróleo a los países que habían apoyado a Israel en la guerra del Yom Kipur, que enfrentó a este país con Siria y Egipto.

Hasta 1976 DeLorean no consiguió completar su primer prototipo, al que terminaron denominando DMC-12, porque el objetivo que se había marcado DeLorean es que su precio de venta al público fuera 12.000 dólares. Se tuvo que desechar la idea de emplear un motor Wankel debido a la escasa eficiencia de este tipo de propulsores, y más aún ante la escasez de combustible derivada de la crisis. Al final se adoptó un motor de origen francés, denominado PRV —que se basaba en un proyecto de Renault—, un V6 de inyección de 2.849 cc, con una potencia de 132 CV, lo cual no resultaba nada espectacular para un vehículo tan singular, cuyo diseño había sido encargado al estudio Italdesign de Giorgetto Giuggiaro, nada más y nada menos, cuya principal particularidad de su diseño eran las puertas «alas de gaviota». De hecho esa falta de potencia se traducía en una falta de velocidad punta. Se decía que alcanzaba las 130 mph (209 km/h), pero algunas mediciones estimaron que llegaba con dificultad a las 110 mph (177 km/h), con una aceleración de 0-60 mph (97 km/h) discreta, 9,5 segundos. Según la revista *Road & Track*, en sus mediciones de la versión con cambio automático se tardaba 10,5 segundos en alcanzar esa velocidad. Es decir, que si el pobre Marty McFly pudo regresar al futuro en la primera entrega de la saga fue de milagro…

Marty McFly viajó en el tiempo a bordo de este Delorean.

A todo esto, con el desarrollo del coche bastante avanzado, todavía no se había puesto en pie la factoría donde se iba a producir, y hasta finales de 1978 no comenzaron las obras de edificación en Dunmury (Irlanda del Norte), en un periodo de elevadas tasas de paro en la zona. La construcción de la fábrica DMC fue un halo de ilusión y esperanza para la gente del Ulster, que estaba sumida en un conflicto social, político y económico de difícil solución. Problemas presupuestarios y de ingeniería hicieron que la producción del DMC DeLorean —este fue el nombre definitivo que decidieron que adoptara el coche— no comenzara hasta enero de 1981. Para entonces, John DeLorean ya había comenzado a complicarse la vida.

Las ventas del DeLorean no fueron bien, arrancaron tímidamente al mismo tiempo que la producción no avanzaba con suficiente eficiencia, habida cuenta de la inexperiencia de la mayor parte del personal local contratado. El entusiasmo por el trabajo no se les podía negar, además de lo positivo que resultó la instalación de la factoría en pleno condado de Antrim, permitiendo que durante unas horas católicos y protestantes apartaran sus diferencias. Fue algo encomiable, pero el DeLorean era un coche complicado de producir, con un bastidor poco convencional que se fabricaba mediante un complejo proceso que encareció aún más el coste de producción. Ello provocó que aquellos idílicos 12.000 dólares que DeLorean se había fijado como tarifa de venta al público pasaran a ser 25.000, más del doble, una cantidad que al cambio actual equivale a unos 63.000 euros. Teniendo en cuenta que un Corvette costaba 18.000 dólares, las comparaciones resultaban odiosas. Mucho dinero para un coche que era muy aparente y llamativo, pero que ofrecía muy poco más. Por eso las ventas flojearon. Entre enero de 1981 y diciembre de 1982 apenas se produjeron 8.500 unidades.

Las complicaciones económicas de la empresa se multiplicaron, llevando a John DeLorean a tomar una mala decisión para conseguir jugosos recursos de una forma rápida: el tráfico de drogas. En su descargo hay que decir que él no fue la mente criminal que maquinó la idea. Un conocido suyo, James Hoffman, un delincuente habitual que era informante del FBI, le indujo a introducirse en el camino fácil del narcotráfico. Pero en cualquier caso, él aceptó el plan, así que se siente. Un kilo por aquí, otro por allá… Lo cierto es que en octubre de 1982 John DeLorean fue detenido en Los Ángeles en una operación antidrogas cuando portaba en su maletín cocaína por valor de un millón de dólares.

Se presentaron cargos contra él por conspiración para conseguir y distribuir 25 kilos de cocaína. Allí comenzó su calvario. DMC entró en quiebra tras la detención de DeLorean, y aunque le exoneraron de los cargos en agosto de 1984, para entonces DMC ya era historia. Su proyecto y su reputación habían quedado arruinados, y DeLorean se enfrentó a partir de ese momento a un calvario de reclamaciones de acreedores y abogados que le hicieron la existencia francamente difícil y le obligaron a declararse personalmente en bancarrota en 1989, aunque siguió intentando sacar adelante nuevos proyectos, llegando a presentar una patente para el desarrollo de un monorraíl de transporte.

Una de las pocas alegrías a partir de ese momento se la proporcionó *Regreso al futuro*, al elegir al DMC DeLorean como el coche con el que Marty McFly haría su viaje en el tiempo. Aunque no hubo contacto previo con la productora ni con Zemeckis, su director, DeLorean tuvo el detalle de escribir una carta a Bob Gale, productor ejecutivo y guionista de la película, agradeciéndole que hubiera elegido su coche. Pero ¿por qué elegir el DeLorean? La idea inicial fue la de emplear un frigorífico a modo de cabina para viajar en el tiempo, pero Steven Spielberg, productor de la película, consideró que podría llegar a ser peligroso si a los más jóvenes seguidores de la cinta les daba por jugar a imitar la trama y llegaban a quedarse atrapados en el frigo o en un congelador... No es difícil de imaginar a la legión de abogados y peritos aseguradores al servicio de la productora encargándose de escudriñar cada línea del guion en busca de flaquezas que pudieran comprometer a la compañía.

KITT, el coche fantástico, era una Pontiac Firebird Trans-Am V8.

Así que, a última hora, Spielberg se decantó por el DeLorean, por su aspecto futurista, sin importarle los turbios manejos en los que se había visto implicado su fundador. Quién le iba a decir a John DeLorean que su proyecto finalmente alcanzaría fama mundial gracias al cine. Si la película hubiera llegado solo unos años antes, la de disgustos que se habría ahorrado.

Menos glamuroso pero más resultón fue el Pontiac Firebird Trans-Am V8 que David Hasselhoff condujo en *El coche fantástico*, la célebre serie de televisión que catapultó a este actor a la fama. ¿Quién no se acuerda de KITT? Las siglas atienden a Knight Industries Two Thousand. Más que conducir, el bueno de Michael Knight, el personaje encarnado por Hasselhoff, veía repetidamente discutida su autoridad por ese antecesor del coche autónomo, al que, aparte de su derroche tecnológico, solo le faltaba insultar para ser un perfecto conductor. Cuatro temporadas se mantuvo en pantalla. Lo más curioso es descubrir algunos detalles que rodearon a la producción, como que el actor de prestaba su voz a KITT, William Daniels, antes de dedicarse a la interpretación ganó un Óscar a la mejor fotografía en 1949, y fue nominado de nuevo en 1959 por *La gata sobre el tejado de zinc*, y más adelante representó el papel de padre de Dustin Hoffman en *El graduado*. Las vueltas que da la vida. KITT alcanzó tal éxito que incluso fue nominado en dos ocasiones a unos premios televisivos estadounidenses en la categoría de Mejor Equipo o Aparato Admirable. Si en España hiciéramos lo mismo, la Vespa con sidecar de Antonio Resines y Luis Ciges en *Amanece que no es poco* se merecería eso y mucho más.

El panel de instrumentación de KITT era
un derroche de luces y sonidos.

Por lo demás no hay que negar que el Pontiac Firebird fue un coche de lo más resultón, porque además de esta serie de televisión tuvo frecuentes apariciones en el cine: David Carradine condujo uno en *Cannonball*; Burt Reynolds también lo usó en *Los caraduras*; y Daryl Hannah en *Kill Bill Vol. 2*. El tiempo no pasaba por él. Hasta Madonna lo usó en su videoclip *What It Feels Like for a Girl*. Y el fascinador Kevin Spacey de *American Beauty* vive obsesionado con él hasta que decide cumplir sus sueños y entregarse a sus arrebatadas obsesiones. Todo un presagio. Así que, mucho nos acordamos de KITT, pero la verdad es que tuvimos Pontiac hasta en la sopa.

Sin embargo, por mucho que hablemos de películas y automóviles, nadie ha conseguido reflejar el carácter de un automóvil, lo que transmite, lo que se experimenta al volante, ni le ha concedido el protagonismo en la pantalla como Claude Lelouch. Como comentamos más atrás, en *Un hombre y una mujer*, su gran cinta, Lelouch enmarca la trama en el contexto del automovilismo porque el protagonista es un piloto que se accidenta en las 24 Horas de Le Mans, aunque no ahonda en la competición, sino en el drama humano posterior. Pero en 1976 realizó una pequeña pieza, un corto de poco más de ocho minutos, que viene a ser una definición de sí mismo, porque Lelouch llegó a decir: «La velocidad es el símbolo de mi vida».

C'etait un rendez vous («Tenía una cita») es un cortometraje rodado con una cámara subjetiva situada en el frontal de un vehículo que muestra un recorrido a toda velocidad por las semidesiertas calles de París mientras amanece. Son 8 minutos y 27 segundos trepidantes, a toda velocidad, recorriendo avenidas y plazas, calles adoquinadas, espantando palomas mientras chirrían los neumáticos y se incumplen todas las normas de circulación habidas y por haber. A saber, durante el recorrido, que culmina ante la basílica del Sagrado Corazón de Montmartre, donde el conductor abandona el coche para echarse a los brazos de una muchacha que lo espera, se superan quince semáforos en rojo, se circula en dos ocasiones por dirección prohibida, se sube sobre la acera en una ocasión para adelantar a un camión de la basura y se rueda permanentemente por encima del límite de velocidad. No es de extrañar que cuando el corto fue exhibido por primera vez, Lelouch fuera detenido. Él se negó a confesar quién estaba al volante del automóvil.

La cinta se convirtió en un objeto del culto por parte de los aficionados al automovilismo, dando pie a todo tipo de especulaciones. La primera, el propio coche. La posición de la cámara impidió conocer el más mínimo detalle del automóvil, pero su rugiente sonido invitaba a pensar que se trataba de un poderoso deportivo, y durante mucho tiempo se atribuyó a un Ferrari 275 GTB, con su motor V12 de 3.285 cc y 300 CV de potencia, una elección atribuida únicamente a su sonido. Similar intriga despertó el nombre de su conductor. Se especuló durante mucho tiempo con que se tratara de un piloto profesional, y por prudencia y para evitar posibles sanciones Lelouch decidiera ocultar su identidad. Se habló de Jackie Ickx, de Jacques Laffite, de Didier Pironi, e incluso se consideró durante mucho tiempo que era Clay Regazzoni, entonces piloto de Ferrari, el autor de semejante conducción. Otros consideraron que podía ser el actor Jean-Louis Trintignant, buen amigo de Lelouch —fue el protagonista de *Un hombre y una mujer*—, quien estaba al volante. Experimentado piloto, Jean-Louis era sobrino de Maurice Trintignant, que fue piloto de Ferrari en los años cincuenta, ganó dos carreras de Fórmula 1 y una edición de las 24 Horas de Le Mans, donde también participó en una ocasión Jean-Louis. Pero Lelouch guardó silencio.

Mercedes 450 SEL idéntico al empleado por Claude Lelouch en «C'etait un rendez vous».

Sin embargo, muchos años después, probablemente cuando todos los delitos relacionados con la cinta habían prescrito, Lelouch se prestó a revelar la verdad. Las imágenes no estaban trucadas y se mostraron a su velocidad real. Se grabó a las 5:45 horas de una mañana de mayo, cuando el sol comenzaba a apuntar por encima del horizonte pero la penumbra seguía reinando en los más estrechos callejones de la ciudad. El coche empleado fue en realidad un Mercedes-Benz 450 SEL 6.9, un mastodóntico automóvil que poco tenía que ver con un deportivo, pero contaba con un motor de 4 cilindros en línea de 6.834 cc y 290 CV de potencia. Lelouch lo eligió por dos motivos: porque su suspensión neumática hacía que tuviera un comportamiento suave y por tanto la cámara apenas se movía ni vibraba, y porque podía ser tan rápido como el Ferrari. De hecho, era su propio coche. La leyenda del Ferrari obedece a que antes de rodar con el Mercedes se hizo el mismo recorrido con un Ferrari 275 GTB para grabar el rotundo sonido del deportivo, que fue superpuesto en las pistas de grabación para hacer más impactante el recorrido.

¿Y quién conducía? Lelouch confesó que fue él mismo. No se decidió a rodar hasta la misma noche de la víspera, y en ese momento ya no tuvo oportunidad de encontrar un piloto profesional que pudiera ponerse al volante, así que decidió hacerlo él mismo, asumiendo toda la responsabilidad de lo que pudiera pasar, como así hizo. Llegó a rodar por las calles de París a 200 km/h, en los tramos más amplios y despejados, como la Avenue Foch, camino del Arco del Triunfo. También vivió algunos momentos de tensión, como cuando atravesó el Louvre y salió gas a fondo por las arquerías. Había dispuesto allí a un ayudante para que le avisara a través de un *walkie-talkie* si la calle estaba despejada, pero el aparato falló y Lelouch y sus dos acompañantes, porque no viajaba solo, confiaron en su suerte y pasaron gas a fondo. Eso sí, aseguró que los tres siempre llevaron abrochado el cinturón de seguridad...

Quizás este alocado recorrido por la capital francesa sirva de cierre perfecto a esta historia del automóvil, porque *C'etait un rendez vous* nos devuelve a los orígenes, cuando las vacías calles de París se llenaron de rugientes y veloces máquinas que espantaban a las bestias y asustaban a los niños. Prácticamente un siglo después casi nada había cambiado.

EL PRINCIPIO PARA EL FINAL:
EL CARRO DE LEONARDO

Esta historia del automóvil no está pensada para contarse de forma lineal, sino que se trata de un recorrido a salto de mata por una serie de acontecimientos, personajes e historias de los que, por lo general, no se habla de forma habitual al tratar la historia del automovilismo. Siguiendo tan particular forma de narrar la historia hemos dejado para el final lo que probablemente podíamos considerar el principio de todo: el carro autopropulsado de Leonardo Da Vinci.

Cuando hablamos de alguien con una prodigiosa capacidad para trabajar en diferentes materias, con conocimiento y acierto, siempre evocamos la genial figura de Leonardo. Cuando decimos que alguien es un hombre renacentista, en la más rica acepción del término, inevitablemente nos fijamos en él, por su capacidad de abarcar materias tan diversas y de forma tan profunda y brillante. No solo el arte, sino también la tecnología, y en este sentido fue, desde luego, un anticipado a su tiempo, ideando máquinas y aparatos destinados a hacer más eficiente el rendimiento humano.

Entre sus miles de ideas e inventos, Leonardo concibió una a la que podemos considerar como un lejano antecesor del automóvil, un prototipo de un carro autónomo que se movía sin la necesidad de ser arrastrado por animales. Semejante invento quedó recogido en uno de los folios del *Codex Atlanticus*, un compendio de notas, dibujos, escritos y esbozos que realizó Leonardo en vida —se calcula que todas sus ideas y proyectos ocuparon unas 15.000 páginas— y que, afortunadamente, alguien tuvo la buena idea de recopilar en una colección. Porque a la muerte del genio en 1519, todos esos estudios fueron heredados por su discípulo, Francesco Melzi, que los mantuvo hasta su fallecimiento en 1570, y después muchas de esas páginas fueron vendidas a marchantes y coleccionistas, hasta que a finales del siglo XVI Pompeo Leoni consiguió recopilar miles de esas páginas dispersas para componer el *Codex Atlanticus*, un tratado de 1.119 páginas, datado entre 1478 y 1519, que abarca diversos temas, desde instrumentos mecánicos y armas hasta aparatos voladores, estudios matemáticos y botánica. No se trata del único compendio de la obra de Leonardo, ya que también existen los dos *Codex Madrid*, el *Codex Arundel*, el *Codex Trivulzianus* y el *Codex Leicester*, el único que se encuentra en manos privadas.

Aunque ahora contemplamos a Leonardo y su obra con absoluta fascinación por su brillante mente, por la riqueza y amplitud de su conocimiento, y por sus atinados estudios, en su momento tuvo que aguantar críticas de los sabios establecidos de la época. Leonardo no se mordió la lengua, y en el propio *Codex Atlanticus* replicaba a sus detractores:

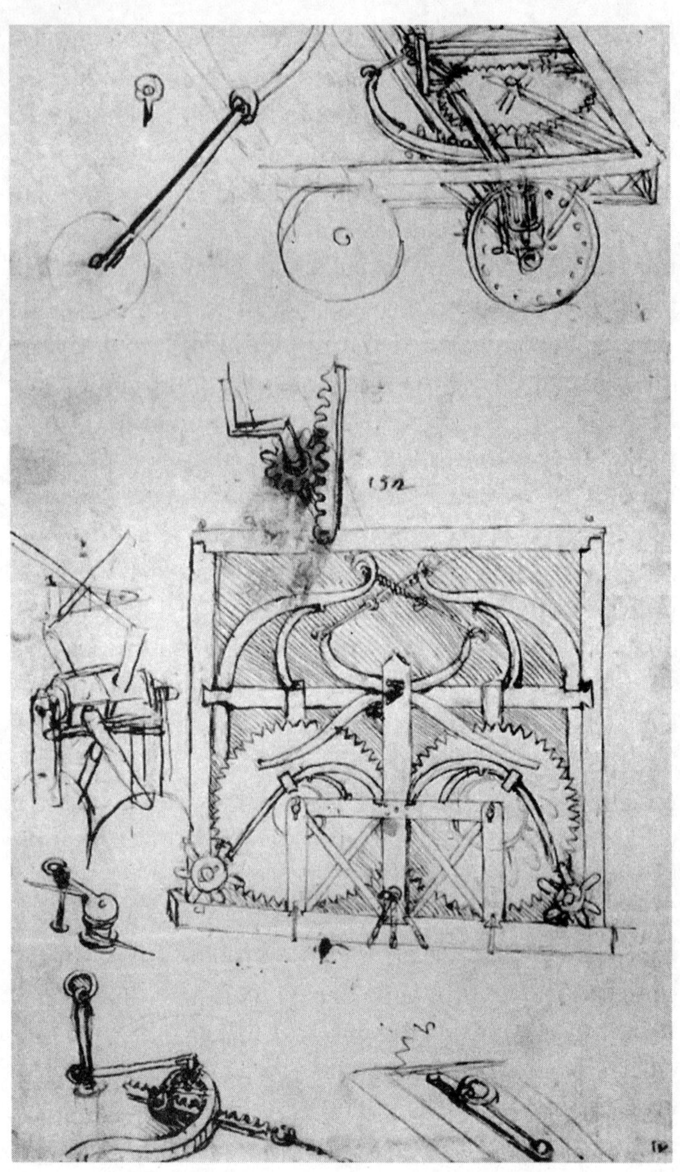

Dibujo esquemático del carro de Leonardo
recogido en el Codex Atlanticus.

Pues bien, no saben estos —decía Leonardo— que mis objetos de estudio requieren ser tratados más a partir de la experimentación que de las palabras de otros. La maestra de quien escribe cosas válidas es la experimentación y, en consecuencia, yo la consideraré mi maestra y en todos los casos a ella me remitiré.

El *Codex Atlanticus* es una fuente inagotable de conocimiento. En su página 812r se recoge un detallado dibujo sobre un aparato con ruedas que se mueve de forma autónoma. Se muestran varios dibujos y esbozos, algunos muy precisos y detallados sobre los mecanismos de propulsión. Leonardo concibe el movimiento a partir de dos grandes resortes en espiral bajo las ruedas dentadas que, colocadas en paralelo a plano, proporcionan el impulso motriz que pone las ruedas en movimiento. Leonardo había estudiado profundamente el mecanismo del reloj, sobre el que había desarrollado una detallada mecánica, y probablemente consideró que aquellos principios de acción y reacción también podían servir para poner en movimiento el carro autónomo.

La mecánica de su vehículo constaba de dos grandes ballestas —Leonardo también desarrolló amplios estudios sobre ballestas para uso militar— que se cargaban mediante un dispositivo de pinza, cuyas inercias se transmitían a las ruedas a través de un complejo sistema de transmisión, formado por un par de ruedas dentadas engranadas entre sí que están equipadas, cada una sobre su eje, con un carrete que engancha los pasadores colocados en las ruedas motrices. Complejo pero efectivo. Pero no queda del todo definido cómo se conectan motor y transmisión, y cómo se transmite la energía a la tracción, aunque el diseño de la transmisión con las ruedas dentadas enfrentadas entre sí tiene cierta conexión con el diferencial moderno, ese sistema de engranajes que se encarga de regular la velocidad de giro de las dos ruedas que están unidas por un solo eje.

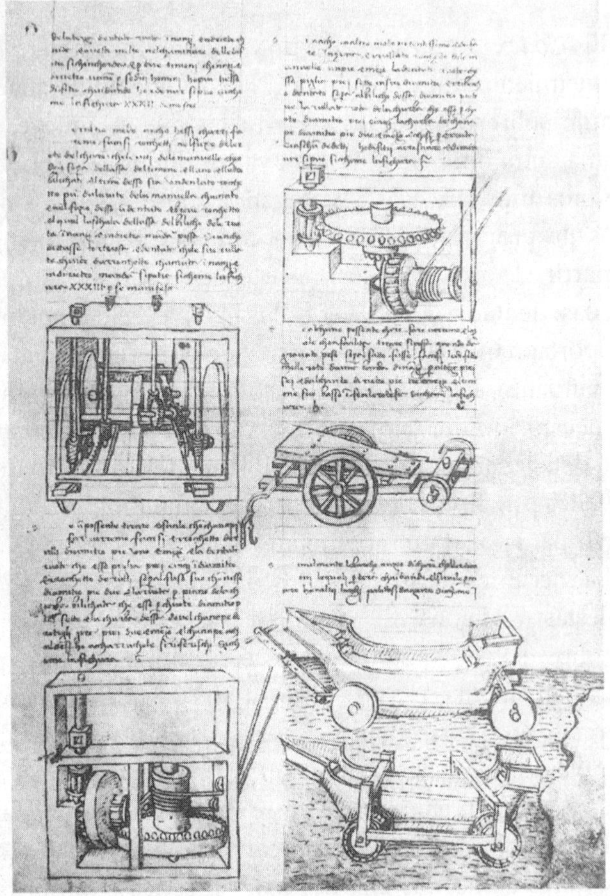

Una página de uno de los códices de Leonardo donde se recogen algunas ideas sobre diversos mecanismos.

Resumiendo y simplificando —y que el gran Leonardo, donde quiera que esté, me perdone—, su sistema viene a tener un funcionamiento similar al de los viejos juguetes de resorte. Su proyecto fue analizado con detenimiento por diversas instituciones académicas, y en los últimos estudios realizados las conclusiones demuestran que el sistema no resulta suficientemente efectivo. Para cargar los resortes de forma que pudieran permitir impulsar el carro durante al menos un kilómetro, se haría necesario un empuje a lo largo de 370 metros para cargar el sistema, empuje que se llevaba a cabo mediante el uso de manivelas. Hay una considerable pérdida de energía en su funcionamiento, y una vez cubierta esa distancia habría que volver a empujar el carro otros 370 metros para cargar los resortes y que el carro vuelva a avanzar otro kilómetro más.

¿Realmente estaba pensando Leonardo en un vehículo autónomo, un lejano antecesor del automóvil, cuando diseñó este carro móvil? Es difícil decir si la genialidad de Leonardo le permitió anticiparse cuatrocientos años a la necesidad del hombre de moverse de forma independiente y autónoma, sin la fuerza animal, a los mandos de una máquina. Siendo sinceros, cuesta creer que su mirada llegara tan lejos, al menos en el momento en el que realizó los esbozos del *Codex Atlanticus*. Se han fechado estos dibujos en torno a 1478, el periodo juvenil de Leonardo, cuando ya había dejado de ser un aprendiz en el taller de Andrea del Verrochio y desarrollaba trabajos por sí mismo, aunque seguía colaborando con su maestro, a quien profesaba un sincero afecto. En ese periodo, Leonardo realizaba todo tipo de actividades, desde obras artísticas a trabajos de ingeniería —como un genuino autónomo, que nunca dice no a cualquier trabajo que le propongan…—, como por ejemplo, levantar el Baptisterio de San Juan, en Florencia.

En esa época era muy frecuente que príncipes, señores y adelantados se lucieran con motivo de cualquier celebración, desde una boda, acontecimiento festivo por excelencia, hasta otros eventos como las visitas de dignatarios o los actos religiosos, amén de importantes representaciones públicas. Fueron célebres las representaciones religiosas organizadas por Filippo Bruneleschi en Florencia, cuya escenografía alcanzó gran relevancia. También los espectáculos teatrales tuvieron una puesta en escena a cual más llamativa, que implicaba el empleo de efectos visuales y la intervención de elementos mecánicos para dar una nueva dimensión a la representación, y en ese marco de experiencias, el joven Leonardo puso a disposición del arte escénico su talento. Se desarrollaron montajes espectaculares con ingeniosos juegos de escenario con máquinas que movían decorados, desplazaban actores y ponían en marcha efectos de luz y sonido.

Había que dominar, por tanto, muchas disciplinas, en parte artísticas, pero también técnicas, y para alcanzar la mayor relevancia se confiaba en los grandes artistas de la época. Leonardo se implica de lleno, llegando incluso a dirigir alguna obra teatral, como la *Festa Paradiso*, llevada a cabo en el Orfeo de Poliziano, donde Leonardo dirige, realiza la escenografía e incluso se encarga del vestuario. Y en el diseño de la puesta de escena concibe la idea de crear un carro autopropulsado, dotado de cuatro ruedas y timón, que emplea como un aparato para movimientos escénicos. Su pequeño tamaño, apenas un metro de lado y menos de un metro de altura, demostraba que no tenía gran capacidad de carga. Así que, desgraciadamente, el carro de Leonardo no lo podemos considerar como el antecesor del automóvil, ya que Da Vinci no lo concibió como tal. Pero a veces, involuntariamente, se hacen descubrimientos que son aprovechados por otros que tienen un enfoque diferente al de la idea original.

Es cierto que en el siglo xv algunos inventores desarrollaron ingenios mecánicos móviles, la mayoría de los cuales tenían aplicaciones militares. Como los vagones mecánicos de Francesco di Giorgio, ingeniero civil y militar, que diseñó un vehículo que era accionado por un equipo de operarios por medio de manivelas, que tenía incluso capacidad anfibia, o el vagón de Roberto Valturio, que dotado de unas palas de molino pretendía moverse con la fuerza del viento. Pero semejantes artilugios no llegaron a tener aplicación, quedando como meros dibujos sobre un pliego de papel sin mayor desarrollo ni interés posterior.

¿FUNCIONARÍA EL CARRO DE LEONARDO?

Pero claro, lo de Leonardo eran palabras mayores, y el paso del tiempo y su indiscutible y relevante figura permitían que se le considerara como un visionario capaz de anticiparlo todo. No obstante, había que comprobar al menos si los principios apenas esbozados en el *Codex Atlanticus* podrían haber llegado a tener una aplicación como un primitivo sistema de automoción en el caso de haberse desarrollado y perfeccionado posteriormente. El Istituto di Storia della Scienzi de Florencia y la compañía milanesa Leonardo3 se plantearon la posibilidad de desarrollar el carro de Leonardo a escala real para comprobar si los principios esbozados por el sabio eran aplicables.

Una reproducción contemporánea del carro de Leonardo.

«No hay en la naturaleza ningún efecto sin causa; una vez que se conoce la causa no es necesario practicar la experimentación», escribió Leonardo en el *Codex Atlanticus*, un principio que invitaba a discutir, de modo práctico, la idoneidad de sus ideas, pero hubo de esperar más de cuatrocientos años para que alguien lo comprobara de un modo práctico.

Desarrollo en 3D realizado por Leonardo3 para el
Museo de Historia de la Ciencia de Florencia.

En 2004 se desarrolló un modelo en 3D, dinámico e interactivo, siguiendo los dibujos y las anotaciones de Leonardo tanto en el *Codex Atlanticus* como en otros tratados sobre mecanismos y maquinaria, como paso previo a la construcción a tamaño real y con los materiales de la época, el hierro y la madera. El estudio de Carlo Pedretti y Mark Rosheim permitió descubrir que muchas de las interpretaciones históricas que se habían realizado sobre el carro de Leonardo resultaban erróneas porque simplemente se analizaron desde la teoría sin llegar a contrastar su efectividad.

El rover de la NASA enviado a Marte con la nave Curiosity.

Todas las reconstrucciones realizadas hasta este estudio del Istituto se basaron en un error de interpretación. Los autores demostraron que el carro no se conducía por medio del sistema de ballestas, sino por un par de motores de resorte. Con el modelado dinámico tridimensional se realizó un prototipo para realizar las primeras pruebas operativas. Posteriormente se construyeron modelos de trabajo. Finalmente se realizaron tres carros: un modelo de exhibición que corresponde a las medidas proporcionadas por Leonardo (150 x 170 cm), un modelo de menor tamaño (50 x 60 cm) destinado a las pruebas dinámicas y una tercera maqueta del mismo tamaño con el objeto de ofrecer una visión completa del despiece del carro.

No era un automóvil ni pretendía serlo, pero al menos consta que el carro de Leonardo funcionaba, y quién sabe hasta dónde podría haber llegado si el genio hubiera proseguido con sus estudios y su desarrollo. Algunos estudiosos de los detalles, casi hasta límites exagerados, encuentran cierta familiaridad entre el carro autónomo de Leonardo y los Mars rover, los vehículos que exploran la superficie del planeta rojo. Una comparación cogida por los pelos, porque los cuatro rover llegados hasta Marte, Sojourner, Opportunity, Spirit y Curiosity, apenas se asemejan al carro autónomo en su reducido tamaño, su lenta andadura y su apariencia de tabla con ruedas. Pero también hay que reconocer que no deja de ser un bello gesto, casi enternecedor, el simple hecho de enlazar a lo largo de los siglos la figura de Leonardo Da Vinci, genio entre los genios, con la exploración espacial, que representa el momento culminante del desarrollo científico y tecnológico de la humanidad.

BIBLIOGRAFÍA

Baró i Fierro, J. Manuel. *Pegaso Z-102. Los purasangre de Barcelona*. Benzina.

Benítez, Jesús. *Crash*. Poebooks.

Bula, Maurice. *Grand Prix Motocycle Championships of the World*. GT Foulis.

Costa, Claudio Marcello. *Dottorcosta*. Fucina.

Cuervo, Gustavo; De la Torre, Juan Pedro; y Alcoba, Luis Carlos. *100 Años BMW Motorrad*. Escudería Los Hierros S.L.

Darmon, Olivier. *El gran siglo de Bibendum*. Hoëbeke.

De la Torre, Juan Pedro. *Héroes del* paddock. Círculo Rojo.

De la Torre, Juan Pedro. *Ángel Nieto. Vida y éxitos de nuestro mejor piloto*. Motorpress Ibérica.

Desconocido. *Citroën 1919-1939*. Citroën.

Eslava Galán, Juan. *La Segunda Guerra Mundial contada para escépticos*. Booket.

Filippone, Alfredo. *Emilio de Villota. Un español en la era dorada de la F1*. Motorpress Ibérica.

Laban, Bryan. *Cars. The Early Years*. Köneman.

Maffeis, Antonio. *Mille Miglia Race. The Postwar Years*. Giorgio Nada Editore.

Oxley, Mat. *Speed. The One Genuinely Modern Pleasure*.

Mat Oxley Ltd.

Raffaelli, Fabio y Raffaelli, Filippo. *Magia di Imola*. Inedita.

Varios autores. *Automóviles*. Santillana.

Varios autores. *El año de la Fórmula 1, 2002-2003*. Chronosports S.A.

Varios autores. *El año del automóvil 1983/84*. Luike Editor S.A.

Varios autores. *Ford and Stalin. How to Live in Humaneness*.

Varios autores. *Henry Ford*. www.economia.ieshnosma-chado.org.

Varios autores. *Luike. Historia del motor en España desde 1956*. Luike Iberoamericana de Revistas.

Varios autores. *Tecnología de campeones. Coche Actual*. Luike-Motorpress.

Varios autores. *Tecnología siglo XXI. El progreso y sus orígenes. Autopista*. Motorpress-Ibérica.

Varios autores. *Temas clave del automóvil hoy. Coche Actual*. Luike-Motorpress.

PUBLICACIONES PERIÓDICAS

Autopista. *30 años. 1961-1991*. Luike-Motorpress.

Autopista. *40 años. 1961-2001*. Motorpress-Ibérica.

Autopista. *50 años. 1961-2011*. Motorpress-Ibérica.

Motor Clásico n.ᵒˢ 180, 183, 185, 186, 187, 188, 189, 191, 193, 196, 197, 198, 200, 204, 205, 206, 211, 213, 216, 218, 219 y 224.

Revista Cesvimap n.º 79.

SITIOS WEB CONSULTADOS

24h-lemans.com
dakar.com
formula1.com
indianapolismotorspeedway.com
motorsport.com
museogalileo.it
racingmemo.free.fr
wikipedia.org

Otros títulos en
Libros en el **Bolsillo**

Eso NO ESTABA *en mi* LIBRO *de* HISTORIA *del* CINE

JAVIER ORTEGA

Eso NO ESTABA
en mi LIBRO *de la*
GUERRA CIVIL
por
PEDRO CORRAL
¿Sabía que la última batalla de la
Guerra Civil acabó con una victoria
republicana? ¿Ha leído alguna vez que
tres cuartas partes de los «gudaris»
del Ejército vasco estuvieron bajo
el mando de la Guardia Civil?
Del autor de
DESERTORES
Los españoles
que no quisieron
la Guerra Civil

Eso NO ESTABA en mi LIBRO de
BOTÁNICA
ROSA PORCEL
@bioamara
Complejas, atrevidas, sensibles e incluso apasionadas, las plantas son las grandes olvidadas pese a que sin ellas no podríamos vivir. Descubre sus grandes proezas, sus formas más curiosas, sus comportamientos más feroces... y cómo han influido en la Historia.

Eso NO ESTABA *en mi* LIBRO *de* HISTORIA *de la* FÍSICA

¿Sabías que Newton dedicó gran parte de su tiempo a realizar prácticas alquímicas y a tratar de resolver oscuros problemas teológicos? ¿Conoces qué inspiró a Einstein la teoría de la relatividad? Curiosidades, historias y grandes teorías físicas que movieron —y mueven— el mundo.

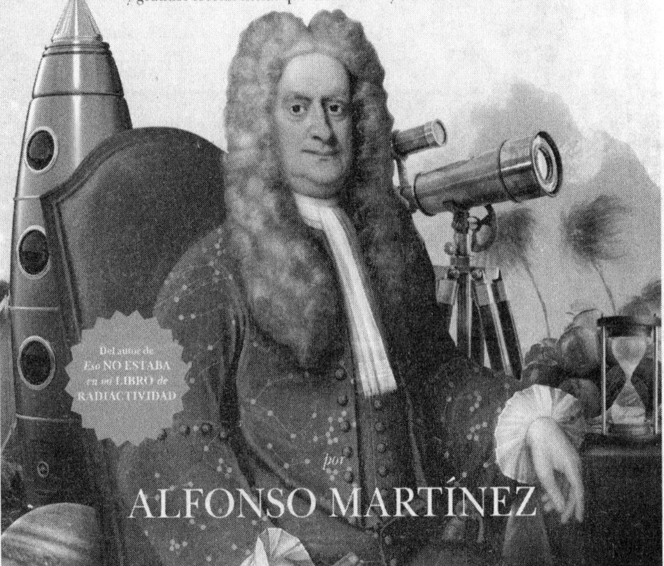

Eso NO ESTABA en mi LIBRO de HISTORIA *de* ESPAÑA

por

FRANCISCO GARCÍA DEL JUNCO

El descubrimiento de las Fuentes del Nilo, la expedición Malaspina, las visitas de tribus vikingas a tierras del Guadalquivir, Blas de Lezo, el «Lago Español»... y otros acontecimientos singulares que permanecen olvidados en la Historia de España.

Eso NO ESTABA en mi LIBRO de
HISTORIA de la MÚSICA
¿Sabía qué sucedió en el estreno de La traviata, o que Bach murió ciego y que Stravinski sufría de hipocondría severa?... Este libro gira en torno a prodigiosos creadores y a algunas de sus obras indispensables, echando una ojeada a la trastienda de sus muchos acordes y desacuerdos.
2ª EDICIÓN EN BOLSILLO
por
PEDRO GONZÁLEZ MIRA

Eso NO ESTABA *en mi* LIBRO *de* HISTORIA *de la* MEDICINA

«Enfermedades implacables, rasguños mortales, diagnósticos imposibles, algún aprendiz de brujo y mujeres enfrentadas a su tiempo.»

C. A. YUSTE & JON ARRIZABALAGA

Eso NO ESTABA *en mi* LIBRO *de*

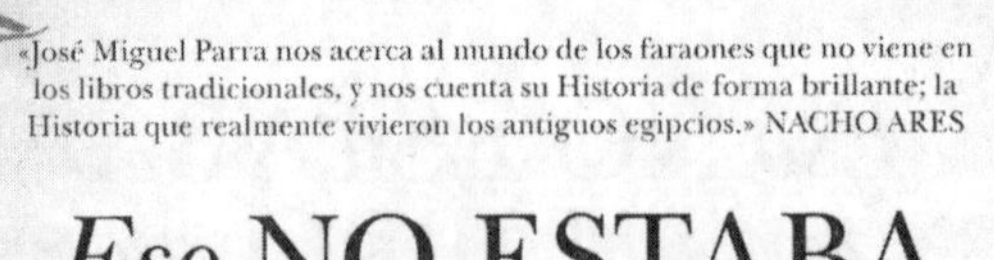

HISTORIA *del* ANTIGUO EGIPTO

por

JOSÉ MIGUEL PARRA

Eso NO ESTABA *en mi* LIBRO *de* HISTORIA *de los* VIKINGOS

por

IRENE GARCÍA LOSQUIÑO

ALEMAÑ BERENGUER

CIVILIZACIONES
PERDIDAS

El MISTERIO *de su*
HISTORIA *y* ARQUEOLOGÍA

«La Atlántida, Mu, las grandes pirámides, la
Esfinge, Stonehenge, Gobkli Tepe, Tassili,
Gunung Pedang... diseccionados bajo la
curiosa mirada de científico de Alemañ
Berenguer, empeñado en destapar los
velos que aún custodian su misterio».

Del autor de
CONSTANTES
El ENIGMA
de los NÚMEROS
MÁGICOS &
El PARADIGMA
EINSTEIN

Eso NO ESTABA *en mi* LIBRO *de* HISTORIA *de los* DINOSAURIOS

por

FRANCESC GASCÓ LLUNA

¿Sabías que los dinosaurios han sido protagonistas de relatos de ficción desde hace más de un siglo? ¿Y que se han usado de manera recurrente como reclamo publicitario desde hace décadas?

«Con tan sólo un kilo y medio de peso, el cerebro es la estructura más maravillosa y compleja del Universo. En él residen nuestro pasado, presente y futuro. Atrévete a explorarlo y conocerlo a través de la Neurociencia.»

La nariz de CHARLES DARWIN

y otras HISTORIAS de la NEUROCIENCIA

por

JOSÉ RAMÓN ALONSO

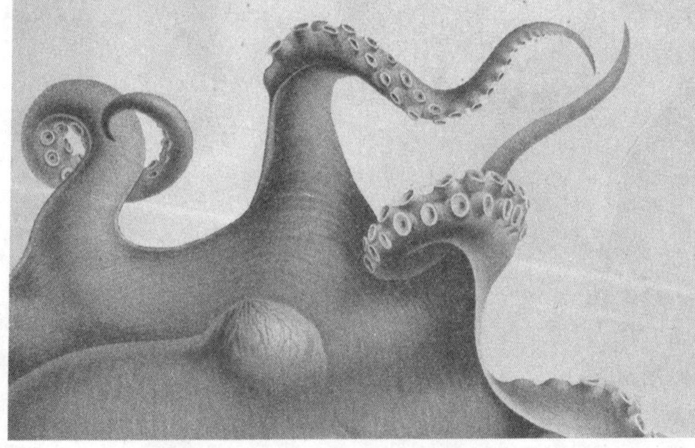

Absolutamente todo lo que observamos está cubierto de bacterias. Muchas son beneciosas para el ser humano, pero otras no. Estas infinitesimales patógenas son extremadamente peligrosas, y nuestras armas contra ellas, los antibióticos, están dejando de funcionar debidamente.

SUPER-
BACTERIAS

«Los humanos no son tan brillantes. Piensan en muchas cosas, pero las bacterias solo piensan en una: sobrevivir.»
GARY FRENCH, Hospital St. Thomas de Londres, *Sunday Times*.

por
JOSÉ RAMOS VIVAS

¿QUÉ SON LAS SUPERBACTERIAS? ¿VENCERÁN LAS MULTIRRESISTENCIAS A LOS ANTIBIÓTICOS? ¿SUCUMBIREMOS ANTE LAS INFECCIONES?

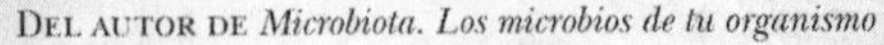

IGNACIO LÓPEZ-GOÑI

VIRUS

y PANDEMIAS

Los virus son los elementos genéticos más numerosos y diversos de la Tierra. Están en todas partes y son capaces de infectar cualquier tipo de organismo. Pero, ¿puede un virus cambiar el mundo? ¿Por qué surgen nuevos virus? Este libro desvela las claves, desde la gripe de 1918 hasta la COVID-19, pasando por el VIH, ébola, zika o Nilo occidental.